엑셀과 MS SQL을 활용한

빅데이터 처리와 통계분석

엑셀과 MS SQL을 활용한 빅데이터 처리와 통계분석

1판 1쇄 인쇄_2017년 08월 10일
1판 1쇄 발행_2017년 08월 20일

지은이_변정한·이순철
펴낸이_홍정표

펴낸곳_컴원미디어
등록_제 324-2007-00015호

공급처_(주)글로벌콘텐츠출판그룹
대표_홍정표 이사_양정섭 디자인_김미미 기획·마케팅_노경민 이종훈
주소_서울특별시 강동구 천중로 196 정일빌딩 401호 전화_02-488-3280 팩스_02-488-3281
홈페이지_www.gcbook.co.kr

값 18,000원
ISBN 978-89-92475-79-2 13000

엑셀과 MS SQL을 활용한

빅데이터 처리와 통계분석

변정한·이순철 지음

컴원미디어

서문

업무 담당자가 구글링 검색을 통해서 빅데이터 MS SQL/ORACLE에 개발 소스를 검색하였으나, 해당 엑셀 VBA 소스는 전무한 상태로 업무용 솔루션은 개발하기가 매우 어렵습니다. 따라서 본 저서에서는 담당자가 직접 엑셀 VBA로 빅데이터 SQL 테이블 및 프로시저 생성 및 저장, 검색까지 누구나 쉽게 개발 가능하도록 하여, 엑셀을 이용한 빅데이터 처리를 대중화하는데 목적을 두고 있습니다. 그리고 서버 중심의 빅데이터 기반에서 엑셀로 표본 집단을 산출하여 전문적인 SAS, SPSS, R 등통계 솔루션이 없어도 엑셀의 [통계분석] 도구를 활용해서 빅데이터 통계 분석이 가능하도록 하는 것이 이 책의 기획의도입니다.

대상은

- 학술 논문 통계 분석
- 데이터베이스를 배우는 초심자
- 엑셀 VBA로 빅데이터 SQL 서버 컨트롤

책의 구성은 빅데이터의 발달로 빅데이터를 구성하고 있는 정형데이터와 비정형 데이터 컨트롤의 필요성이 어느 때 보다 많이 필요합니다. 인터넷 검색 결과, 엑셀 VBA로 대형 서버 MS SQL/ORACLE을 컨트롤하는 책은 아마존에서도 찾아볼 수가 없습니다. 이 책에서는 엑셀 VBA로 웹 서버의 SQL 구문의 접근을 통합 단순화시켜서 일반 엑셀 유저가 빅데이터를 서버에 추가, 삭제, 수정, 검색이 가능한 단순 모듈을 제공함으로써, 솔루션 개발을 쉽게 하도록 알려줍니다.

그리고 엑셀의 VBA와 관련된 서버 스토리지의 SQL Procedure 컨트롤 방식까지 완벽한 개발 소스를 제공합니다.

결국 엑셀 유저는 개발자의 영역이었던 빅데이터 서버에 접근하여 데이터 추출 기회를 얻을 수 있습니다.

그리고 학습이 어려운 전문 통계 솔루션(SAS, SPSS, R)없이도 엑셀의 [통계분석] 도구를 이용하여 빅데이터 MS SQL에서 추출된 결과의 데이터를 정확한 [통계분석] 해석까지 제공합니다. 즉, 생산 품질관리, 국책 연구원의 통계 분석, 대학원 및 전문 논문 데이터 분석, 국가관련 데이터 분석 등에 폭넓게 이용될 수 있어 빅데이터 활용의 대중화를 추구합니다.

1장은 빅데이터의 배경과 데이터베이스간의 관계를 자세히 소개합니다. 그리고 빅데이터를 분석하기 위한 예시로 엑셀 [통계분석] 도구를 간략히 소개합니다.

2장은 엑셀 유저가 MS SQL 관리 도구인 Visual Studio Management 설치 및 운영까지 할 수 있도록 콘텐츠를 제공한 후에, 기초 SQL 구문의 추가, 삭제, 수정 등을 배운 후에 쿼리 [뷰]를 학습하고, 마지막으로 엑셀에서 연결해서 사용할 SQL 저장 프로시저 구문인 추가, 삭제, 수정, 선택 등 기초 학습 내용을 다루고 있습니다.

3장은 기본 학습 과정으로, PC에서 빅데이터 MS SQL 서버에 접속하는 방법을 제어판 ODBC 및 엑셀 VBA ADO 그리고 엑셀에서 직접 SQL 서버 접속 방법을 학습합니다.

4장은 심화 학습 과정으로, 엑셀의 초급 유저 입장에서 기본 엑셀 VBA를 학습한 후에 기초 VBA로 개발된 ADO/SQL Procedure 각 모듈 별로 빅데이터 서버에 접속하여 데이터 Control(검색, 추가, 삭제, 수정) 방법을 학습합니다.

5장은 다양한 통계 분석 유형을 소개한 후에 빅데이터 SQL & 엑셀 연결하여 상권 Cluster 분석, 엑셀의 [통계분석] 도구로 분산 분석법(ANOVA, Analysis of Variance)인 일원 배치법, 이원 배치법, 반복 배치법 및 해석까지 학습합니다. 그리고 엑셀 VBA로 서버의 빅데이터를 추출한 후에 엑셀 [통계분석]의 도구로 데이터간의 [상관관계], [공분산] 등 다양한 통계 값(t, p-, F,)을 해석하는 방법을 다루고 있습니다.

이 책을 출판하면서 정신적으로 도와주신 부모님을 비롯하여 형제, 조카(상협,문수, 진우) 등 가족들에게 감사를 전합니다. 특히 연극영화과에 입학하고 자신의 꿈인 성우의 길을 열심히 가고 있는 딸 변희진, 고등학교 졸업과 동시에 보건복지부의 사회보장정보원 행정직으로 입사한 아들 변우재, 자신의 꿈을 꼭 이루길 빌어 봅니다.

재현고4회, 한마음회(상준, 하영, 필운, 철수, 왕전), 한경84, 묵동초교5회 벗들 등 많은 친구들에게 감사를 전합니다. 그리고 공동 저자인 부산외대 이순철 교수는 석사과정 때 같은 대학원에서 밤낮으로 동고동락하던 후배로 원고를 꼼꼼하게 수정 및 통계 시뮬레이션 분석을 한 공동 저자로 감사함을 전합니다.

특히 인생살이에 물심 양면으로 응원해 주신 상호저축은행중앙회 전부회장

정이영님, 한국노동연구원 센터장 오상훈님, 서울신문사 부장 이기철님, 한국가스경제연구원 황광수님, 트리즈통섭진흥원 정수연님, 홍종철님, 정명화님, 김선민님, 최연진님, 김성태님께 감사를 전하며, 오사모의 회원으로 본문 교정에 참여하신 베타테스터 분들과 원교 교정을 잘 마무리 해주신 글로벌콘텐츠 홍정표 대표님께도 감사를 전합니다.

2011년 서울국제 장애인 기능 올림픽에서 개인 데이터베이스 부분의 금메달 박정우, 은메달 이수정 선수에게 감사를 전합니다. 저한테 힘든 교육 과정을 이수한 후에 이룬 결과였고, 본인이 더 많은 것을 배운 기회였으며, 박정우 선수는 이후 프랑스 국제 대회에서 종목을 변경해서 한국 최초로 2관왕을 달성, 사회적으로 좋은 본보기를 제공함에 너무 감사합니다.

마지막으로 20년간 《오피스데브》(http://officedev.co.kr) 솔루션 개발회사를 운영하면서, 더 나아가 개인적으로 운영한 오사모 카페 회원님들께(http://cafe.naver.com/office2080) 항상 감사한 마음을 전하며, 오프라인 모임을 통해서 새롭고 유익한 저자의 정보 제공을 약속드립니다.

2017년 6월 15일

변 정 한 드림

정수연 트리즈통섭진흥원 원장

(전 서울여대, 건국대 경영학과 겸임교수, 6시그마 MBB, TRIZ 4수준 전문가)

제4차 산업혁명 시대에 빅데이터의 중요성은 아무리 강조해도 지나침이 없다. 빅데이터에서 추출된 정보는 모든 분야에서의 경영전략 수립과 이상적인 의사결정에 활용할 수 있다. 즉, 업무의 효율성과 효과성을 극대화할 수 있으며 미래에 고부가가치를 창출할 수 있다. 그야말로 빅데이터는 제4차 산업혁명을 완수하는 근간이다. 중요한 것은 일반인들의 빅데이터의 쉬운 접근과 활용이다. 따라서, 빅데이터는 IT 개발자가 만들더라도, 운영되는 결과에 따라 서로 간의 정보로 공유할 수 있도록 서버 근간의 데이터베이스로 만들 필요성이 있으며, 개발자보다는 업무 담당자가 직접 운영하는 서비스 관리가 요구된다.

이 책에서는 일반 개발자들이 엑셀의 VBA 모듈만으로도 충분히 대형의 정형, 비정형 빅데이터를 컨트롤할 수 있는 접근 방법을 제공한다. 즉, 엑셀 유저가 서버 기반하에 빅데이터인 데이터베이스를 직접 테이블 및 필드로 만들어 관리하는 방법을 제공한다. 따라서, 기존에 사용하던 어떤 다른 도구보다도 엑셀로 쉽게 경제적으로 데이터를 분석할 수 있음은 엑셀 유저에게는 큰 자산이며 경쟁

력이라고 할 수 있다. 산업 현장에서 경영컨설팅을 하는 나로서는 이러한 스킬이 절실하였다. 변정한 대표의 야심작인 이 책을 통하여 나 자신이 빅데이터의 세계에 가까이 갈 수 있으며, 고객사에도 귀한 정보를 줄 수 있어서 매우 기쁘다. 특히, 빅데이터 자체로 사업을 하는 외국 유수회사들에게 이 책을 권하고 싶다.

신천식 대표컨설턴트(주식회사 파로스)

"엑셀로 서버 MS SQL 데이터 다루기" 서적은 그동안 내가 중소기업을 대상으로 HR(인적자원) 및 경영컨설팅을 10여년간을 수행해오면서 기업의 담당자들이 데이터를 원활히 다루지 못해 어려움을겪던 많은 일(생산관리, 공정관리 등)들을 일거에 해소해 준다.

서적에서는 '엑셀' 및 'MS SQL' 서버로 빅데이터에 대한 해법을 쉽게 전수하고 있는데, 좀 더 유심히 살펴보면 수치계산과 통계처리에 탁월한 '엑셀'과 데이터 관리 및 활용에 효과적인 'MS SQL' 서버의 장점을 살려, 어려운 프로그래밍 작업은 최소화하면서 초보자도 쉽게 배워서 활용할 수 있는 지름길을 안내하고 있다.

특히 저자는 자신의 경험과 노하우를 집대성하여 ERP 및 SPSS 통계프로그램 등과 같은 고가의 솔루션 사용을 배제하고, 열악한 환경에서 고군분투하고 있는 중소기업 및 개인에게 경제적인 부담을 최소화할 수 있는 방법으로 구현했다는 점에서 그 가치가 매우 크기에 저자의 노고와 열정에 감사드린다.

끝으로 본 서적이 많은 분들에게 애용되어 빅데이터에 대한 새로운 접근과 함께 자신이 개발한 솔루션을 통해 업무환경이 효율적으로 개선되는 즐거움을 만끽할 수 있기를 기대한다.

김재구 콘티넨탈오토모티브

이 책에서는 데이터베이스를 MS SQL만을 소개하고 있지만, MS SQL 또는 MS ACCESS와 MS EXCEL간의 유기적인 조합은 정말 최고의 데이터 관리라고 말해도 손색이 없다고 생각한다. 사실 더 전문적으로 보면 많은 솔루션이 있을 수 있다. 하지만, 일반 회사 사무실에서 보면 대다수의 회사원들은 엑셀의 기본적인 기능을 쓰며 프로그래밍이나 고급 소프트웨어 운영은 그림의 떡일 뿐이다. 이런 점에서 저자의 접근 방법은 조금만 기술을 익히면 매우 간단하며, 지속적이며 혁신적이다.

지금까지 4년동안 회사에서 이 책에서 말하는 컨셉으로 수많은 시스템을 적용시켜왔으며, 본인의 업무량을 획기적으로 줄이며 전사 정보 공유를 무난히 소화해 내고 있다. 분명 엑셀만으로 관리를 할 수 있다지만, 수십만 건이 넘어가는 데이터를 vlookup으로 처리해본 경험이 있는 사람이 이 책을 읽고 적용한다면 신세계를 경험하리라 확신한다. 엑셀로 계산시 수분, 수십분이 걸리는 것을 몇 초만에 할 수 있으니 말이다.

이 책에서 저자는 MS SQL의 Stored Procedure(SP, SQL DB의 사용자 정의함수)를 호출할 수 있는 방법을 기술하였다. 과거에는 테이블 또는 뷰테이블만 끌어와 사용해오던 것을 SP를 사용하여 조회하고자 하는 변수만을 이용해 추출할 수 있어 사용자 입장에서는 정말 획기적이다. 데이터베이스 관리자는 추가 개발없이 기존 생성되어 있는 SP함수 정의만 유저에게 알려주면 되고, 유저는 그냥 사용하기만 하면 그만이다.

개인적으로 이 책이 널리 퍼져 많은 사람들이 기존의 많은 어려움을 겪었던 데이터 관리에서 벗어날 수 있는 기회가 되었으면 하는 바램이다.

전수현 오사모 카페 회원

데이터의 A부터 Z까지 알 수 있는 책!!!

엑셀에 대한 관심으로 처음 오사모 카페에 가입을 하게 되었습니다. 이 당시, 데이터는 물론이고 엑셀, 서버 그리고 데이터베이스는 생소한 개념이었습니다.

카페를 통해 데이터에 대한 개념을 조금씩 알아가고 있던 상황에서 엑셀의 한계와 데이터베이스의 중요성을 알게 되었습니다. 하지만 명확하게 알고 있던 개념도 아니며, 데이터베이스를 접할 만한 기회가 없었기에 데이터베이스에 대한 경험이 항상 갈증으로 남아있었습니다.

그러던 어느날, 이 책의 베타테스트 기회를 얻게 되었고 책의 내용을 보며 하나 둘씩 따라하며 데이터베이스에 대한 경험을 쌓을 수 있었습니다. 특히, 놀라운 것은 데이터베이스라는 낯선 개념을 우리 주변에 있는 엑셀 그리고 ACCESS라는 프로그램으로 접근한다는 사실입니다. 부끄럽게도 ACCESS가 제 컴퓨터에 있었다는 것도 이번에 알게 되었습니다.

데이터베이스라고 하면 전문가의 영역이고 해당 소프트웨어 구입자체가 고가라는 인식이 있으나 데이터베이스의 중간역할인 ACCESS와 엑셀의 조합은 놀라웠습니다. 그리고 책에 나온 VBA 코드와 데이터베이스 정보를 통해 물리적으로 떨어져 있는 서버를 호출한다는 것이 인상 깊었습니다. 더 나아가 엑셀의 통계 분석 프로그램까지 연동이 가능하다는 것을 통해, 이 책이 데이터의 처음부터 끝까지 다루고 있다는 것을 알게 되었습니다.

이와 같이 유익한 내용을 담은 책이 많은 분들에게 도달하고 구독자에게 Insight와 업무효율성을 동시에 얻기를 기원합니다.

박주광 오사모 카페 회원

일반적인 회사 관리자 분들이라면, 대부분 Excel 를 가지고 각자의 방식대로 업무를 진행합니다. 아마도 이 책을 선택 하시는 분 이시라면, 이런 고민들을 하시고 계신 분들이실거라 봅니다.

이 책을 4장까지 정독하신 분들은 아마도 엑셀을 활용한 DB 운영보다는, 어떻게 현실의 정보를 DB화 해야 하는가를 고민하게 만들 지도 모릅니다.

어떤 분들은 "유레카!!!"를 외치시는 분들도 계실겁니다. 축하드립니다.

일반적인 중소기업에 몸담고 계신 분들 (정확히 말하자면, 저와 같은 현실에 직면하고 계신분들)에게 이 책은 두가지 화두를 동시에 여러분께 제시하게 될 것입니다.

지금 바로 엑셀을 활용한 정보공유 방법과, 앞으로 어떤 방향으로 정보를 수집하고, 분석해서, 피드백 및 공유할 것인가….

피드백 및 정보공유를 할 수 없는 구조의 시스템은 결국 또 다른 방식의 엑셀 파일을 만드는 것에 불과하고, 유지/관리를 하더라도 더 많은 시간과 노력이 필요하게 될지도 모릅니다.

통합된 정보를 필요한 현업담당자들에게 제공할 뿐 복잡한 분석을 할 수 있는 프로그램은 아닙니다. 사실 이 정도로도 충분히 업무 효율이 높아질 수 있다고 봅니다.

더 중요한 것은, 저는 아직도 VB를 잘 모르며, 기초 소스 코드 운용 수준밖에 안된다는 사실, 이 책은 저와 같은 수준의 사람들도 충분히 시스템을 개발하고, 운영 가능하다는 것을 제시해 줄 것입니다.

김영준 다인정보

처음 엑셀이라는 함수와 VBA를 접하게 된 계기는 개발자로부터 전수받았던 Vlookup 함수였습니다. 엔지니어로 근무하던 시절 개발 단계에서 SMT 전 새 리비전에 실장되는 부품과 이전의 부품간의 차이를 확인하는 작업은 항상 우리 막내들의 업무였습니다.

그당시 화면 분할을 통해 두 데이터를 수기로 비교하고 일일이 색칠을 하며, 며칠을 보내곤 하였습니다. 그때 옆에서 보고 있던 한 SW 개발자가 Vlookup 함수를 통해 몇 분만에 처리하는 것을 보고, 실 업무속에서 데이터 처리에 대한 소중함과 절심함을 깨닫게 되었습니다. 이후로 회사 업무에 필요한 부분들을 함수와 VBA를 통해 처리함으로써 상당한 업무효율을 가져오게 되었습니다.

그러나 회사 업무는 혼자 하는 것이 아닌, 여러 사람이 같이 하며, 데이터(정보) 공유의 필요성을 느끼며, 어떻게 하면 엑셀이라는 프로그램을 서로 공유할 수 있을까 고민하고 있을 때 우연히 인터넷 검색을 통해 "오사모"라는 카페와 변정한 대표님을 만나게 되었습니다.

이번 베타테스트를 통해 기존 회사에 존재하는 많은 데이터들을 통계분석 툴을 통해 다양하게 해석할 수 있다는 것을 알게 되었습니다. 또한 급변하는 사회속에 빠르게 대응하고 원하는 데이터를 신속하게 얻기 위해서는 프로그램 개발자가 아니더라도 실무자 관점에서 엑셀 및 액세스와 SQL과 같은 데이터베이스를 조금만 활용해도 쉽고 빠르게 원하는 데이터를 얻을 수 있습니다.

아무쪼록 이 책을 구독하시는 분들도 기존 단순 엑셀, 액세스 사용에서 한걸음 더 나아가 빅데이터 분석을 위한 데이터베이스 개념을 접목하여, 빠르고 정확한 업무를 할 수 있었으면 하는 바램입니다.

유옥수 공인회계사(동서회계법인)

공인회계사라는 직업으로 17년을 살면서 데이터 분석과 가공에 많은 필요를 느꼈습니다. 할 수 있는 방법이라고는 엑셀에 있는 기능과 함수를 엮어가며 수작업에 의존하는 작업을 반복하였습니다. 그때마다 데이터베이스와 액세스 그리고 고급 VBA기능에 대한 갈망을 가져왔습니다. 데이터를 이용한 통계기법을 사용할 때면, 학부 때 배운 난해한 경영통계학, 계량통계학 책을 다시 낑낑대며 참고했던 괴로운 기억. 아마도 컨설팅 또는 경영관리와 기획업무를 수행하신 분들은 한 번씩은 다 느낀 경험이라 생각됩니다. 데이터를 통계내는 기술보다는 분석과 해석할 능력이 더 중요하다고 하지만, 막상 스스로 통계내는 기법을 모르면, 분석과 해석할 기회조차 가질 수 없는 것이 현실입니다. 연구용역을 수행하다가 빠른 시간 내에 통계 기법을 사용해야 하는 순간, SAS, SPSS 솔루션 앞에서 막막함을 느꼈던 적이 한두 번이 아니었지요.

2016년 말 저자이신 변정한 대표님이 집필 전 본 도서의 줄기가 되는 엑셀과 액세스를 이용한 통계모델과 기법정리자료를 보고, 그 어려운 통계기법들이 너무나 쉽게 엑셀에서 구현되는 예제를 보며, 20년 넘게 통계지식에 한계를 느껴온 저의 갈증이 한 번에 풀리는 경험을 갖게 되었습니다. 변정한 대표님이 베타버전으로 가지고 있던 엑셀, 액세스를 이용한 데이터베이스 이용기법과 통계기법을 너무나 간결하고 효과적으로 정리한 본 책을 보면서 제 스스로가 많은 희열을 느끼는 이유는 그동안의 갈망이 아니었을까라는 생각이 듭니다.

김민선 리더스경영컨설팅(주) 대표이사

저는 리더스경영컨설팅(주)를 이끌고 있는 김민선입니다. 액세스 데이터베이스 강의를 통해 변정한 대표님을 만나게 되었고, 급한 연구용역에서 통계기법이 필요할 때마다 무대포 SOS를 많이 요청했었습니다. 리더스경영컨설팅(주)의 직원들도 통계와 DB에 관심이 많은 컨설턴트가 많지만, 항상 쫒기는 연구용역으로 함부로 DB나 통계기법에 대한 자발적 학습을 하기가 쉽지는 않았습니다. 본 도서의 초고 검토를 하며, 이 책을 먼저 검토하였던 직원들이 하나같이 부담없는 분량에 효과적으로 DB, 통계, VBA를 이해한 것에 감탄을 표현하였습니다. 부디, 많은 독자께서 본 도서와 이후 나올 DB 시리즈에 대해 효과적인 통계, 데이터베이스 지식을 갖추시길 바랍니다.

CONTENTS

제4장 엑셀 VBA로 MS SQL 데이터 다루기

제5장 빅데이터 응용 분석 솔루션 만들기

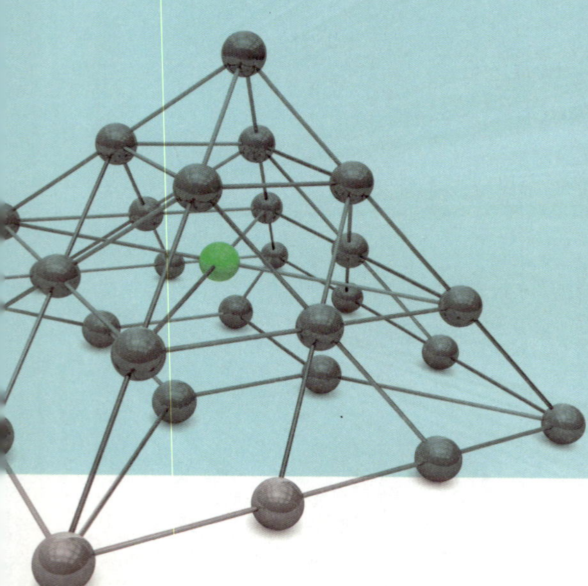

제1장

빅데이터

1. 빅데이터 배경과 방향
2. 빅데이터와 데이터베이스
3. 빅데이터와 엑셀 통계 활용

우리는 자료(data)의 양이 많은 것을 '빅데이터(Big Data)'라고 표현합니다. '빅데이터'의 용어를 사용하는 기관이나 조직 그리고 개인에 따라 그 의미가 다르게 해석됩니다. 무역 통상을 담당하는 부처에서는 무역 거래내역을 빅데이터로 볼 수 있으며, 기상청은 온도 기후 변화에 대한 자료가 빅데이터가 되며, 백화점같은 유통 업체는상품 및 상권 분석자료 등이 빅데이터가 되는 것으로 사용자에 따라 빅데이터는 다르게 정의됩니다.

빅데이터에 대한 적용 수준이 다르기 때문에 빅데이터를 표준화하여 표현하거나 설명하기는 매우 어렵습니다. 이에 본서는 빅데이터에 대한 기본 개념을 소개하고, 빅데이터를 업무에 적용/활용할 수 있는 방법에 대해 설명하고자 합니다.

단, 본서를 읽는 대상은 엑셀 유저 대상으로 한정하며, 서버 또는 클라우드에 저장된 '빅데이터'를 어떻게 관리 운영할 것인가에 초점을 맞추어 진행합니다. 이에 본서는 빅데이터 관리 및 운영에 관한 내용에 초점이 맞추어져 있으며, 빅데이터에 대한 이론이나 자세한 설명은 다루지 않습니다.

엑셀 유저가 다루는 데이터베이스(database) 중에서 양과 규모 면에서 어디까지를 빅데이터라고 할 수 있을까요? 가령 엑셀 하나의 시트에 1만여개의 가로 열 셀과 100만개 세로 행 셀로 구성되어 있다면, 이것을 빅데이터라고 할 수 있을까요? 각자의 판단 기준에 따라서 다르게 해석할 수 있겠지만, 이 정도 규모의 데이터라면 충분히 '빅데이터'라고 할 수 있을 것입니다. 엑셀 가로/세로로 형성된 2차원의 행렬(또는 벡터, Vector)에는 상당한 양의 자료를 셀(cell)에 값을 입력한 후 여러 가지 연산(calculation) 작업을 할 수가 있어서 에디슨의 전기 발명에 비견할 정도로 '혁신적 발명'이라고 할 수 있습니다.

MS 엑셀은 지난 30년간 많은 변화를 겪으면서 발전하여 왔습니다. 이러한 발전 중에서 '오피스 2007버전'은 새로운 분수령이 되었습니다. 그 이유는 '오피스 2007버전'부터 오픈 소스 기반으로 데이터베이스를 처리할 수 있는 수단(method)를 제공하기 때문입니다.

과거에 비해 엄청나게 개인의 업무 수준이 업그레이드 되고, 엑셀이 하나의 개발 도구로 이용되면서, MS SQL/Oracle/MY SQL/TIBERO[1]와 같은 대형 데이터베이스 서버와 연결하여 사용할 수 있는 수준까지 발전하였습니다.

현재 대부분의 엑셀 사용자들은 엑셀을 수치 연산 정도로만 활용하며, 잘 활용하는 편이라고 하더라도 데이터베이스 접근 수준 정도에 불과합니다. 본서에서 소개하는 서버 연결 엑셀 모듈은 IT 소수 기업들만의 개발 점유물의 수준을 벗어나 일반 엑셀 사용자들도 쉽게 데이터베이스를 활용할 수 있는 기회를 제공합니다.

지금까지는 MS Office에 다양한 기능이 있었음에도 불구하고, 일반 기업 및 공공기업, 정부기관 등 활용범위는 제한적이었습니다.

따라서 본서는 엑셀의 VBA 모듈만으로도 충분히 대형 빅데이터를 컨트롤할 수 있는 접근 방법을 제공합니다. 즉, 엑셀 유저가 서버 기반의 빅데이터인 데이터베이스를 직접 테이블 및 필드를 만들어 관리 방법을 학습합니다.

엑셀 VBA를 학습하기 전에 먼저 빅데이터의 개념을 살펴 보도록 하겠습니다.

---

1) TIBERO는 미국의 SQL과 Oracle과 유사한 국내 유일한 데이터베이스 프로그램입니다.

1 빅데이터 배경과 방향

복잡한 세상으로 인하여 우리는 매일 수많은 영상 콘텐츠나 자료들을 직면하는 것이 일상이 되어 버렸습니다. 가령 뉴스를 접하는 과정에서도 기존의 TV나 라디오를 통하여 접했던 이전과는 달리 오늘날에는 인터넷을 이용하여 이전보다 쉽고 빠르게 국내 뉴스는 물론 전세계의 뉴스까지도 큰 어려움없이 접할 수 있습니다.

대표적인 사례로 스마트폰의 앱을 통하여 메신저 및 블로그, SNS 등의 활용이 이미 생활화 되었습니다. 아침에 출근을 하면서 스마트폰으로 주식 정보를 확인하거나, 다양한 고객의 정보를 확인하며, 필요에 따라서는 이를 재가공하여 다시 새로운 정보로 저장합니다. 이렇게 새롭게 재생산된 자료는 다양한 정보를 필요로 하는 수많은 사람들에게 제공 & 활용되는 정보의 공유 및 오픈(open) 시대를 만들었습니다. 웹 2.0 주창자 팀 오라일리(Tim O,Reilly)는 다음과 같이 이야기 했습니다. "데이터는 소프트웨어 인프라가 대부분 오픈소스화 또는 범용품화되는 시스템에서 가치를 창출하는 유일한 원천 요소이다."

불과 몇해 전까지만 해도 데이터베이스의 범위는 단순히 ERP 또는 스프레드시트 정도가 아닐까라고 생각합니다. 과거에 기상청의 날씨와 관련된 다양한 정보의 데이터들이 축적되어 있습니다. 단지, 과거에는 데이터 분석을 이런 정형적인 데이터간의 상관관계만 분석했지만, 오늘날에는 데이터 간의 상관관계뿐 아니라 기타 비정형 음성, SNS, 블로그 등 다양한 자료까지도 분석을 해야 합니다.

과거의 데이터는 배타적이고 개인 중심적이고, 정형 데이터인 ERP/MRP 수준의 기업 정보를 갖고 향후 데이터를 예측하고 관리하였다면, 현재의 데이터는 기업 정형 데이터뿐만 아니라, 날씨 및 상권 분석 등 비정형 데이터까지 포함하여 예측하면서도 오픈(open)되어 수많은 사람들로 하여금 재가공 생산되어서, 그 양이 폭발적으로 증가하는 시대까지 왔습니다. 즉, 데이터가 생각 이상 커졌습니다. 이른바 "Big Data"가 탄생한 것입니다.

특히 컴퓨터 활용도의 급증에 따라 음성, 기후, 문서 등과 같은 비정형 자료들이 디지털 데이터로 전환되면서 데이터의 양은 더욱 급격하게 증가하였습니다. 여기에 통신 네트워크의 발달로 인하여 다양한 앱 기반 데이터간의 소통까지도 할 수 있게 되었습니다. 통신을 통한 상호 메신저, SNS 등은 데이터의 양을 기하급수적으로 증가시켜 정형 데이터 보다 더 중요한 데이터로 발전하였습니다. 이러한 변화가 가장 크게 나타나는 분야는 금융분야인데 기업간의 전자거래 인증, 은행간의 전자 거래 승인, 더 나아가 국가간의 은행 거래 내역 통합 등으로 전자상 거래와 디지털 미디어의 자료가 이전과는 달리 가장 급격하게 늘어났습니다. 정형 자료의 처리에서 비정형 자료 처리 과정까지 복합적으로 나타나면서 데이터의 양은 기하 급수적으로 증가하고 있습니다.

더욱이 스마트폰이 도입된 2009년부터 비정형 자료가 데이터화로 인하여 통합되고 분석되어야 할 데이터의 양은 기하 급수적으로 늘어났을 뿐만 아니라, 정형 데이터와 비정형 데이터의 통합 관리가 어느 때보다 필요한 시대가 되었습니다.

일반적으로 엑셀의 데이터는정형 데이터에 포함된다고 할 수 있습니다.

그렇다면 여러분은 여기에서 엑셀이 어떻게 빅데이터인 정형 데이터 및 비정형 데이터와 무슨 관련이 있을까?라는 의문을 던질 수 있습니다.

엑셀은 정형 데이터를 다루기도 하지만 비정형 데이터, 즉 텍스트 문자 및 기타 데이터를 연결해서 관리 운영이 가능할 뿐만 아니라, 함수를 통해서 데이터의 행렬과 같은 다양한 비정형 데이터 형식도 표현할 수가 있기 때문에 비정형 데이터 처리에도 활용할 수가 있습니다.

2012년 빅데이터라는 개념이 도입되면서 엑셀은 정형 데이터 유형으로 구분되었습니다. 그러나 엑셀을 이용하여 자료를 분석을 하다 보면, 자료들이 비정형화 데이터로 분석도 가능하다는 것을 알 수 있습니다. 그 이유는 엑셀의 정형화 데이터를 파일 전환, 엑셀 함수 등을 이용하여 비정형화 데이터 규칙으로 변경할 수도 있기 때문입니다.

통신 네트워크 발달과 디지털 문화의 발전으로 데이터 처리 속도가 급속하게 빨라지고, 이로 인해 SW 동종업종 뿐만 아니라, 다른 산업과의 연결이 한층 더 강화되었습니다. 주변의 데이터가 2009년 스마트폰의 사용과 더불어 이전에는 감히 상상할 수 없을 정도로 늘어나는 것을 보면서, IT 전문가들이 이를 근간으로 '빅데이터'라는 개념을 도입하게 된 것입니다.

"빅데이터 개념"

기존 데이터베이스 관리도구로 데이터를 수집, 저장, 관리, 분석할 수 있는 역량을 넘어서는 대량의 정형 또는 비정형 데이터 집합 및 이러한 데이터로부터 가치를 추출하고 결과를 분석하는 기술을 의미한다. 빅데이터는 통상적으로 사용되는 데이터 수집 및 관리, 처리 소프트웨어의 수용 한계를 넘어서는 크기의 데이터를 말하는데, 빅데이터의 사이즈는 단일 데이터 집합의 크기가 수십 테라바이트에서 수 페타바이트에 이르며, 그 크기가 끊임없이 변화하는 것이 특징이다.

가트너(Gartner, Inc.)의 Laney는 20010년 연구보고서에서 데이터의 급성장에 따른 이

슈와 기회를 데이터의 양(volume), 데이터의 입출력 속도(velocity), 데이터 종류의 다양성(variety)이라는 3개의 차원(3V)으로 정의하였다. 이 '3V' 모델은 이후 가장 널리 사용되는 빅데이터의 정의가 되었다.

2012년 Laney는 2001년의 빅데이터에 대한 자신의 정의에 더하여 "빅데이터는 큰 용량, 빠른 속도, 그리고 높은 다양성을 갖는 정보자산으로서, 이를 통해 의사결정, 새로운 정보의 발견, 프로세스 최적화를 향상시키기 위해서는 새로운 형태의 처리 방식이 필요하다"고 정의하였다.

IBM은 정확성(혹은 진실성, Veracity)이라는 요소를 더해 4V를 정의하였고, 또 다른 사람들은 가변성(Variability) 혹은 가치(Value)를 추가하여 4V를 정의하기도 한다. 그러나 빅데이터와 관련하여 가트너의 Laney가 내린 3V 정의가 여전히 널리 사용되고 있다.

(네이버 백과 사전)

정용찬(2012a)의 글을 인용하면,,,,

빅데이터란 디지털 환경에서 생성되는 데이터로 그 규모가 방대하고, 생성 주기도 짧고, 형태도 수치 데이터뿐만 아니라 문자와 영상 데이터를 포함하는 대규모 데이터를 말한다. 빅데이터 환경은 과거에 비해 데이터의 양이 폭증했다는 점과 함께 데이터의 종류도 다양해져 사람들의 행동은 물론 위치정보와 SNS를 통해 생각과 의견까지 분석하고 예측할 수 있다. 디지털 경제의 확산으로 우리 주변에는 규모를 가늠할 수 없을 정도로 많은 정보와 데이터가 생산되는 '빅데이터(Big Data)' 환경이 도래하고 있다.

PC와 인터넷, 모바일 기기 이용이 생활화되면서 사람들이 도처에 남긴 발자국(데이터)은 기하 급수적으로 증가하고 있다. 쇼핑의 예를 들어 보자. 데이터의 관점에서 보면 과거에는 상점에서 물건을 살 때만 데이터가 기록되었다. 반면 인터넷 쇼핑몰의 경우에는 구매를 하지 않더라도 방문자가 돌아다닌 기록이 자동적으로 데이터로 저장된다. 어떤 상품에 관심이 있는지, 얼마 동안 쇼핑몰에 머물렀는지를 알 수 있다. 쇼핑뿐만 아니라 은행, 증권과 같은 금융거래, 교육과 학습, 여가활동, 자료 검색과 이메일 등 하루 대부분의 시간을 PC와 인터넷에 할애한다. 사람과 기계, 기계와 기계가 서로 정보를 주고받는 사물지능통신(M2M, Machine to Machine)의 확산도 디지털 정보를 폭발적으로 증가시키는 이유다.

가트너는 빅데이터의 개념을 다음과 같이 정의하였다.

빅데이터 정의

향상된 시사점(Insight)과 더 나은 의사 결정을 위해 사용되는 비용 효율이 높고, 혁신적이며, 대용량, 고속 및 다양성의 특성을 가진 정보 자산

출처: Gartner(2012), Mckinsey Global Institute(2011), IDC(2011)

빅데이터의 인사이트(Insight) 개념은 지금까지 얻지 못한 지식을 포함한 통찰 개념으로 발전하여, 빅데이터를 하나의 새로운 자산으로 인식해서 관리해야 한다고 합니다. 빅데이터로 분석된 엑셀 데이터도 하나의 지식 정보 파일 자료로 봅니다. 그리고 웹으로 상품 주문을 받았다면, 이제는 SNS를 통해서 영업 주문을 받을 수도 있으며, 유투브(youtube)에서 가수의 음원처럼, 혹은 카톡을 통해서 업체간의 다양한 정보를 공유함으로써 실물에서 보이지 않던 상품이 소비자에게 전달되는 것까지 비정형 빅데이터로 발전하였습니다.

따라서 데이터를 하나의 통합된 저장소, 기존 정형 데이터를 저장할 수가 없어서, 비정형 데이터를 저장하기 위해 해외의 경우 MS 에이져, 아마존의 AWS 등의 클라우드가 발전하였습니다.

요약하면, 빅데이터의 구성은 다음과 같이 정의할 수 있습니다.

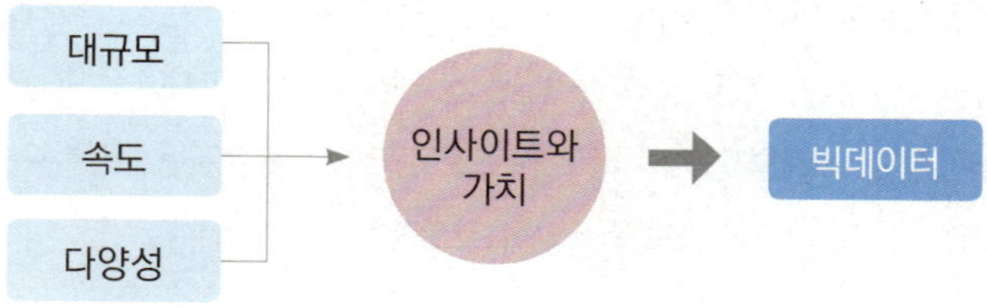

데이터가 대규모(양과 질)의 자료를 포함되어 처리 과정에서 비록 그 양이 대단히 크지만 처리 과정이 매우 빠르며, 데이터의 종류가 정형 데이터 뿐만 아니라, 파일, 음원, 동영상 등 다양성을 갖게 되었습니다. 이런 3개 유형이 하나로 통합되어 "빅데이터"라고 합니다.

그럼 엑셀 유저의 입장에서 본다면, 과거의 정형 데이터를 ERP/MRP정도 수준의 시스템에다 입력하는 정도, 혹은 엑셀 시트별로 영업/생산/고객 정도 등을 관리하는 수준이 아닐까 라는생각을 할 수도 있습니다.

지금은 정형 데이터 수준을 넘어서, SNS 문자 혹은 이메일, 첨부 자료, 카톡 등을 이용하여 고객과 데이터도 다양화가 될 뿐만 아니라, 통신의 발전으로 인하여 스마트폰에서 데이터 비중이 늘어나고 있습니다. 다양한 데이터가 지금은 각자의 엑셀 유저의 개별적 자산이지만, 클라우딩을 통한 데이터 통합으로 인사이트(InSight)가 가능한 빅데이터로 발전하였습니다.

앞으로 엑셀 유저가 배워야 할 것은 엑셀의 다양한 데이터를 서버와 네트워크로 처리하는 과정부터 모듈 개발까지 학습함으로써 여러 유형의 데이터를 효율적으로 관리 운영할 수 있습니다.

하나의 사례로 부동산을 운영하는 중개인을 살펴 보겠습니다.

지금까지는 부동산 사이트 검색해서 가격 검증을 한 후, 주변 상권을 분석하는 정도가 일반적인 데이터 사용 수준이 아닌가 생각됩니다. 하지만 앞으로는 상권 분석도 주변의 개발 환경에 영향을 받아서 지속적으로 변경되기 때문에 단순히 부동산 사이트 정보만 믿고 거래를 할 수가 없습니다. 또한 지형물에 따른 기후 변화, 교육 학군 등 다양하게 고려해야 할 조건들을 반영하여 부동산을 통합분석하여 관리해야 합니다.

특히 SNS를 통한 상호 소통이 더 깊어지고 있는 상황을 고려한다면 우리는 더 많은 자료의 분석이 필요하다고 보여집니다. 주변의 범죄율에 따라 부동산 가격 차이 등도 반영되어야 정확한 분석이라고 할 수 있습니다. 앞으로 정형 데이터보다 비정형 데이터 처리의 필요성이 더 높아질 것입니다. 처리 과정도 더욱 복잡하고 다양화되어 기업들은 새로운 처리 기술이 필요할 뿐만 아니라, 데이터 정리 모델을 분석할 수 있는 비정형 데이터 통계분석 관리 운영할 정보력 즉, 인사이트 관리 운영이 그 어느 때보다도 필요할 때라고 판단됩니다.

그러면 이런 대량의 다양화된 정형 및 비정형 데이터를 어떻게 처리해야 하는가?

데이터를 무작정 수집하여 운영을 한다는 것은 대단히 비합리적인 방법입니다. 그래서 앞으로 데이터의 수집과 운영은 통계 분석처럼 정확성(Veracity)이 요구됩니다. 즉, 데이터의 상호 신뢰 가능한 상관관계 분석을 통하여 해당 조직의 데이터를 분석해야만 오류 및 실수를 최소화 할 수가 있습니다

가령 해당 자료가 정형 데이터인지? 아니면 비정형 데이터인지?

무작정 자료를 모두 모은다는 것은 비효율적입니다. 그 이유는 데이터의 종류나 크기 측면에서 대용량이라고 하더라도 신뢰성이 떨어지는 잘못된 데이터를 갖고 있다면, 이로 인하여 완전히 다른 결과를 얻을 수 있기 때문입니다.

다양한 종류의 데이터를 평가하는데 엑셀만큼 편한 것은 없다고 판단됩니다. 이렇게 주장할 수 있는 것은 엑셀로 데이터를 분석하는 것이 기존에 사용하던 어떤 다른 도구보다 쉽게 분석을 할 수 있기 때문입니다.

다양한 자료를 통계 분석하기 위해서는 일반적으로 다루기 어려운 GAUSS, SAS, SPSS 등을 학습해야 하지만 앞으로 엑셀의 기능 학습만으로 적합한 모델을 찾아서 분석할 수가 있습니다.

요즘 친환경 스마트 농법을 보면, 센서를 통하여 온도 및 물 조절까지 스마트폰으로 자동 운영할 수 있는 것은 물론 과거 데이터들을 누적하여 통합된 분석을 하고, 이로부터 최적화된 새로운 값을 도출할 수가 있게 되었습니다. 이와 같이 농법도 사물 인터넷의 빅데이터를 운영하여 친환경 스마트 농법으로 발전하고 있습니다.

이렇게 빅데이터가 새로운 기술을 만나면서 JIT(Just It time), 적재적소의 데이터를 관리 운영할 수 있도록 설계된 기법으로 수익을 향상시킬 수 있게 된 것입니다.

그럼 이와 같은 빅데이터 사례로 얻을 수 있는 것은 무엇이 있을까? 간단히 살펴보고자 합니다.

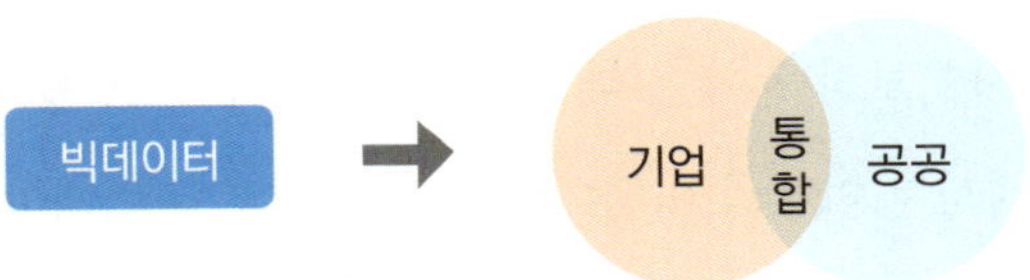

빅데이터는 기업 부문과 공공 부문으로 나눌 수 있지만, 각 개인은 기업과 공공부문을 나눌 수가 없습니다. 각 개인은 통합된 가치로 표현될 수밖에 없습니다. 따라서 통합된 가치로 표현하고자 한다면, 단지 기업과 공공부문 간의 접근에서 공통된 부분이 있으면서도 다른 부분이 있는 것입니다. 기업 발전이 없다면 공공부문의 발전도 있을 수 없으며, 공공부문의 발전이 없다면 기업의 발전이 있을 수 없듯이 기업과 공공의 발전에는 공통된 부분이 있습니다.

앞으로의 빅데이터 정책은 '정형 + 비정형'의 통합된 데이터를 어떻게 분석하느냐에 따라 승패가 결정될 것으로 예상됩니다.

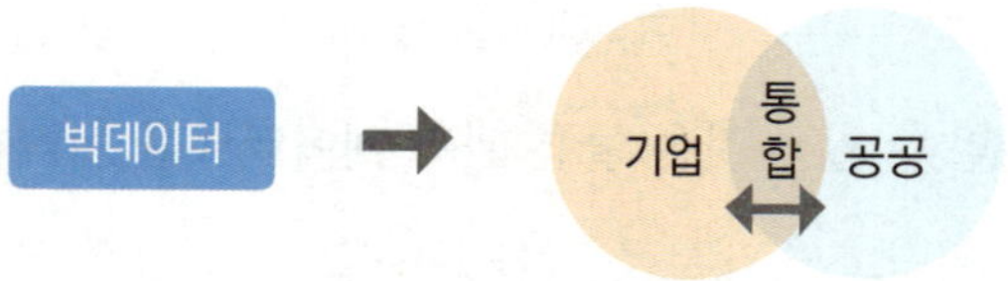

앞으로 통합 유형의 형태는 기업과 공공간의 통합 수준이 늘어날 것이라고 예상됩니다.

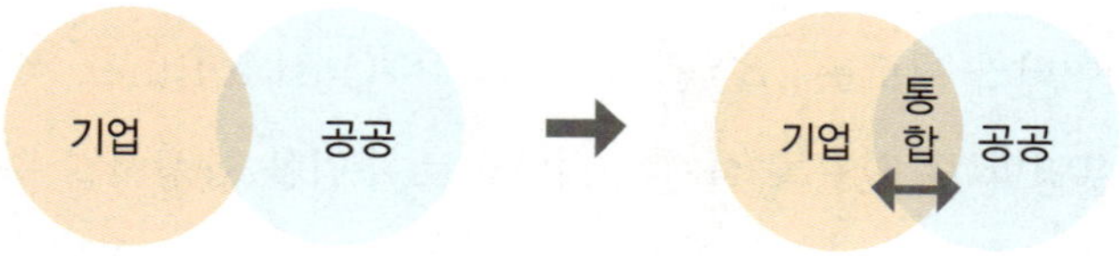

통합 부분이 커지는 이유는 사회 보장관련 보건복지 부분이 커지기 때문입니다. 이러한 부문에서의 정보 데이터가 커지는 빅데이터는 선진국형 빅데이터라고 할 수 있습니다. 기업과 공공부문간의 사회적 잉여가치 창출 공유로 사회 보장이 확대됨으로써 사회보장 정책은 더 큰 영향을 미친다고 볼 수 있습니다. 이러한 데이터의 처리에서 기업체의 빅데이터와 공공부분의 빅데이터 간에는 일정한 공통된 부분이 크게 형성됩니다. 이에 기업체는 공공 빅데이터를 활용하여 기업 빅데이터를 분석할 수가 있습니다.

일반적으로 기업들이 공공부문의 자료없이 자신들만이 갖고 있는 정보를 이용하여 고객들에게 사회 복지 서비스를 제공할 경우 정확한 맞춤형 사회복지 서비스를 제공하기는 매우 어렵습니다. 하지만 기업들이 사회 복지 서비스에 관한 공공 부문의 데이터 관리하는 서버를 운영하게 된다면, 사회 복지 고객 서비스에 공공부문의 데이터를 활용할 수가 있게 됩니다. 이러한 활용 사례는 기존과는 달리 데이터의 깊이와 양이 크게 늘어난 것을 의미합니다. 이에 따라 데이터를 처리하고 분석해야 할 범위도 자동적으로 증가하게 됩니다. 이러한 범위의 확대로 인하여 경우에 따라서는 비즈니스 효율성 분석뿐만 아니라, 마케팅 효과 및 신규 비즈니스 창출까지도 빅데이터로 분석이 가능하게 됩니다.

과거에 기업의 신제품 개발 출시는 특정 고객 방문 테스트, 매장 전시 테스트 수준 정도였습니다. 주로 협의적인 정형 빅데이터 운영을 통해서 새로운 제품을 출시를 준비하였다고 보면 됩니다. 그러나 오늘날 기업은 고객 방문을 벗어나 아마존 같은 포탈사이트에 신규 샘플 제품을 올려 상품 반응을 보던가, SNS, 기타 소셜 미디어를 총동원하여 새로운 제품 출시에 관한 자료를 수집합니다. 이러한 노력으로 인하여 기업들은 기존과는 달리 엄청난 데이터를 수집하게 됩니다. 이렇게 발굴된 막대한 데이터를 이용하여 기업들은 구매 기호 및 웹 클릭 데이터를 통합분석하여 새로운 제품을 출시합니다.

> "데이터를 얻는 능력 즉, 데이터를 이해하는 능력, 처리하는 능력, 가치를 뽑아내는 능력, 시각화하는 능력, 전달하는 능력이야말로 앞으로 10년간 엄청나게 중요한 능력이 될 것이다."
>
> 구글의 수석 경제학자 할 배리언(Hal R, Varian)

이제는 이런 빅데이터 기반으로 새로운 비즈니스를 창출하여 이전과는 다른 기반의 서비스를 제공할 수가 있습니다. 통신사들을 보면, 지금 고객들은 데이터 성향을 분석해서 새로운 제품을 설계하고 모델을 개발하거나 고객 위치 공유정보를 다른 정보와 결합·분석하여 새로운 서비스를 제공하고 있습니다.

이제부터는 공공부문에 대한 빅데이터를 간략하게 살펴보고자 합니다.

사회 간접자본 확충을 할 때, 관련 데이터 분석을 통해서 공공서비스가 진행됩니다.가령 지역 환경 영향과 같은 평가에는 정형 데이터 평가도 있지만, 비정형 데이터 평가들도 많습니다.

공공부문은 다양한 사회 서비스를 통하여 다양한 빅데이터를 생산하기도 하지만, 최적화된 공공 서비스를 제공하기 위해서 공공 빅데이터를 관리하기도 합니다. 교통, 항공, 통신, 국방, 기후 등의 다양한 빅데이터를 활용하여 사회 복지 전반의 사업에 활용합니다. 공공 빅데이터의 범위는 기업 빅데이터보다 훨씬 크기 때문에 미치는 영향 또한 직접적이고 매우 다양합니다. 그 이유는 공공부문의 서비스 대상은 국가 사회 전반의 모든 영역이기 때문입니다.

이러한 예로는 가로등 확충과 CCTV 설치로 인한 범죄율 최소화, 기상청 빅데이터 서버의 확충으로 날씨 및 자연재해 예측으로 사후 관리비 축소 등이 있습니다. 복합적인 빅데이터 서비스 분석에 따른 예방 효과로 범죄율이 낮아집니다.

재해 데이터 중에서 정형 데이터로 기상, 댐, 인구 등이 있고, 비정형으로는 CCTV, SNS, GPS등을 들 수가 있습니다. 빅데이터의 공공서비스의 의미는 이러한 모든 자료를 이용하여 더 정확하게 재해 예측 가능성을 사전에 높이는데 있다고 볼 수 있습니다.

만약 이러한 기업 및 공공 서비스간의 빅데이터 결과, 분석 정보가 각 개인의 주머니 정보화로만 사용된다면, 단편적 빅데이터 분석에 불과하며 지속적인 빅데이터로 사용할 수가 없게 됩니다. 근간이 되는 빅데이터는 IT 개발자가 만들더라도, 운영되는 결과에 따라 빅데이터가 서로 간의 정보로 공유할 수 있도록 서버 근간의 데이터베이스로 만들 필요성이 있습니다. 그리고 개발자보다는 업무 담당자가 직접 운영하는 서비스 관리가 요구됩니다.

이와 같이 다양한 데이터의 서비스를 분석하는 데는 엑셀이 최적의 프로그램입니다.

각 업무의 미래를 예측하기 위해서 빅데이터를 IT 솔루션 개발만으로는 성공할 수 없다.

그럼 빅데이터는 새로운 솔루션 개발만으로 성공할 수 있을까?

닷넷이든 자바든 간에 웹 서버 기반의 데이터를 추출하고 관리 운영하기 위해서는 프로그램을 개발해야 합니다. 일반적으로 개발 사이클이 과거에는 5년 정도가 유효 기간이였다면, 요즘은 1년 앞을 내다볼 수가 없게 되었습니다. 따라서 1년안에 새롭게 솔루션을 개발한들 지속적인 개발 환경 변화에 맞추어서 운영되기가 어렵습니다. 주로 컨설턴트, 개발자, 유지 관리자로 구분하여 솔루션을 개발하다가 보면, 상호간의 이해 대립으로 개발이 지연되기도 합니다.

빅데이터 환경을 쉽게 접근해서 해결하는 방법으로 엑셀을 주목하는 이유는 다음과 같습니다

엑셀 유저가 직접 업무 관련 빅데이터 서버의 정보를 만들고 연결해서 데이터 관리를 한다면 가장 효율적입니다. 엑셀은 유저 중심의 인터페이스로 개발되어 있기 때문에, IT 개발자 중심이 아니라 빅데이터와 연결해서 일반 업무 중심으로 데이터 관리/운영도 가능합니다. 빅데이터 관리도구로 '감초'와도 같은 엑셀의 활용도를 높일 경우, 사회 간접 서비스를 포함하여 데이터 운영 관리가 보다 쉬워질 것입니다.

그러면 이제 빅데이터 서버를 접근하기 위한 핵심 내용을 알아 봅시다.

무엇보다도 요구 사항을 먼저 잘 파악을 해야 할 것입니다.

엑셀 유저가 할 수 있는 일은 철저한 업무 분석과 관련 자료를 확보하는 것입니다.

획득된 정보를 서버에 저장하여,상호 공유해야 할지 혹은 특정 자료로 즉, 비정형 데이터로 저장해야 할지를 구분하여 관리해야 합니다.

IBM에서 보는 빅데이터 접근법은?

1. 양방향 중심 고객 분석
2. 빅데이터 인프라
3. 빅데이터 도입 초기
4. 빅데이터 분석 역량
5. 빅데이터 도입 로드맵

출처: 분석-빅데이터의 현실적인 활용, IBM

지금까지 해당과정을 MRP 생산 관리 공정, 2000년대초 ERP 시장 확충으로 10여년간의 업무용 솔루션 개발, 이후에 데이터 통계의 필요성으로 DW(Data Ware House)가 확충되더니 BI까지 발전하였습니다.

BI(Business Intelligence)

기업에서 데이터를 수집, 정리, 분석하고 활용하여 효율적인 의사 결정을 하도록 하는 애플리케이션과 기술의 집합. 기업 경영에서 네비게이션 역할을 수행하는 것으로, 비즈니스 인텔리전스(BI) 애플리케이션은 의사 결정 지원 시스템, 조회 및 응답, 올랩(OLAP), 통계 분석, 예측 및 데이터 마이닝 등이 기본이 되나, 필연적으로 기업의 데이터베이스와 데이터 웨어하우스(DW), 기업 자원 관리(ERP) 등과도 관련이 있으므로 넓은 의미로는 이 모든 분야를 포함하기도 한다.

출처: 한국정보통신기술협회

2000년 이후 오피스 엑셀 버전에서는 대량 데이터 분석을 위한 피벗 테이블이 진화되면서 엑셀은 OLAP 수준까지 발전하였습니다. 대부분 엑셀 유저는 함수 활용 수준을 넘어가지 못하는 것이 현실이나, 엑셀로 빅데이터를 운영 관리할 필요성은 크게 늘어나고 있습니다.

2 빅데이터와 데이터베이스

많은 엑셀 유저들이 여기까지 읽다 보면, 빅데이터랑 엑셀은 어디에 포함되는 것인지? 의문이 생길 수 있습니다. 저자 또한 빅데이터가 어떠한 유형에 속하는지를 알 수 없습니다.

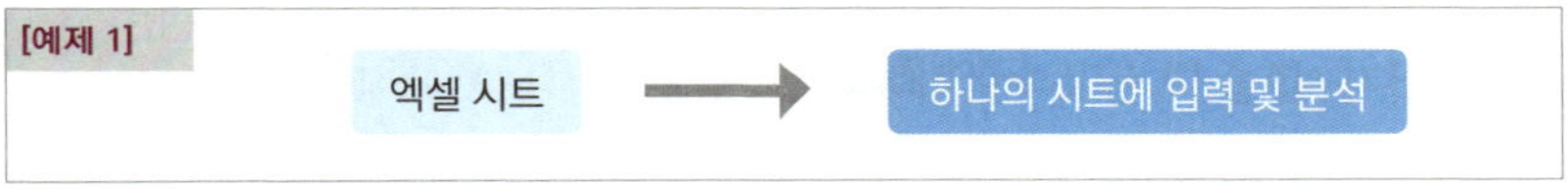

엑셀 시트 하나로 데이터를 관리하는 방식인 비정형 데이터 방식으로 사용.

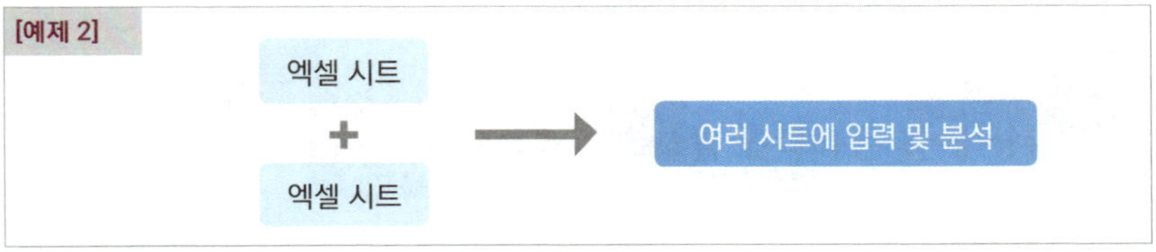

엑셀 여러 시트를 나누거나 통합 데이터를 관리하는 방식인 비정형 데이터 방식으로 사용.

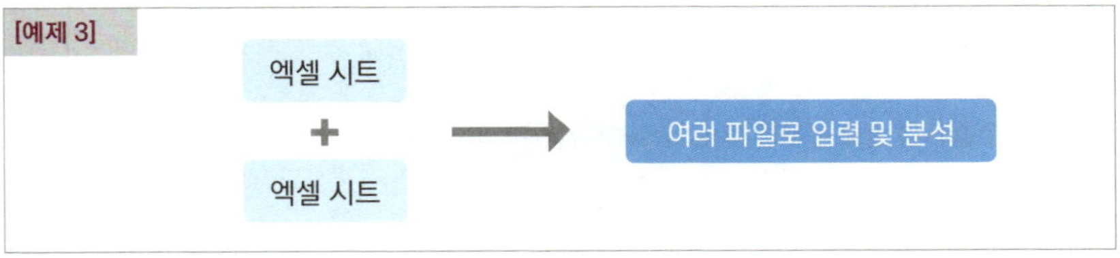

여러 엑셀 파일/시트를 구분해서 데이터를 관리하는 방식인 비정형 데이터 방식 사용.

엑셀 데이터 자체가 음원처럼 데이터 통합이 불가능한 비정형 데이터라고 분류할 수도 있지만, 일반적으로 엑셀은 정형 데이터로 분류됩니다.

엑셀 유저들은 엑셀을 비정형 데이터 형식으로 사용하기 때문에 엑셀 시트간의 데이터 통합은 어렵습니다. 대부분의 엑셀 유저는 엑셀을 워드프로세서 처럼 사용하며, 각자 사용 방법의 차이로 필드의 제목이나 위치까지 맞추어서 데이터로 통합하기가 어렵습니다.

그러면 빅데이터 차원에서 엑셀을 어느 수준까지 사용할 수 있는지 확인해 봅시다.

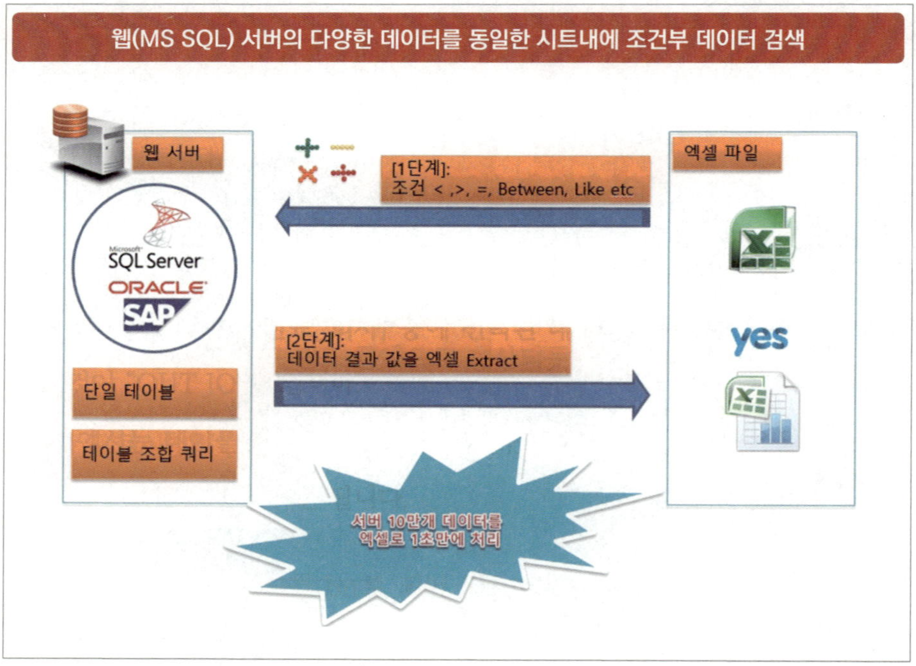

엑셀에서 조건부의 데이터를 서버로 보내면, 서버는 조건부 데이터에 맞추어서 엑셀로 데이터 내보내기를 합니다. 이에 검색하고자 하는 데이터를 충분히 서버로부터 얻을 수가 있다면 어떨까?라는 질문으로 시작합니다.

지금까지 수많은 엑셀 유저가 ADO, DAO든간에 엑셀에서 서버 데이터를 컨트롤했으며, 구글에서도 보듯이 해당 서버 데이터를 다루는 ADO/DAO 개발 수준은 매우 낮습니다.

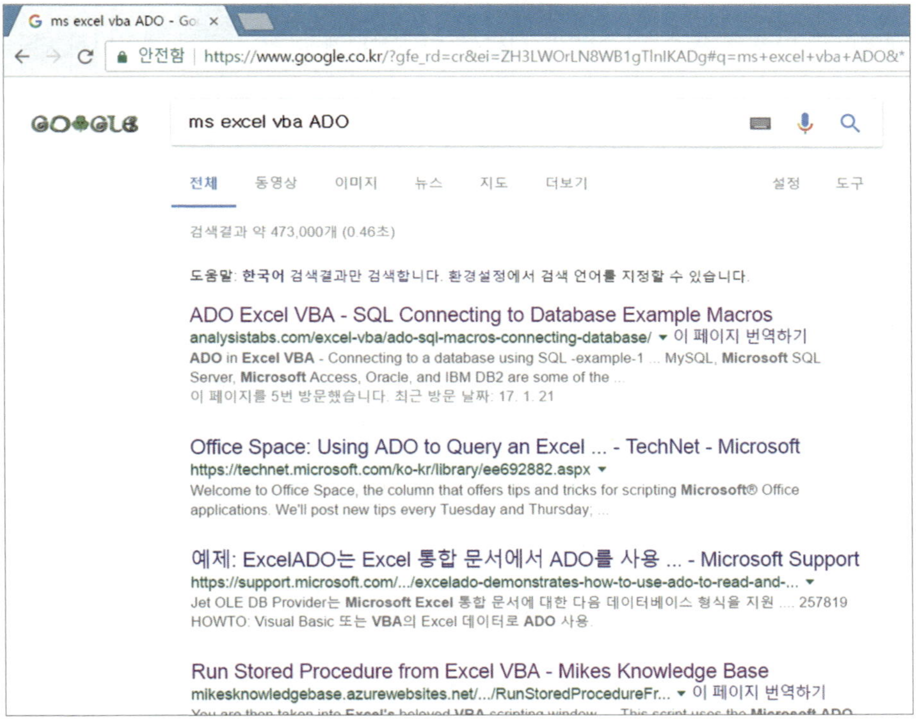

엑셀의 VBA를 활용해서 서버간 연결되는 정보를 구글링 검색한 결과, 데이터가 검색, 입력, 추가, 삭제되는 것에 대해서 통합 자료를 발견할 수가 없습니다.

엑셀 유저에게 전산 시스템을 개발하라는 것이 아니라 필요한 업무를 파악 분석한 후에 해당되는 것을 데이터 계획을 세워서 검색된 데이터를 공유하는 것입니다.

엑셀 유저가 할 수 있는 일은 전사적 솔루션 개발이 아니라, 전사적 솔루션에서 파생되는 데이터 및 외부 데이터를 네트워크 공유를 통해서 상호 데이터가 호환될 수가 있도록 개발하는 것입니다.

빅데이터 원본처럼 수백 테라 바이트가 될 수도 있지만, 가공된 데이터 결과들을 서버에 데이터가 공유함에 따라서 새로운 아이템을 창출 결과를 새로운 빅데이터로 만들어질 수 있습니다. 새로운 빅데이터가 다시 비정형 데이터로 만들어질 수도 있고, 정형 데이터로 변화하는 등 지속적으로 데이터가 진화합니다.

만약 이런 비정형 및 정형 가공 엑셀 데이터가 각 PC의 정보로만 남는다면 해당 빅데이터는 더 이상 진화하지 못하고, 중단될 가능성이 높습니다. 이유는 똑같은 데이터의 분석으로 매번 동일한 결과를 얻는다면, 새로운 아이템 창출이 불가능합니다.

특히 데이터 역량은 개발자 중심의 데이터가 아니라 업무 담당자 중심의 데이터로 발전해야 하며, 엑셀 만큼 활용 능력이 좋은 것은 없습니다. 데이터에 대한 지속적인 통제 관리가 중요하며, 해당 데이터에 대한 지속적 피드백을 받아서 분석하는 담당자가 필요합니다.

저장된 서버 데이터베이스 분석을 통해서, 지속적인 판단과 분석 관리가 요구되며, 해당 데이터의 피드백을 통해서 조직 사업 역량이 확장될 수 있습니다.

엑셀의 데이터 유형을 구분한다면, 정형 그리고 비정형까지 모두 포함되는 것이 아닌가?

앞으로는 제한적인 엑셀 관리에서 벗어나 빅데이터인 데이터베이스 관리차원에서 접근하여 좀 더 효율적으로 엑셀 활용을 극대화 방법을 제시하고자 합니다.

그러면 해당 엑셀을 이용하여 서버 연결 데이터를 어떤 방식에 따라 구축하는지에 관한 구축 절차를 학습해 봅시다.

먼저 구축은 데이터 획득과 통합 후에 데이터 관리와 조직화를 해야 합니다. 이에 조직화된 데이터를 분석 모델링 검증하여 결과를 도출해야 할 것입니다. 이 부분은 시스템 개발 구축과 별반 차이점이 없습니다.

이런 데이터 관리와 조직화를 하기 위해서는 고품질의 데이터를 확보하여 데이터 저장관리 및 가동 데이터 축적 등이 선행되어야 합니다. 이후 분석 모델링 하기 위해서는 다양한 분석 모델 개발 및 알고리즘 개발과 시각화까지 고려합니다. 분석 모델링 이후에는 개발된 모델을 배포하는데, 다양한 피드백을 통한 분석 이력 관리가 필요합니다.

다음은 엑셀 통계 분석에 대해서 대략적으로 학습해보도록 하겠습니다.

3 빅데이터와 엑셀 통계 활용

빅데이터의 도래와 함께 통계분석은 더 중요하게 되었습니다. 통계 문제를 해결해주는 GAUSS, SAS,SPSS, MiniTap, TSP 등 전문 통계 프로그램이 있지만, 가격 또한 엄청난 부담이 되고 있습니다. 특히 학술 논문을 쓰다 보면, 데이터를 분석할 수 있는 기술력 부족으로 외부에 위탁하는 경우가 많습니다. 이러한 것을 고려한다면 엑셀을 활용한 통계 처리는 매우 현실성 있게 높은 가치가 있음에도 실제 사용 빈도는 그리 높지 않습니다.

정보기술의 발전에 따라 데이터의 양도 기하 급수적으로 늘어나고 있는데, 엑셀 기술통계는 기대 이상의 많은 기능을 갖고 있기 때문에 상관분석, 회귀분석 등 다양한 사회적 문제를 분석하여 해결할 수 있다는 점에서 통계학적 측면에서의 가치는 매우 크다고 봅니다.

지금까지는 이런 거대한 데이터를 처리하고 분석하는 것을 전문 솔루션들이 해결하였습니다. 하지만, 엑셀에서도 빅데이터인 MS SQL/ORACLE 든 어떠한 DB 컨트롤이 가능하기 때문에 거대한 데이터를 쉽게 활용할 수 있다는 측면에서 엑셀의 활용도는 매우 높은 편입니다. 예를 들자면 기업 평가시, 정형적/정성적 평가를 하는데 엑셀 만큼 유연적인 도구는 없을 것입니다. 일반 대형 시스템은 정형적인 평가만 가능하지만, 인적 자원에 대한 평가와 같은 정성적인 감성 평가를 하는 것은 쉽지 않습니다. 하지만 엑셀은 정성적인 감성 평가를 포함할 수 있기 때문에 정성적 평가와 정량적 평가를 통합하는 데이터 통합 평가가 가능합니다.

지금까지 엑셀을 활용한 대부분의 통계들은 논리에 맞추어서 함수관련 통계학 개념만 설명하고 있으며, 엑셀로 통계 도구를 자세히 설명한 저서들은 부족한 실정입니다. 본서에서는 기존 문헌에서 설명하지 않았던 통계적 개념과 도구를 활용하는 방법을 간략하게 다루고자 합니다. 즉, 어떤 경우에 어떠한 통계 모형을 사용해야 하는지, 도출된 결과 값은 어떠한 결과로 유추되는지에 대해서 간략히 소개합니다. 하지만 통계적 함수를 이용하게 되면 엑셀의 활용도가 낮아질 수 있기 때문에, 엑셀의 기능적 구성 및 해석에 맞추어서 진행합니다.

이에 예제를 통하여 결과를 도출하고 해석하는 과정에서 통계 개념은 다른 전문서적을 통하여 학습하거나 자신의 역량에 맡기고, 본서의 1장에서는 설치과정 및 간략한 예제 소개만 하고, 5장에서 몇 개의 예제를 통해서 엑셀 통계 결과 값을 해석합니다.

설치과정은 MS Office 2013 Excel 기준으로 설명합니다.

엑셀 옵션을 선택하고, 좌측 추가 기능 탭의 버튼 [이동]을 클릭합니다.

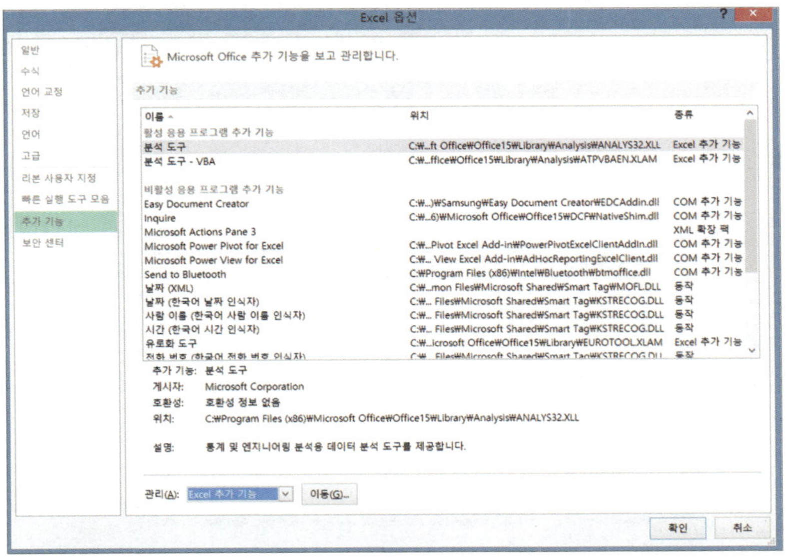

분석 도구를 체크하고 버튼 [확인]을 클릭합니다.

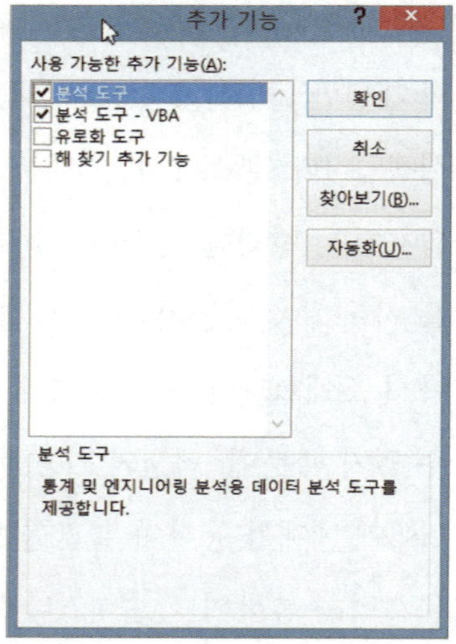

리본메뉴에서 데이터 리본 메뉴에서 분석 그룹을 보면 데이터 분석이 추가되어 있습니다.

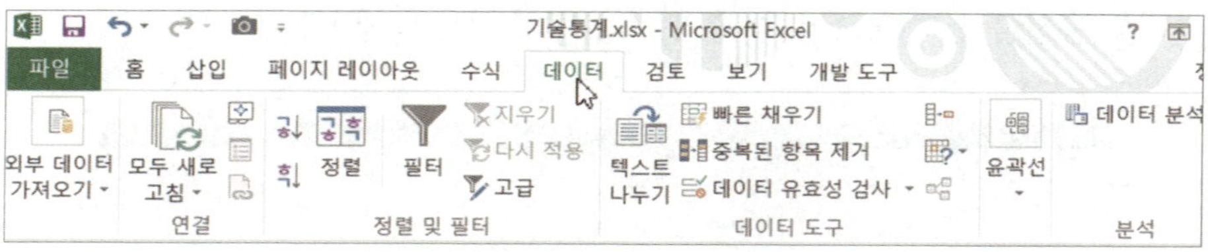

통계 데이터 분석 유형이 18개 종류가 있습니다.

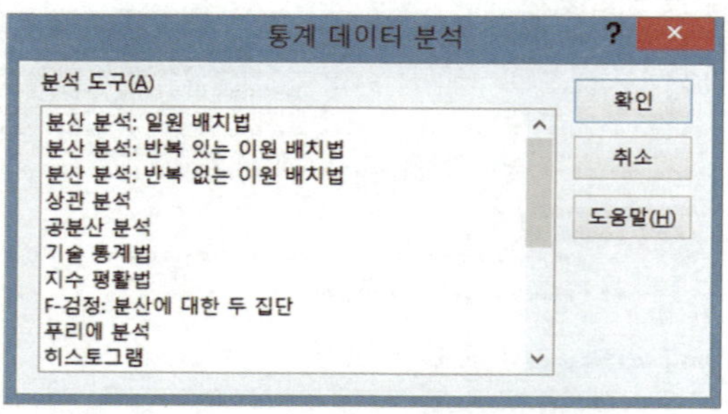

빅데이터인 서버인 SQL 데이터를 연결해서 데이터를 추출한 후에, 해당 통계 데이터 분석을 엑셀로 할 수가 있습니다. 사전에 SQL 데이터를 엑셀로 추출하기 전에, 서버의 빅데이터 SQL을 만들어야 엑셀 분석 데이터로 사용할 수 있기 때문에, 기본 SQL 사전 학습이 필요합니다. SQL 내용은 다음 2장에서 엑셀 유저 입장에서 다루고자 합니다.

그러나 이 책에서 이런 통계 기법을 모두 소개할 수는 없으므로 1장에서는 주요한 몇 가지만 간단히 소개합니다.

1. 히스토그램

서버 SQL에 있는 데이터를 엑셀 데이터로 만들었습니다. A는 [회사]이며 B열은 [총금액]으로 구성되어 있습니다.

히스토그램에서 입력은 A, B 데이터를 입력하고, 사전에 계급구간 E를 만든 후, 결과 출력의 출력 위치 셀을 정하고, 파레토 및 누적, 차트 출력까지 선택한 후에 버튼 [확인]을 클릭합니다.

구간별 빈도수는 4000과 6000이 각각 2개라는 것을 확인할 수 있습니다.

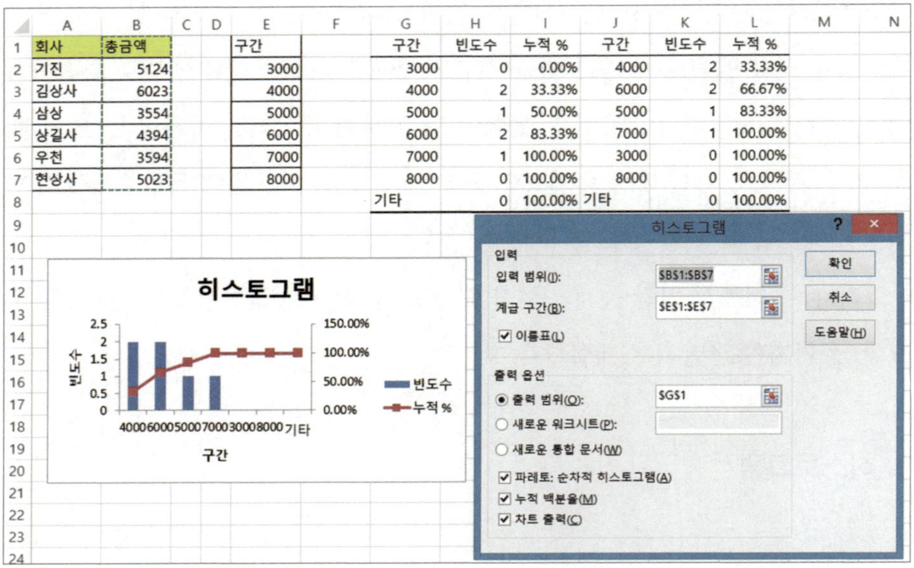

2. 기술 통계법

SQL서버에서, 회사별 총 평균 금액과 평균 금액 기준으로 평균부터, 왜도(skewness) 및 첨도(kurtosis) 등을 구합니다. 첨도는 '3'을 기준으로 정규 분포를 보여주고 있으나 3보다 작다면 분포가 넓게 펼쳐져 있다는 것을 알 수가 있습니다. 3보다 값이 크면, 중앙값을 기준으로 몰려 있다고 볼 수 있습니다.

왜도가 아래처럼 소수점으로 작거나 마이너스 값을 보이면, 좌측 0을 기점으로 꼬리를 보이고 우측으로 봉이 쏠려 있다고 보면됩니다. 즉, 값이 높은 쪽으로 기울어져 있는 형태입니다. 만약 왜도의 값이 1보다 크면 0값 쪽으로 데이터가 분포되어 있고, 분포도가 우측으로 꼬리를 보이고 있다라고 할 수 있습니다.

이런 내용을 엑셀 유저에게 전달하면 이해를 할까요?

이해를 못하는 것은 당연합니다.

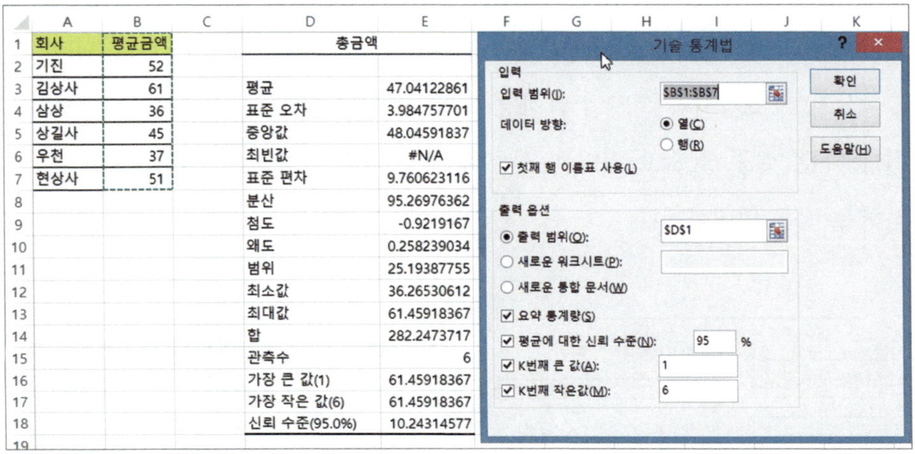

그럼 그림으로 볼까요?

우측 꼬리가 긴 (a)의 경우 왜도 (+), 좌측 꼬리가 긴 (b)의 경우 왜도 (-)와 같은 정규분포를 보입니다.

즉, 데이터가 어느 방향으로 집중된 것을 보는 것이 왜도입니다.

이와 같이 다양한 부문을 자세히 설명하다 보면, 통계 전문 서적이 되기 때문에 엑셀 [통계도구]를 이용하면 편하게 다양한 통계 수치가 계산되는 수준만 해당 장에서 이해하고 넘어갑니다.

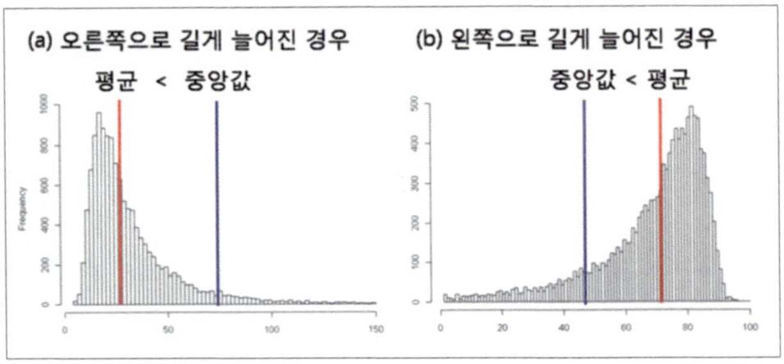

3. z-검정: 평균에 대한 두집단

두 집단의 분산을 알고 있으며, 두 모집단 평균의 차이에 대한 검증입니다.

울산지역, 포항지역은 산업 단지가 형성되어 있어서 다른 지역보다 소득 수준이 높다는 것을 잘 알고 있다는 것은 두 집단의 분산을 알고 있는 상태에서 분석하는 것을 의미합니다.

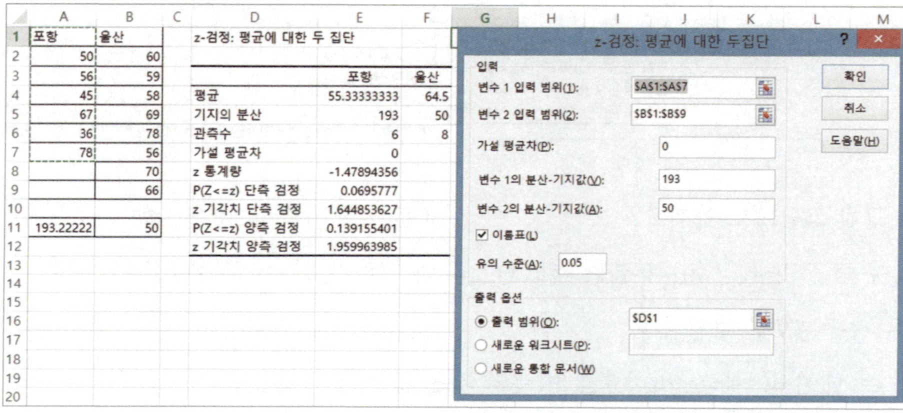

정말 소득 차이가 있는가?에 대한 가설 검증을 무작위 표본을 통하여 확인해봅시다. 모분산(VARP)을 통해서 각 포항 및 울산 분산 값을 구한 후에, 엑셀에서 지원하는 통계 Z 검증까지 지원하고 있습니다. 이 부분은 제5장에서 엑셀 유저가 이해할 정도의 Z 검증만 소개합니다.

각자의 영역을 지정한 후에 '확인'을 클릭하면, D1 기준으로 통계 데이터 값이 표시가 됩니다. Z 통계량의 값 -0.147이 Z 기각치 양측 검증 1.95내에 있기 때문에 가설은 기각되고 실제로 두 지역의 소득 차이가 없음을 보여줍니다.

여기서 통계 결과값에 대해서 의미가 있음을 제시합니다.

4. t-검정: 등분산 가정 두집단

등분산 가정 두 집단 t-검정은 평균 차이에 대한 가설 검정으로, 표본의 크기가 작은 경우에 사용되는 모델입니다. 즉, 부산 및 서울지역간 대리점의 총 평균매출을 비교하고자 합니다. 아래의 예가 보여주듯이 T 값이 -0.1로 T 기각치 2.1보다 작기 때문에 평균 매출의 변화가 지역간 차이가 없다는 것을 보여줍니다.

또한 검정결과에서 유의 확률 값을 통하여 의사결정을 할 수도 있습니다. 유의 확률이 0.91로, 유의 수준 0.05수준 보다 크기 때문에 두 지역간의 평균 매출금액 차이는 없다고 결론을 내릴 수 있습니다.

여기서는 엑셀의 유저 입장에서는 숫자로 나온 값을 해결하는 정도만 배웁시다. 즉, 단지 엑셀의 통계도구로 충분히 데이터를 검증할 수 있는지만 학습합니다.

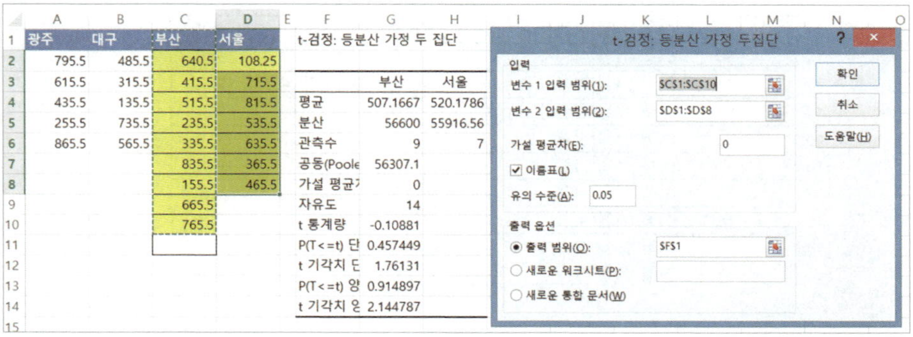

5. t-검정: 쌍체비교

매일 판매를 하는데 판매방식이 각각 다르게 판매를 하는 경우입니다. 이런 경우 두 판매 방식의 효과가 다르게 나타나는지를 검증하는 방법입니다.

가령 하나는 광고로, 다른 하나는 ARS로 판매를 합니다.

일상적으로 경험하는 내용들입니다. 즉, 일별로 처리되는 각자의 독립 표본(회사)인 경우에 구매하는 평균의 차이가 있는지를 분석합니다.

	A	B	C	D	E	F	G	H
1	번호	처리일	회사	총금액	입력자	비고	마감	판매방식
2	40	01월 01일	기진	770	길동		TRUE	1
3	41	01월 01일	우천	970	만수		TRUE	1
4	42	01월 01일	상길사	1170	성동	평가 완료	TRUE	1
5	43	01월 01일	현상사	1390	홍길동		TRUE	1
6	44	01월 01일	김상사	1590	김동		TRUE	1
7	45	01월 01일	삼상	230	수동		TRUE	1
8	46	01월 01일	기진	430	길동		FALSE	2
9	47	01월 01일	삼상	1	수동		TRUE	2
10	48	01월 01일	기진	1	길동		TRUE	2
11	49	01월 01일	우천	1	만수		TRUE	2
12	50	01월 01일	상길사	1	성동		TRUE	2
13	51	01월 01일	현상사	1	홍길동	평가 완료	TRUE	1
14	52	01월 01일	김상사	1	김동		TRUE	2
15	53	01월 01일	삼상	1	수동		TRUE	1
16	54	01월 01일	기진	1	길동		TRUE	2
17	55	01월 02일	우천	630	만수		FALSE	1
18	56	01월 02일	우천	1	만수	기능	TRUE	2
19	57	01월 03일	상길사	830	성동		FALSE	2
20	58	01월 03일	상길사	1	성동		TRUE	1

엑셀로 하던 데이터 분석을 통계 수치 값으로 바꾸어서 해석한 것으로, 판매방식1, 판매방식2의 평균을 구해서 서로 비교한 결과입니다.

"자유도는 11개이며 t통계량이 0.86으로 t기각치 2.2 내에 있기 때문에 채택됨."

통계를 잘 모르는 경우에는 두 제품의 판매 방법의 통계 결과값을 해석할 수는 없지만, 엑셀의 통계 결과 값이 의미가 있다는 것만 1장에서 학습합니다.

이와 같이 엑셀에서는 이런 유사한 통계 분석 방법을 모두 18개를 제공하고 있으며, 5장에서 몇 개만 선별하여 자세히 다룰 것입니다.

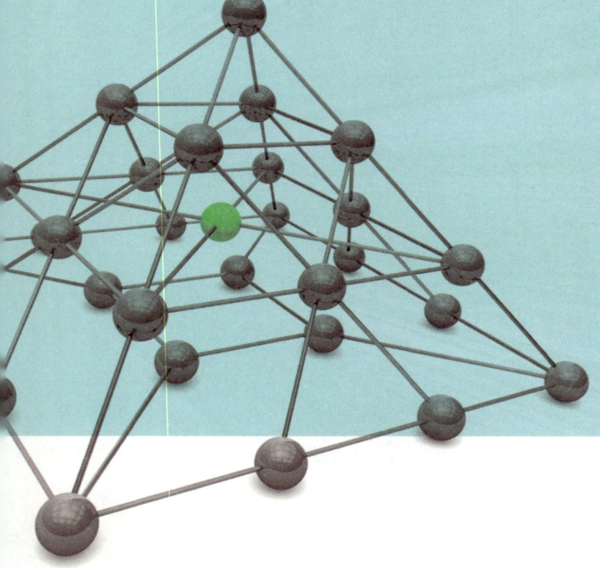

제2장

서버 MS SQL 배우기

1. 설치 및 구성
2. 테이블/선택, 추가, 삭제, 업데이트
3. 뷰 배우기
4. 저장 프로시저/선택, 추가, 삭제, 업데이트
5. 엑셀/액세스 기능

1 설치 및 구성

지금까지 수많은 SQL 버전이 발표가 되어 최근 2016 버전까지 발전하였지만, 본서에서는 안정적인 MS SQL 2008 R2 기준으로 소개합니다. 엑셀 유저가 SQL 서버를 단기간에 배운다는 것은 어렵습니다. 일반 엑셀 유저가 알아야 정도의 MS SQL 구문만 학습하겠습니다.

무료 다운로드 버전 Express 2008 버전으로 최대 4G까지 데이터베이스를 사용할 수 있으며, 이후 버전에는 10G까지 제공하지만 SQL 프로시저의 저장은 지원하지 않는 단점이 있습니다. 향후 클라우드 서비스 개념으로 서버를 임대하는 아마존의 AWS나 MS 에이저와 같은 클라우드 서버 관리 및 보안정책까지 학습해야 한다면 오피스 엑셀 유저의 관리 수준을 넘어가는 내용입니다.

따라서, 본 저서가 예제로 테스트한 환경은 SQL이 구축된 웹 호스팅 서버를 별도 임대하여 예제 학습을 시작합니다. 저자는 저렴한 유료 웹 호스팅 업체를 이용하여 SQL 2008을 사용하고 있으며, 100M 정도면 데이터를 행수로 수십만 줄 정도를 저장할 수 있는 용량입니다.[1)]

엑셀 유저 입장에서는웹 서버 호스팅 데이터 또는 MS SQL의 접속 관리도구인 SQL Management Studio 설치한후 기본 SQL 구문만 학습합니다.

---

1) MS 에이저, 아마존 AWS 등 많은 종량제 웹 크라우딩 서비스를 이용하면 저렴하며, 아마존의 AWS 사용법 소개는 http://blog.naver.com/rs999kr/220978764772 참조.

먼저 SQL 2008 R2를 설치하기 전에 어디에서 다운로드 받아야 할까요?.

국내 포탈 사이트 혹은 구글에서 'MS SQL 2008 R2'로 검색합니다.

마이크로소프트사(https://www.microsoft.com) 사이트에서 "MS SQL 2008 R2 설치"라고 검색한 후 다운로드합니다(http://www.microsoft.com/ko-kr/download/details.aspx?id=30438 다운로드).

1. MS SQL 2008 R2 설치

[설치 요구 사항]

SQL Management Studio 설치하면 에러가 나는 이유,

해당 PC별로 ".Net FrameWork"가 자동 업데이트 되지 못한 상태에서는 설치 오류가 발생할 수 있습니다. 다운로드 전에 윈도우 환경을 최적 상태로 업데이트 한 후에 설치합니다(PC에는 최소한 .net Framework 3.5 SP1이 설치된 상태에서 진행).

2. 사용할 PC의 OS가 64bit 또는 32bit인지 확인하고 해당 버전을 다운로드

각자의 PC 제어판/시스템에서 PC OS환경의 bit 유형을 확인합니다.

최근 PC들은 대부분 64bit입니다. 단, X86은 32 bit용 PC에 설치하는 SQL Management Studio 솔루션입니다.

현재 웹 호스팅 윈도우 서버가 구축되어 있는 상태의 웹 윈도우 호스팅에 접근하여 작업할 수 있는 관리 도구인 "SQL Management Studio"만 다운로드 받습니다.

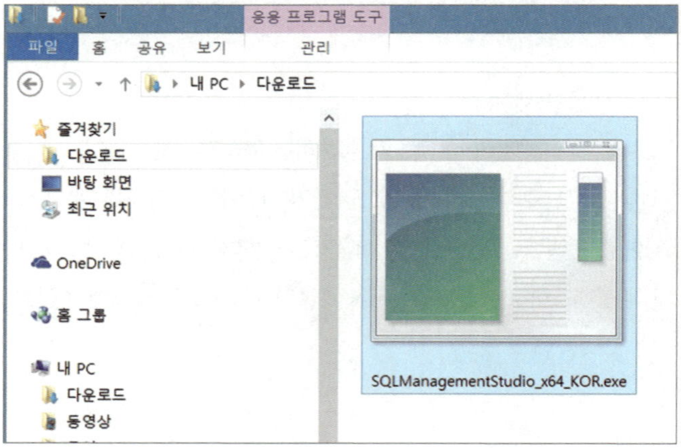

더블 클릭으로 설치를 실행합니다.

3. SQL Management Studio 설치하기

다운로드 파일을 확인하고 실행하면, 압축이 풀리면서 PC에 설치됩니다.

좌측 메뉴에서 설치 과정을 선택한 후, 우측에서 새로 설치하거나 기존 설치 기능을 추가합니다. 즉, 자신이 원하는 항목을 선택하여 설치할 수 있습니다.

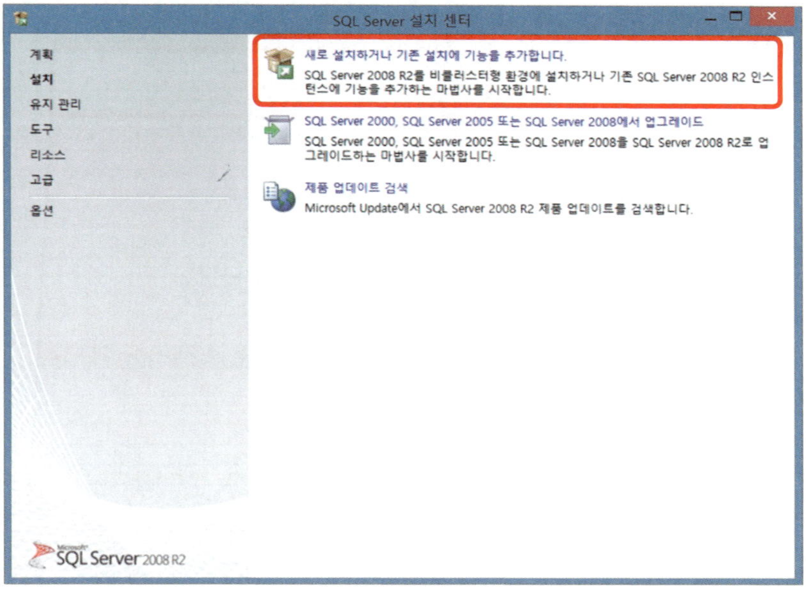

[동의함]을 체크한 후에 버튼 [다음]을 클릭합니다.

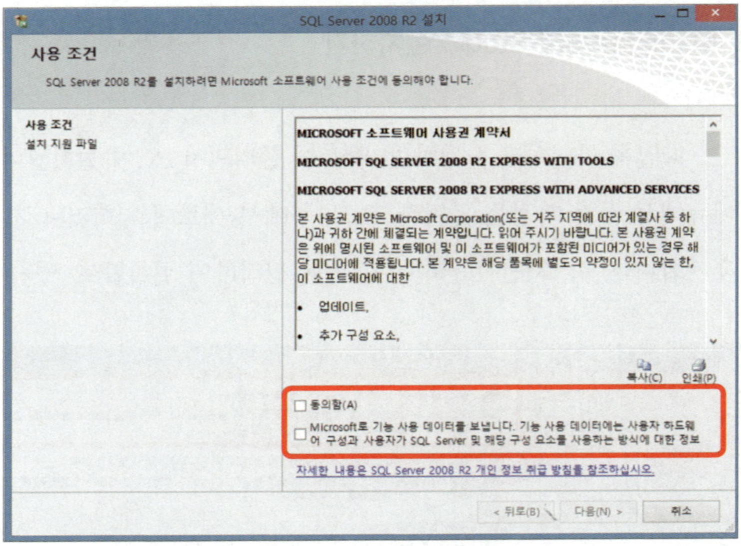

관리도구를 체크 선택한 후에 버튼 [다음]을 클릭합니다.

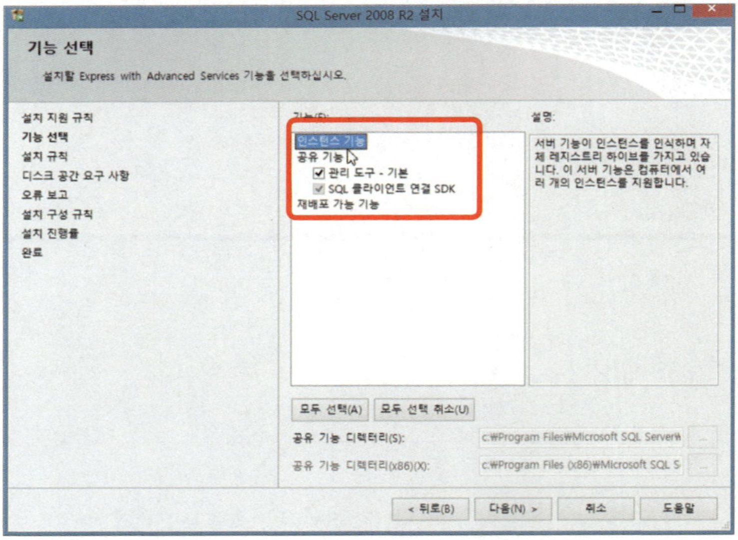

오류 보고 및 설치 규칙 등의 단계를 [확인] 클릭합니다.

본 저서는 엑셀 유저 입장에서, SQL 서버의 정형 데이터인 빅데이터를 어떻게 관리하느냐에 초점이 맞추어져 있기 때문에 "SQL Management Studio 2008" 설치로만 끝내고자 합니다.

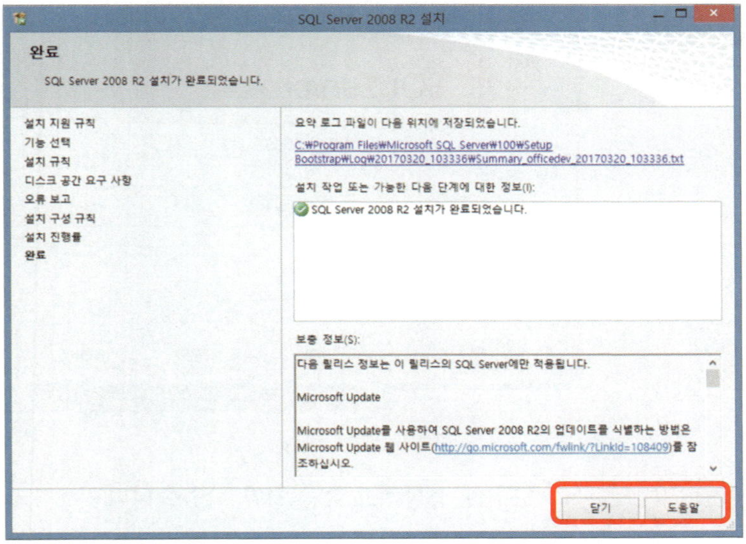

4. 실행하기

버튼 [닫기]를 클릭하면 설치가 완료된 상태가 됩니다. 그리고 윈도우 메뉴에서 "Management Studio"로 웹 호스팅 서버에 접속할 수 있습니다.

이제 해당 관리 도구인 "관리 스튜디오"를 클릭함과 동시에 서버에 연결 창이 열립니다.

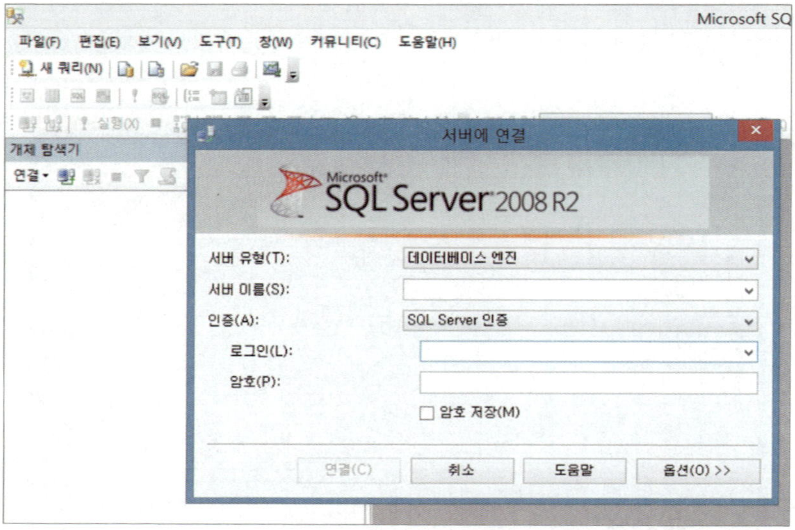

SQL 2008 R2의 관리 도구가 정상적으로 설치가 되었습니다.[2]

---

2) SQL 접속은 책 구매 영수증을 1개월 내로 첨부하여 비밀 댓글로 네이버 오사모(http://cafe.naver.com/office2080)에 제시하면 1회 1개월간만 SQL 2008 R2로 테스트할 수 있는 접속 번호까지 제공합니다. 재신청은 불가하며, 웹 서버는 월 1회 기본 셋팅으로 다시 복원됩니다. 그리고 접속자가 많은 경우에는 접속 트래픽 제한으로 접속이 안될 수 있기 있으니,각자 서버를 이용해서 테스트 바랍니다.

접속된 화면에서 서버 이름 ID를 입력한 후, 서버의 접속 로그인 및 암호를 입력합니다.

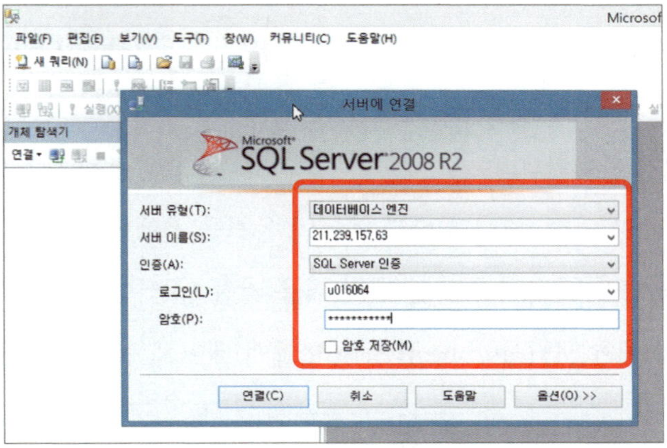

SQL 접속 번호 등을 입력한 후에 암호/저장까지 체크한 후에 버튼 [연결]을 클릭합니다.

접속된 SQL R2 초기 화면은 다음과 같습니다.

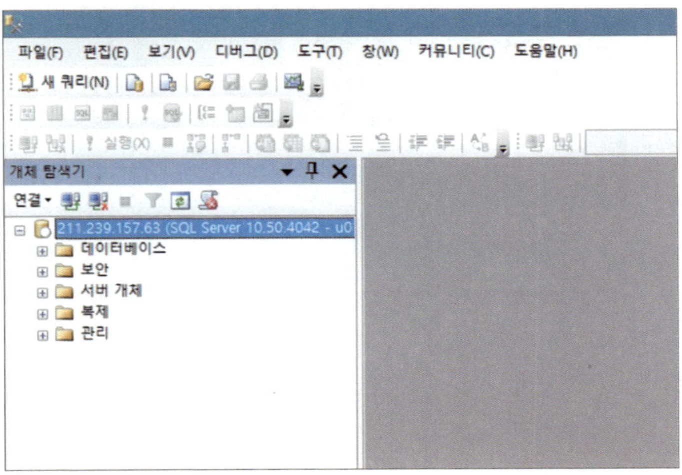

접속된 데이터베이스에는 여러 개의 사용자 유저별 그룹으로 나눠서 데이터베이스를 용도에 맞추어서 나눠 사용할 수 있습니다. 웹호스팅 업체에서는 "Management Studio"로 관리 도구로 사용하여 접속하도록 권장하며, 해당 권한을 부여받은 데이터 영역만 데이터의 수정/편집이 가능합니다.

다른 기능은 몰라도 SQL Management Studio로 데이터 및 쿼리 등을 수정하기 위한 설정 방법입니다.

특히 Management Studio 도구 메뉴의 옵션을 선택한 후, 디자이너 그룹에서 "테이블을 다시 만들어야 하는 변경 내용 저장 안함"이 체크가 되어 있다면, 체크를 '해제' 해야 Management Studio에서 테이블/쿼리 등 만들기/수정/삭제가 가능합니다.

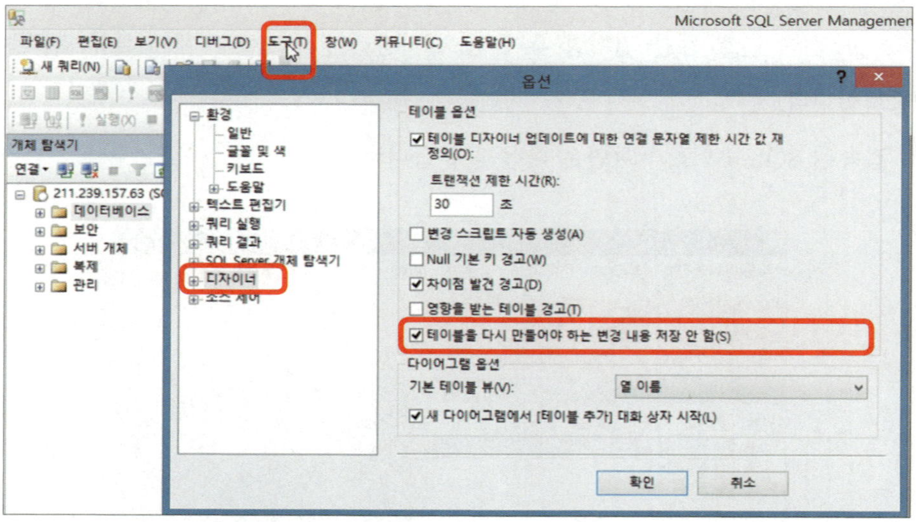

지금까지는 SQL 서버 다운로드와 설치과정 그리고 접속하는 방법까지 알아보았습니다.

2 테이블/선택, 추가, 삭제, 업데이트

엑셀 유저가 처음으로 MS SQL 2008을 설치한 상태라는 가정하에, MS SQL 2008 R2에서 Management Studio의 관리 도구를 이용하여 테이블 만들기 과정을 시작합니다.[3)]

먼저 엑셀 유저 관리 차원에서 데이터베이스에 대해 간략하게 설명합니다.

엑셀에서 각 시트 및 행렬에 입력한 데이터를 데이터베이스라고 생각하면 됩니다. 그런데 왜? 엑셀로 하면 데이터베이스가 안되는가에 대해서 궁금해 할 것입니다. 엑셀에서는 각 셀에 대한 속성 값을 각 셀 단위별로 수정할 수 있습니다.

날짜 형식을 입력하는 것을 사례로 보겠습니다. 엑셀에서 가령 날짜를 날짜 형식 2017-01-01으로 입력합니다. 그런데 만약 다른 셀에 '2017-01-01'처럼 양쪽으로 따음표를 넣고 날짜를 입력하면, 앞에 것은 날짜 서식의 숫자 형식이지만 뒤에 것은 날짜 서식의 문자 형식입니다. 따라서 뒤의 형식이 다른 형식이기 때문에 데이터베이스에서는 계산이 안되며, 입력 형식이 다르다면 연산 또한 안 됩니다.

3) 테이블 만들기는 엑셀 유저가 액세스를 배운다면 너무나 쉽게 SQL 서버를 학습할 기회가 됩니다. 따라서 SQL 구분을 이해하기가 어렵다면 먼저 액세스 기초 과정 학습을 권합니다.

데이터베이스가 되기 위해서는 예제와 같이 필드 [날짜]는 동일한 형식으로 행 데이터로 되어 있어야 합니다만, 엑셀은 셀 단위로 데이터가 정의되기 때문에 동일한 형식을 적용하기 어렵습니다. 즉, 데이터베이스 테이블은 각 열 필드의 행의 데이터는 전체가 필드 속성을 갖고 있어 계산이 되며, 엑셀처럼 열/행의 셀 속성이 다르다면 데이터베이스로 저장 혹은 계산이 안됩니다.

엑셀 유저는 셀의 열 속성을 일치시키기 위해서 셀의 유효성 검사 규칙도 이용하지만, 이 작업마저도 제한적 작업에 불과합니다. 데이터베이스 이용시 장점을 살펴보면 다음과 같습니다.

첫째, 데이터베이스에서는 각 필드 상단의 열을 기준으로, 각각의 제목 필드에 해당하는 데이터가 문자, 숫자, 날짜 등 열에 맞추어서 행의 데이터가 동일한 형식을 갖고 있어야 합니다. 그러나 엑셀에서는 이런 동일한 서식으로 유지하기가 매우 어렵습니다.

두번째, 엑셀은 상호 데이터 공유가 제한적입니다. 하나의 엑셀 파일을 여러 명이 파일 공유는 할 수가 있지만, 데이터 호환성 때문에 "쓰기"는 공유를 못합니다.

세번째, 엑셀은 다른 필드를 참조하기 위해서는 Vlookup 함수를 이용하여 다른 정보를 불러 오지만, 데이터베이스는 관련 엑셀 함수 정의가 필요없이 테이블 간 [필드]를 서로 연결(또는 관계설정)만 해줌으로써 참조 테이블 정보 전체를 불러와서 사용하는 관계형 데이터 구조로 되어 있습니다.

네번째, 엑셀은 저장할 수 있는 저장 용량이 제한적이지만, SQL 서버는 스트로지의 크기에 비례하여 양만큼 데이터를 저장할 수가 있습니다

다섯번째, SQL과 같은 데이터베이스는 웹을 통한 데이터 공유뿐만 아니라 각

테이블의 접속권한 등을 컨트롤 할 수가 있지만, 엑셀은 웹 데이터 공유와 접속 권한과 같은 보안 기능이 매우 취약합니다.

이번 장에서는 다양한 데이터베이스 기능 중에서 엑셀 유저가 반드시 알아 두어야 할 사항을중심으로 "SQL Management Studio" 관리 방법을 소개 합니다.

1. 테이블 만들기

먼저 이해를 돕기 위해서 엑셀 시트에서 데이터를 만듭니다.

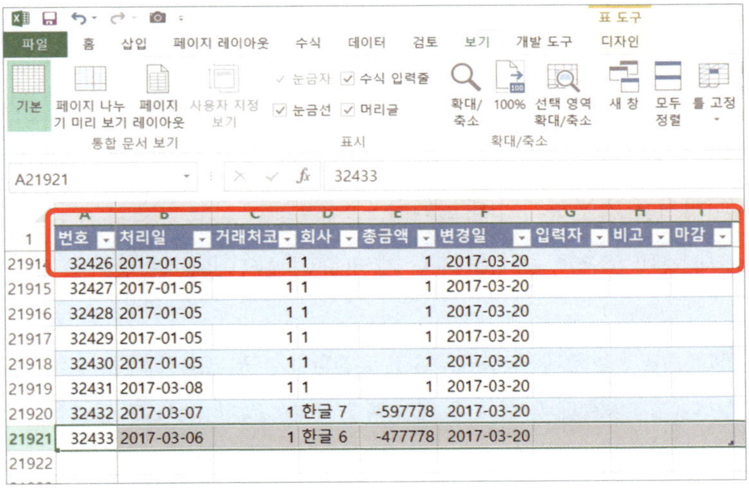

먼저 셀 "A1" 기준으로 열 [번호], [처리일], [거래처 코드] 등 엑셀 데이터 입력된 레코드, 즉 행의 레코드 개수가 약 3만개 정도의 상태라는 것을 보여줍니다.

엑셀 작성 상,

[번호]는 일련번호로 자동 연속 증가,

[처리일]은 날짜 형식,

[거래처코드]는 숫자 혹은 문자 형식

[회사]는 문자 형식,

[총금액]는 문자 숫자,

[변경일]은 날짜 형식

[입력자]는 문자 형식

[비고]는 문자 형식

[마감]은 체크 형식으로

이 정도가 엑셀 유저가 알고 적용할 수 있는 엑셀 서식이 아닐까요?

SQL 전문가들 처럼 모든 다양한 텍스트, 날짜 형식에 맞추어서 각 필드의 속성을 구성할 수 없기 때문에, 다양한 테이블의 데이터 형식에 대해서는 다른 SQL 전문 서적을 참조하시기 바랍니다.[4)]

우선 엑셀 파일 기준으로 SQL에서 직접 테이블을 만들어 보기로 합시다.

> 혹시 엑셀로 만들어 놓은 데이터를 모두 SQL로 전환할 수 있나요?
> 네, 가능합니다. 뒷 부분에 자세히 SQL에서 엑셀/액세스 데이터 가져오기를 소개합니다.

---

4) 본 저서에서는 엑셀 유저가 알아야 할 SQL 기본만 학습합니다.

데이터 그룹을 "(bbjhh)"로 명명하고, 그 다음으로 개체 탐색기에서 테이블의 마우스 오른쪽을 선택 한 후에 [새 테이블]을 클릭합니다.

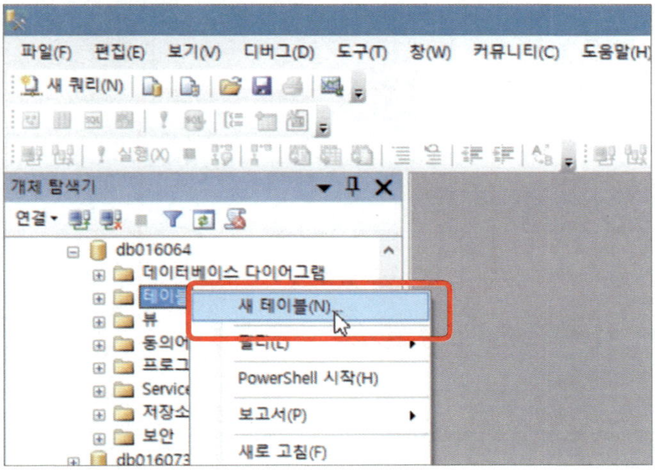

테이블 캡션에는 열 이름, 데이터 형식과 Null 허용을 지정합니다.

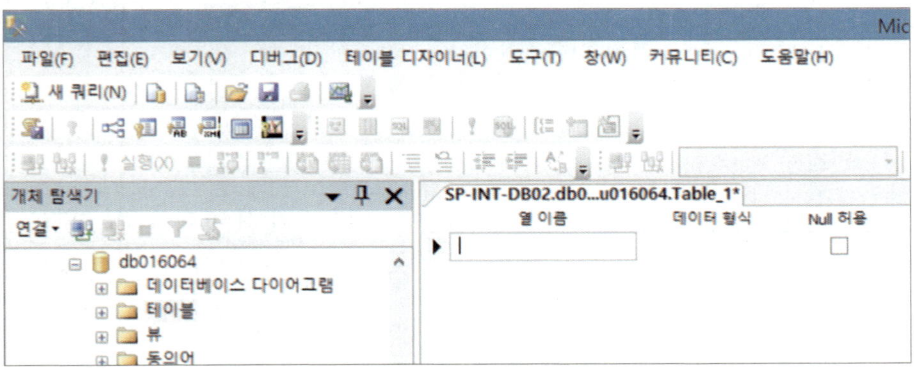

테이블은 아래처럼 필드를 구성한 후, [전표]라고 저장을 합니다.

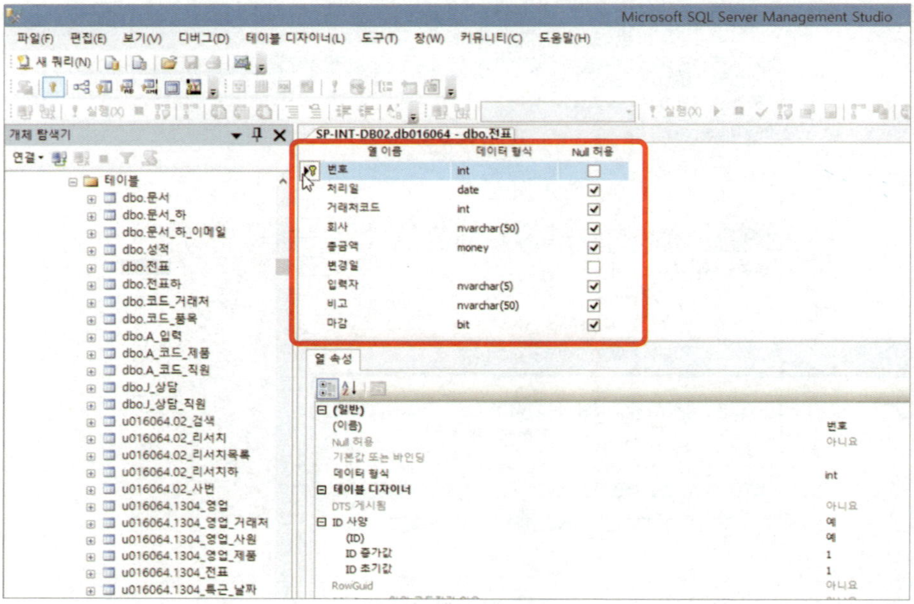

메뉴에서 저장한 후에 개체 탐색기의 [새로 고침]을 클릭하면, SQL 서버에 새롭게 작성된 테이블이 보여집니다.

① 번호는

데이터 형식을 int, 즉 정수로 표현하고, 메뉴의 [새 쿼리] 아래에 있는 열쇠인 기본 키를 체크 해주면, 번호는 절대 중복될 수가 없습니다. 사람으로 보자면, 주민등록번호와 같은 기능으로 생각하면 됩니다. 필드 [번호]는 필수 값으로 되어 있기 때문에 null 체크가 해지된 상태입니다.

중간에 [ID 사양]은 하나씩 번호가 증감하도록 "예"를 클릭합니다.

필드 [번호]는 입력하는 것이 아니라, 1부터 데이터가 추가될 때 마다 SQL 서버가 자동으로 일련번호를 필드 [번호]에 부여해서 숫자 증감으로 추가됩니다.

테이블 필드 [번호]는 임의적으로 수정할 수도 없습니다. 만약 삭제가 되더라도 해당 삭제 번호는 영구히 삭제된 것으로 데이터를 추가한다고 삭제된 숫자 번호가 나타나지 않습니다. 또한 PC의 권한 관리자라도 해당 필드 [번호]를 "일련번호" 형식으로 만든다면, 임의적으로 순번을 변경할 수 없습니다.

② 처리일은

"Date" 형식으로 Null값이 될 수 있도록 체크된 상태입니다.

SQL에도 엑셀처럼 다양한 시간, 요일 등 나오는 것들이 있지만, 지금은 기본 학습인 Date ⇒ "2017-01-01"으로 저장/입력되는 것만 학습합니다.

③ 회사는[5)]

Nvarchar(50)으로 텍스트 50자리까지, "N"이 들어가면 공간을 차지하지 않고 글자 크기에 따라 유동적으로 할 것인지 여부 등을 체크합니다. 만약 varchar(50)는 데이터 1자를 입력하든, 10자를 입력하든 간에 상관없이 고정값 50자리를 모두 차지하고 있기 때문에 "N"이 있고 없고의 차이에 따라 데이터 전체의 길이가 달라집니다.

---

5) Char: 미리 정해진 만큼의 문자열을 할당해 놓음.
Varchar: Variable character(가변 문자열): 메모리상에서 필요한 만큼 할당을 함.
nvarchar 가변 유니코드 문자열
varchar의 경우, 영어/숫자는 1 byte로 저장을 하지만 nvarchar의 경우는 모든 문자를 2 byte로 저장한다. 영문 1바이트, 한글(유니코드)은 2바이트이다. 결국, NVARCHAR는 VARCHAR와 동일한 데이터 저장 시 공간을 2배 사용한다. 예를들어, 영어로 10글자라고 하면 VARCHAR(10)로, 한글로 10자로 한다면 NVARCHAR(10)로 설정하면 된다.

Nvarchar(50) ⇒ 유동적으로 글자 범위(50자)내의 크기 만큼만 용량 차지

varchar(50) ⇒ 글자의 크기와 상관없이 절대적으로 50자만큼 용량 차지

④ 변경일은

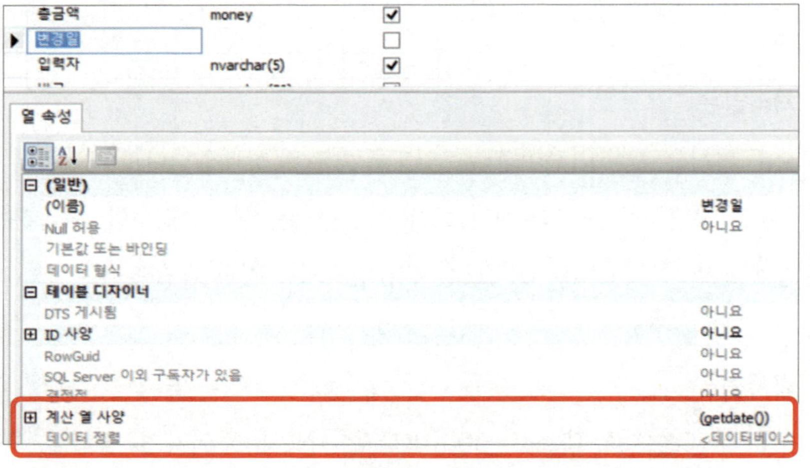

계산 열 사양을 보면 Getdate( )라고 있는데 엑셀 "오늘"의 Today( )와 같습니다. 즉, 날짜 함수로 지정된 값이 기본적으로 테이블에 오늘날짜로 저장됩니다. 예를들어 엑셀의 함수 '수량*단가 = 금액'과 같이 금액 필드에 계산 열 사양을 정해 놓으면 자동으로 필드 금액으로 계산되듯이 SQL에서는 테이블 필드 속성[계산 열 사항]에 함수로 만들면 필드 값이 자동 저장됩니다.

⑤ 마감

체크를 보면 형식은 숫자 bit로 되어 있으며, 결과 값은 True/False로 표시가 됩니다.

엑셀 유저가 조심할 것

엑셀에서는 셀 형식이 달라도 셀 마다 데이터를 추가 입력할 수 있는데, 데이터베이스에서는 해당 데이터의 열 속성 값이 맞아야만 SQL 데이터로 저장됩니다. 테이블의 필드 정의 속성 값에 따라 데이터가 저장 혹은 저장이 안될 수 있다는 것을 학습합니다.
즉, 엑셀은 필드 열의 데이터인 행의 셀 속성(날짜) 값을 각각 다르게 변경(텍스트)할 수가 있기 때문에, 데이터베이스의 로직에 위배됨으로써 엑셀 데이터가 데이터베이스로 업로드 과정에서 에러가 발생할 확률이 매우 높습니다.

테이블 필드를 작성한 후, 테이블 이름을 [전표]라고 저장합니다.

이제 테이블 [전표]를 저장하였나요?

아래 화면은 다음 장에서 소개할 내용을 간략히 먼저 소개합니다.

엑셀에서 SQL 데이터와 접속해서 검색, 입력, 수정, 삭제하는 과정을 배우는 과정을 학습합니다.

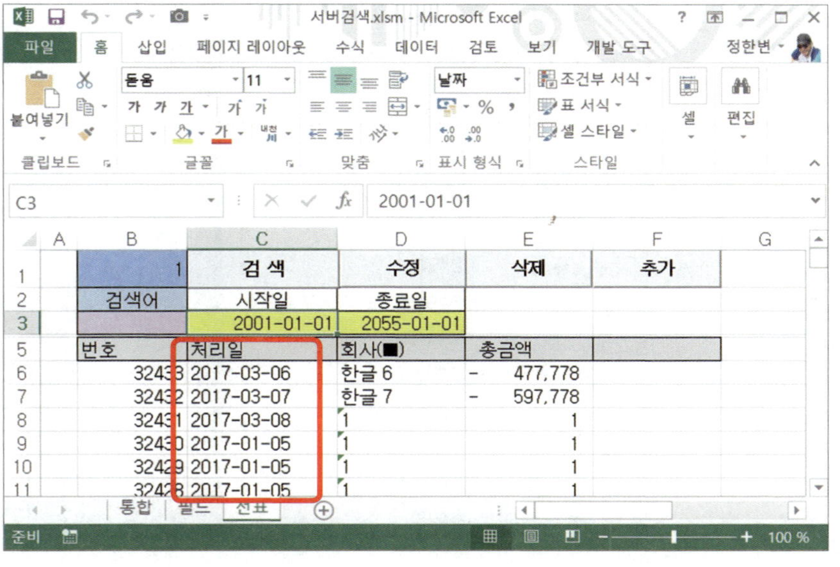

엑셀 유저의 입장에서 각 필드의 셀 속성을 사전에 잘 정의해 두어야 서버로 데이터 변환이 쉽게 이루어지므로, 테이블 필드 속성의 설계가 매우 중요합니다. 예로 필드 '[처리일]이 날짜 서식이 아닌 것은 데이터베이스에 저장되지 않지만, 엑셀은 셀 단위 형식으로 저장이 됩니다. 날짜 조건을 검색한다라고 합시다. 데이터베이스에서는 날짜 서식이 아닌 텍스트 날짜 타입이라면 검색이 되지 않게 됩니다.

2. Select 문 배우기

테이블 [전표]을 개체 탐색기 창에 보이도록 하기 위해서 개체 탐색기 안에 있는 [새로 고침] 버튼을 클릭합니다.

이제부터 Select 문을 학습하는데, 아래처럼 테이블 [전표]에서 마우스 오른쪽 버튼을 클릭합니다.

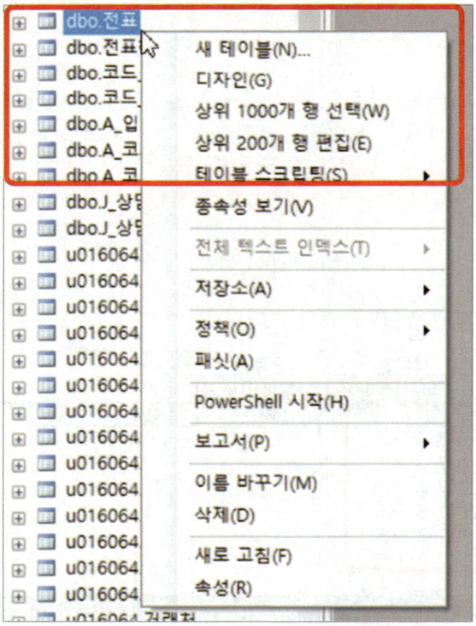

디자인은 테이블 [전표]의 필드 속성을 수정할 수가 있으며, [상위 200개 행 편집]은 데이터를 일부를 보여주고 데이터를 직접 수정할 수가 있습니다.

이제부터 [테이블 스크립팅] 클릭하고, 다음으로 하위 메뉴의 Select를 선택한 후, 원하는 데이터를 필터링합니다. 즉, 테이블 [전표] 선택한 후에 Select 그리고 [새쿼리 편집기 창]을 선택합니다.

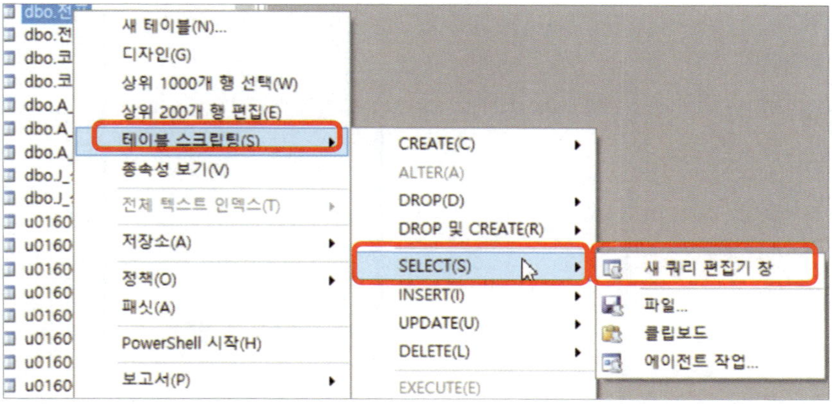

해당 테이블 [전표]의 전체 필드의 이름 및 구성까지 보여줍니다.

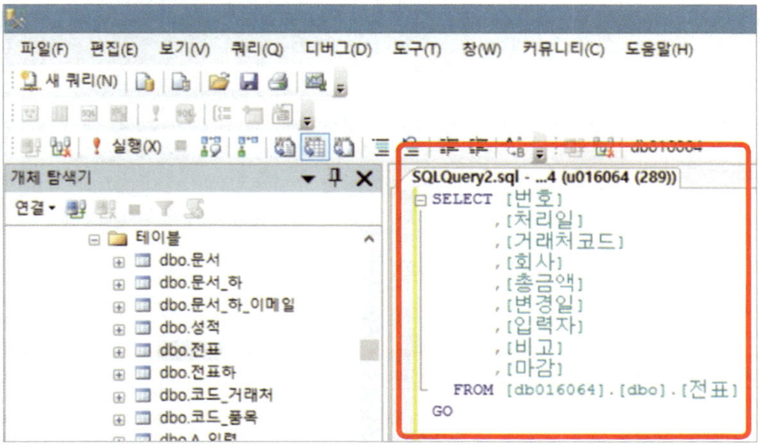

엑셀 유저의 입장에서 필드명은 알겠는데 어떻게 사용하는 것인지가 궁금할 것입니다.

이것은 SQL 구문이라 하는데, 이에 대하여 학습을 시작하도록 하겠습니다.

```
SELECT[번호]
,[처리일]
,[회사]
,[총금액]
,[입력자]
,[비고]
,[마감]
FROM.[전표]
GO
```

버튼 [실행]을 클릭하면 해당 SQL문으로 작성된 Select 문 결과의 리스트를 하단에 보여줍니다.

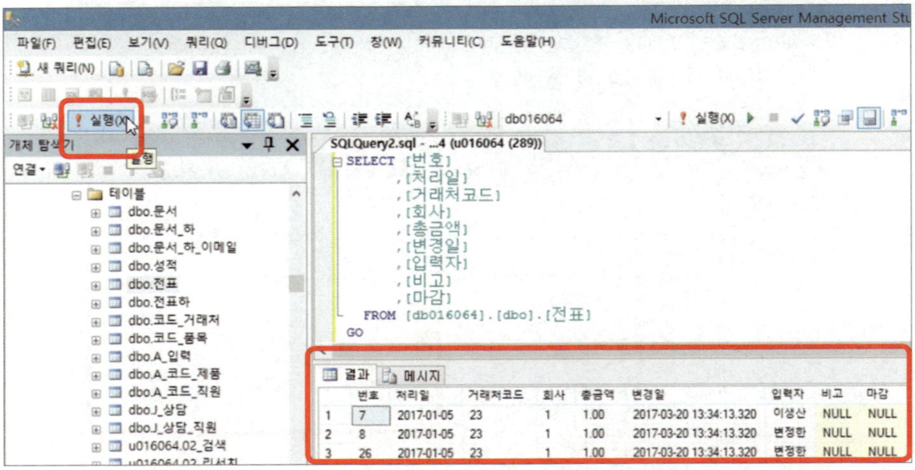

이제부터 엑셀 유저가 배워야 할 SQL 구문입니다.

SELECT[번호], [처리일], [거래처코드], [회사], [총금액], [변경일], [입력자], [비고], [마감]
FROM [전표]
즉
SELECT[필드1], [필드2], [필드3] FROM [테이블]/[뷰]구조와 같다.

① Select부터 From까지 [필드]를 콤마 " , "로 구분해서 띄어쓰기로 만듭니다.

② "FROM [테이블]" 테이블/뷰(쿼리)이름만 입력합니다.

작성쿼리의 해당 [필드] SQL 구문을 지운다고 테이블 [전표]의 [필드]의 데이터가 삭제되는 것은 아닙니다. 필드의 위치 및 지운 다음에 실행 결과를 확인합니다.

쿼리창에서 필드를 이동시키거나, 특정필드를 지워볼까요?

번호, 처리일, 회사, 총금액만 입력한 후에 버튼 [실행]을 클릭합니다.

SQLQuery2.sql - 2... (u016064 (289))*

```
SELECT [번호]
      ,[처리일]
      ,[회사]
      ,[총금액]
FROM [db016064].[dbo].[전표]
GO
```

버튼 [실행]을 클릭합니다

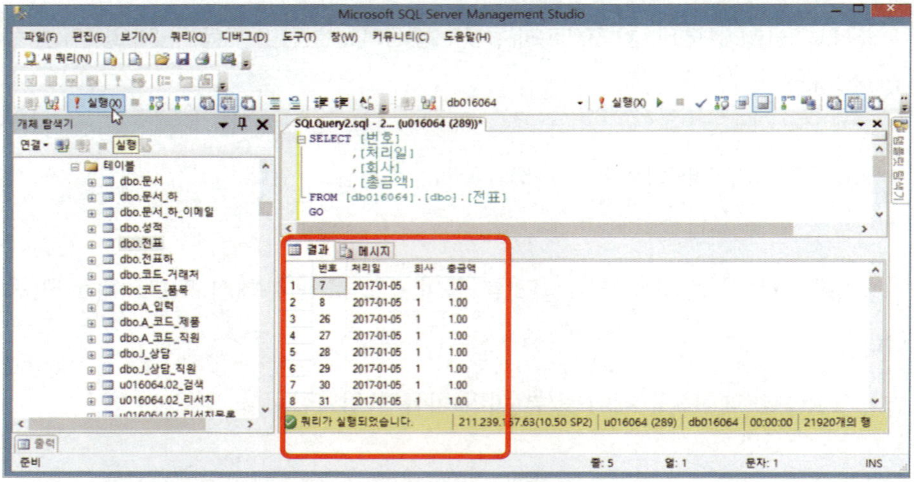

Select 선택된 쿼리문 필드의 선택된 데이터만 탭 [결과] 창에 보여집니다.[6]

쿼리 작성기에서 필드를 삭제하였다고 해서 데이터 테이블 [전표]의 필드 정보가 삭제되는 것이 아니라, 안보이는 것입니다. 만약 디자인 상태에서 필드를 삭제하면 해당 필드 데이터는 전체 삭제가 됩니다.

만약 개별 필드 대신 *으로 수정하면,

6) "GO"는 다른 SQL 문으로 이동하는 메시지 이벤트입니다

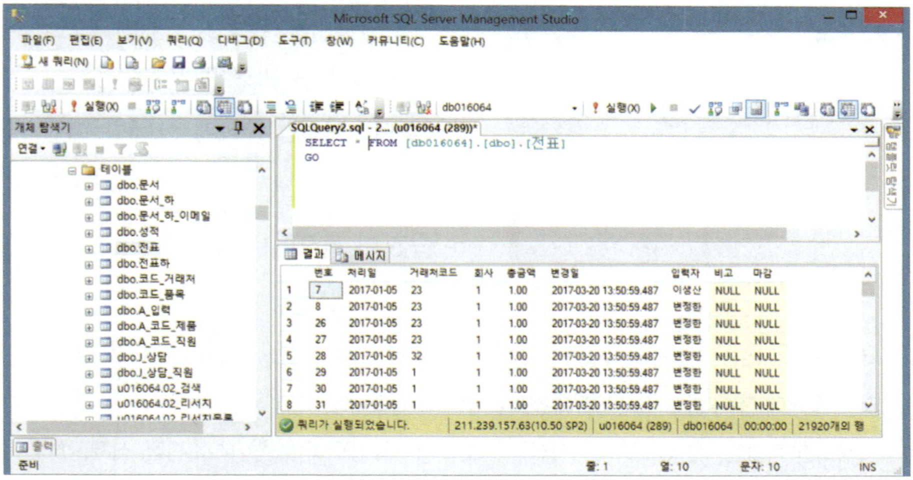

"*"는 개별 필드 이름을 개별적으로 지정하지 않아도 테이블 전체 필드의 데이터를 보여줍니다

만약 첫 번째 SQL 쿼리 문을 작성한 후에 GO, 즉 "다음"이라는 명령어로 다른 SQL 명령문 [전표하]를 작성합니다. 또 새롭게 다른 테이블 및 쿼리 문을 추가합니다.

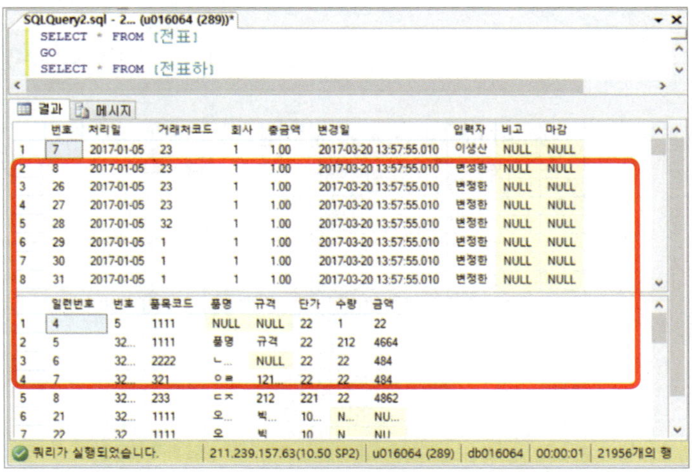

기존 테이블 전표가 있는 경우, 2개의 SQL문이 실행되면서, 각 Select 문의 개수만큼 위/아래로 모두 보여줍니다. 단, 작성된 데이터는 읽기전용으로 데이터를 수정할 수가 없습니다

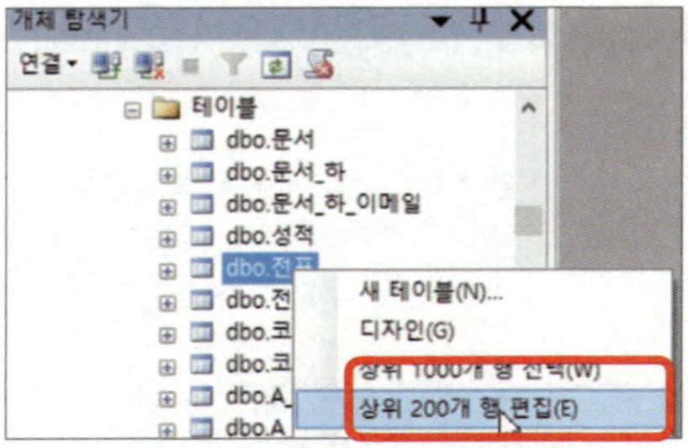

데이터를 직접 편집하기 위해 상위 200개 행 편집 창을 이용합니다.

이러한 기능은 급하게 사용할 때만 사용하고 되도록 SQL 구문으로 컨트롤 하는 습관이 필요합니다.

엑셀 유저가 "SQL Management Studio"에서 데이터 편집을 다루기가 어렵다면, 액세스를 SQL 서버에 접속/연결해서 데이터 컨트롤하면 더 쉽습니다.
액세스를 학습한다면 ODBC를 이용해서 SQL 서버의 데이터를 연결해서 편집, 삭제, 추가 등이 가능합니다.
엑셀 유저가 데이터 관리자인 경우, 처음에는 SQL에서 직접 컨트롤 하기보다는 액세스 테이블 및 쿼리 학습을 추천합니다.

3. 상위 200개 편집으로 데이터 수정

필드 [번호] 27번인 필드 [회사]의 1데이터를 수정하면 아래와 같습니다.

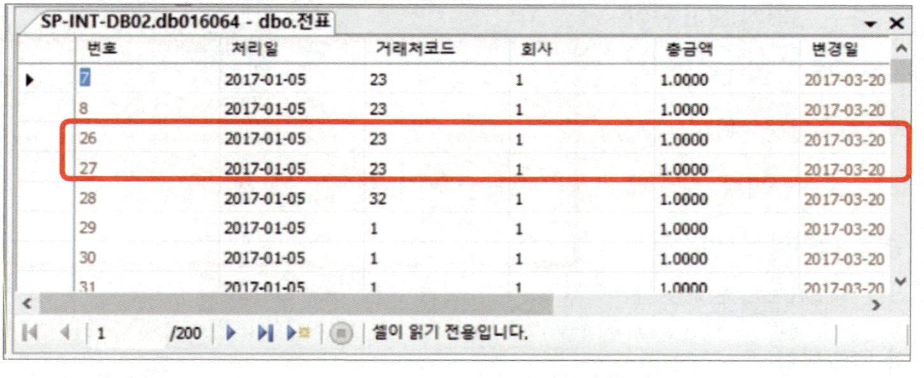

전표의 필드 [번호] 27의 회사 1을 111로 직접 변경할 수가 있습니다.

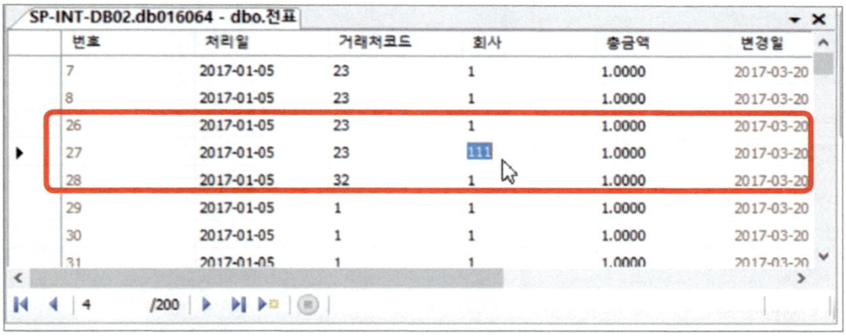

지금까지 테이블 [전표]를 만드는 디자인 과정을 보여주었는데, 다음 절에서는 테이블 필드를 SQL문으로 만드는 과정을 소개하였습니다.

4. Create 문 배우기

테이블 [전표]의 저장 쿼리 문을 이용하여 유사한 다른 테이블로 만들고 싶다면, 테이블 [전표] 선택한 후에 Create 클릭하여 [새쿼리 편집기 창]을 이용합니다. 즉, 해당 테이블 [전표]로 작성된 Create 쿼리 문 불러와서 다른 테이블 만들기로 수정합니다.

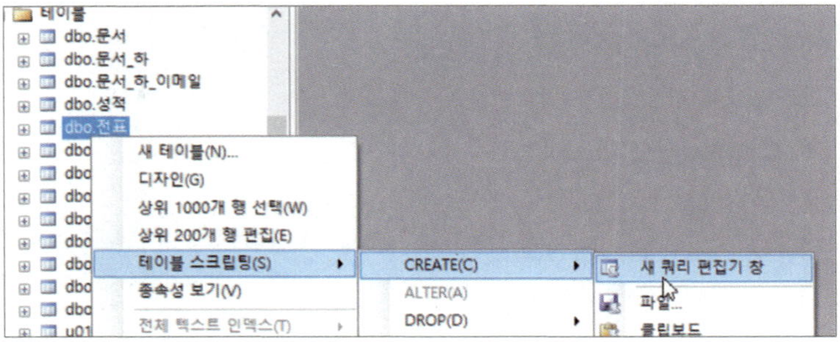

먼저 만들어 놓은 테이블 [전표]를 선택합니다.

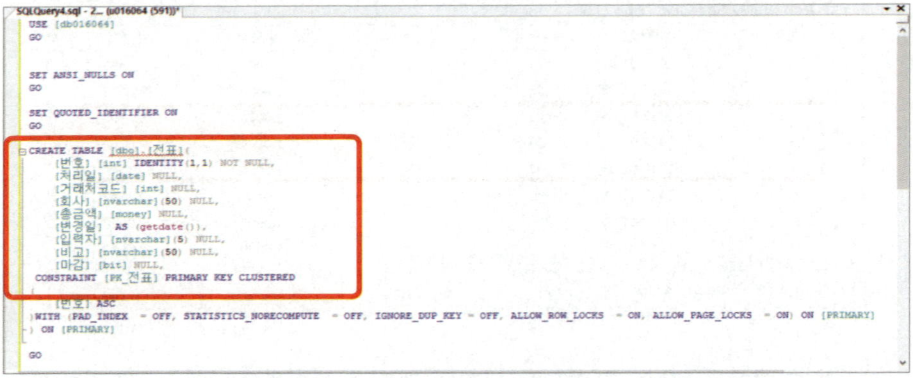


```
USE[bbjhh] /접속자
GO

/****** Object: Table [bbjhh].[전표]    Script Date: 03/25/2017 10:03:44 ******/
SET ANSI_NULLS ON
GO

SET QUOTED_IDENTIFIER ON
GO

CREATETABLE[bbjhh].[전표](
        [번호] [int] IDENTITY(1,1) NOT NULL,
        [처리일] [date] NULL,
        [회사] [nvarchar](10) NULL,
        [총금액] [float] NULL,
        [입력자] [nvarchar](10) NULL,
```

```
        [비고] [nvarchar](255) NULL,
        [마감] [bit]NULL,
CONSTRAINT [PK_전표] PRIMARY KEY CLUSTERED
(
        [번호]ASC
)WITH
(PAD_INDEX=OFF,STATISTICS_NORECOMPUTE=OFF,IGNORE_DUP_
KEY=OFF,ALLOW_ROW_LOCKS=ON,ALLOW_PAGE_LOCKS=ON)
ON[PRIMARY]
)ON[PRIMARY]

GO
```

엑셀 유저 입장에서는 SQL 구문을 자유롭게 해석/변경할 수가 없습니다.

본 저서에서는 “SELECT [필드], …… FROM [테이블]/[쿼리]”만 학습합니다.

테이블 [전표]의 CREATE 쿼리 문이 생성이 됩니다. 이 생성된 테이블 정보를 수정해서 다른 테이블 이름으로 변경해서 사용합니다.

> 테이블 작성 SQL 문을 PC에 저장한 후, 다시 불러서 필드 정보를 수정해서 다른 테이블 만들 때 사용하기도 합니다.
> SQL구문을 처음 접한 엑셀 유저는 이해의 한계가 있기 때문에 SQL 문의 전체 해석은 나중에 하고, 먼저 테이블 [디자인]상태에서 필드를 만드는 학습만 합니다.
> 엑셀 유저는 처음에 해당 SQL 문을 통해서 SQL 테이블을 만들기 보다는 디자인 상태를 통해서 필드를 추가 변경하여 필드를 만드는 방법이 더 쉬울 수 있습니다. 해당 SQL 구문으로 테이블 만들기는 참조 정도만 해도 됩니다.

예제로 기존 SQL문을 수정하여 상품 테이블을 만들어서 실행합니다.

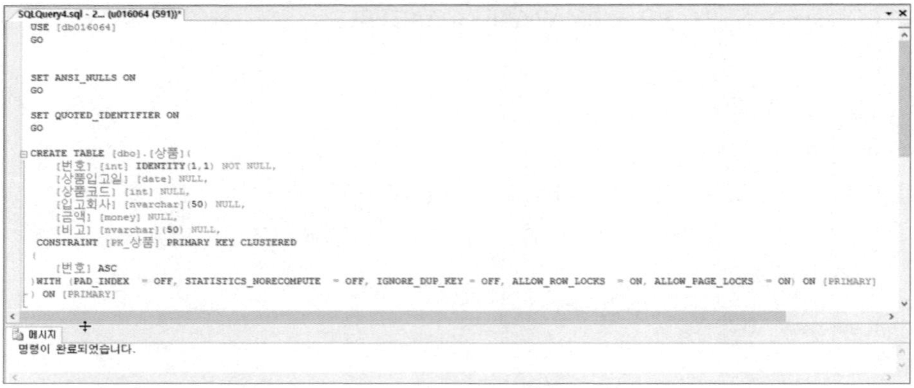

실행한 결과, 정상적인 경우에는 하단 메시지 [탭 창]에 "완료되였습니다"라고 보여지고, 개체 탐색기에도 메뉴의 [새로고침]을 클릭하면 만들어진 테이블 리스트에 예제 [상품] 테이블이 보여집니다.

5 . 기본 연산자 배우기

SQL연산자는 엑셀 연산자만큼 많이 있지만, 기본 수준만 학습합니다.

SQL Select에서 기본 연산자를 학습합니다.

① "+ , - , / , * "(더하기, 빼기, 나누기, 곱하기) 이며,

② isnull([총금액],0) 은 "0" 값 없는 Null(어떠한 데이터도 없는 상태)를 "0"으로 만들어 줘서 "+ , -" 등 연산이 됩니다. 즉, [총금액]의 필드에 값이 NULL이 있다면, 숫자 500을 더 해도 합산이 안되기 때문에 해당 필드 값을 처리하는 기본 연산자 학습이 요구됩니다.

엑셀에서는 셀이 비어 있더라도 0 값으로 인식이 되어, 합계를 할 수가 있는데 데이터베이스는 이런 논리까지 정확하게 작성해야 계산됩니다.

즉, isnull([총금액], 0)+ 500의 데이터(“AS”는별칭과 같이 다른 이름으로 지정할때사용)를 “평가”같은 별칭으로 입력합니다.

필드 [총금액]이 비었다면 0 값으로 환산해서 500 숫자를 더하거나 빼는 등 필드 이름을 별칭 필드 [평가]로 지정합니다.

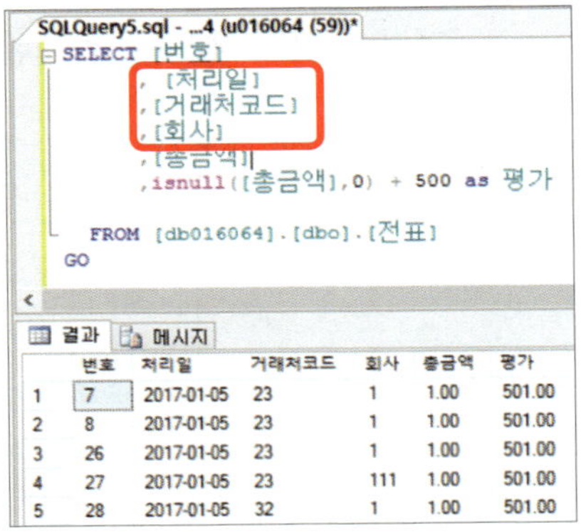

③ 입력된 테이블 [전표]에는 데이터가 저장되어 있는데 엑셀의 중복 제거 처럼 SQL에서도 동일한 제거 기능이 있습니다. 만약 동일한 회사리스트를 제거하고 유일한 값의 회사명을 알고 싶다면 다음과 같은 쿼리문을 작성합니다.[7)]

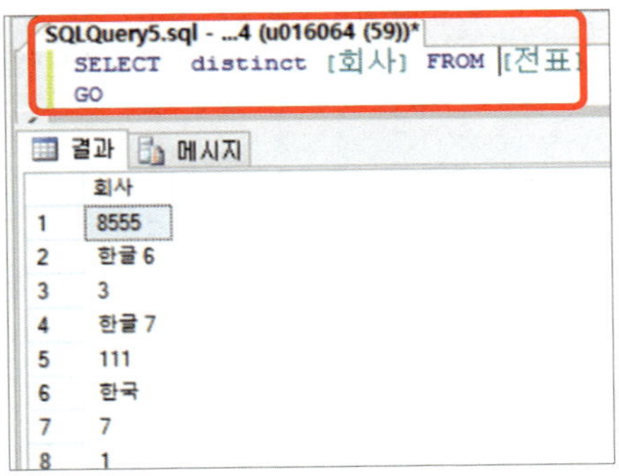

7) 엑셀의 중복제거 또는 SQL에서도 동일한 제거 기능이라고 하면, 원천 데이터 삭제로 오해할 수 있기에 동일한 리스트를 중복 필터링 한 후 하나로 보여줍니다. 엑셀의 데이터의 중복 제거하기는 실제 데이터를 지우지만 SQL에서의 “distinct”는 “group by”역할을 하기 때문에 실제 삭제가 되지는 않습니다.

"DISTINCT"를 사용하면 필드 "회사" 기준으로 동일한 리스트 중 중복되지 않은 하나의 정보(필드)만 보여주며, 만약 날짜 및 기타 다른 여러 필드를 추가한다면 추가된 조합 개수만큼 고유 값의 필드 리스트로 보여줍니다.

④ Select 문 절에서 Where 조건 절을 학습합니다.

엑셀 유저가 배워야 할 기본 조건 연산 부등호를 정리합시다.

연산자	설명	SQL 문
=	같거나	Select * from 전표 Where 총금액 = 100
>	크거나	Select * from 전표 Where 총금액 >100
<	작거나	Select * from 전표 Where 총금액 < 100
<=	작거나 같으면	Select * from 전표 Where 총금액 <= 100
<>	아니면/같지 않다면	Select * from 전표 Where 총금액 <> 100

⑤ 조건부 문 Where 절을 학습합니다.

특히 날짜 및 텍스트를 조회할 때, Select * from 전표 Where 회사 = 종근당이 아니라, Select * from 전표 Where 회사 = '종근당'으로 기술해야 합니다.

필드간의 띄어 쓰기는 기본이며, 조건부 텍스트는 양쪽으로 텍스트 구분 ' ' 큰 따옴표의 안처럼 [따옴표]를 해줘야 하는데, 엑셀에서도 마찬가지로 SQL 구문을 작성할 때, 이러한 기호를 빼는 실수를 자주합니다. 숫자를 제외하고 날짜 혹은 텍스트든 간에 무조건 양쪽, 즉 '회사'에 양쪽 ' ' [따옴표]를 합니다.

특히 구간을 지정하는 날짜/숫자, (Between and) 지정하는 방법은, Select * from 전표 Where (날짜 Between 시작일 and 종료일)이 아니라, Select * from 전표 Where (날짜 Between '시작일' and '종료일') 양쪽으로 '필드' 처

럼 “따옴표”로 처리해야 합니다.

⑥ SQL의 LIKE 구분을 학습합니다.

“LIKE” 기능, 유사 단어를 검색하기 위해서는, 중간이든, 좌우 기준이든 간에 액세스에서는 “LIKE *회사*”와 같이 조건문인 “*”을 사용합니다(“*” 애스터리스크).

엑셀에서 서버 SQL 데이터를 처리하려면, SQL 구문의 규칙에 따라서, “*” 가 아니라 “%”을 사용해야 합니다. 즉, 엑셀에서도 서버의 데이터를 검색하기 위해서는 Like의 “%”가 조합된 SQL문을 써야 엑셀 VBA 조건 검색이 가능합니다.

Like 구문을 SQL 구문으로 표현을 해석해 봅시다.

- Select * from 전표 Where 회사 LIKE ‘종%’
- Select * from 전표 Where 회사 LIKE ‘%종%’
- Select * from 전표 Where 회사 LIKE ‘_종%’
- Select * from 전표 Where 회사 LIKE ‘__종%’
- Select * from 전표 Where 회사 not LIKE ‘%종%’

기타로 IS NULL, NOT IS NULL 등이 있는데., “_종”은 종으로 끝나는 말,

- 필드명 IS NULL: 필드가 비었을 때
- 필드명 NOT IS NULL: 필드가 안 비었을 때,

⑦ 필드의 정렬 순서인 오름/내림 관리, “Order by 필드명 DESC(내림)/ASC(오름)” 차순이 있습니다.

“Select * from 전표 Order by 번호 DESC” 최근의 테이블 전표를 번호 내림

차순으로 데이터를 표시하는 것입니다.

기타 Select 문에는 순서를 지정한 ROW_NUMBER(), Rank(), Pivot 등이 있습니다. 특히 인터넷 구글 창에서 ROW_NUMBER(), Rank(), Pivot 같이 검색하시면 많은 예제들이 있으니, 별도 학습 바랍니다.

엑셀 유저가 기초 VBA로 다루어질 SQL문은 이 정도 수준이면 충분합니다. 다음으로는 삭제, 추가, 업데이트 SQL 구문을 알아보도록 하겠습니다.

6. DELETE 문 배우기

지금까지 SQL 선택 구문인 "SELECT * FROM 전표" 예제를 학습하였습니다. 이제는 DELETE문을 배울 차례입니다. 우선 테이블 [전표]를 선택한 후, 스크립팅에서 DELETE 문의 [새쿼리 편집 창]을 선택합니다.

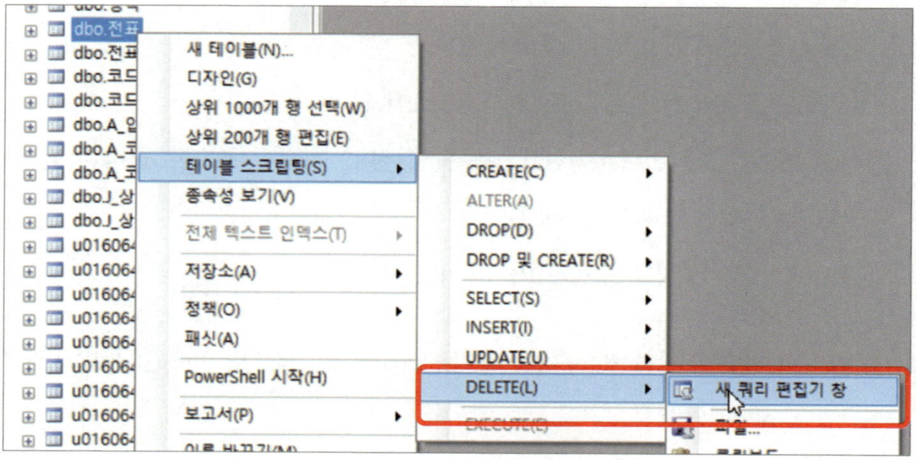

다음과 같이 삭제 쿼리가 작성됩니다.

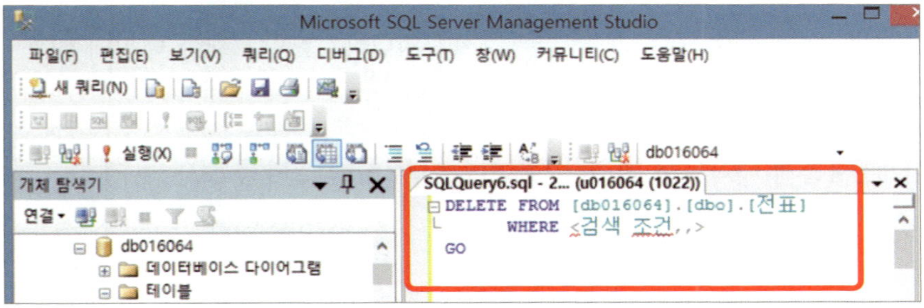

```
DELETE FROM[bbjhh].[bbjhh].[전표]
WHERE〈검색조건,,〉
GO
```

조건부 Where의 필드 [번호] 입력한 후에 "= 1"이라고 입력하면 테이블 [전표]의 필드 "번호"가 1인 데이터만 삭제가 됩니다.

숫자 타입은 양쪽에 따옴표를 하지 않고 숫자 값만 입력합니다.

문자/날짜 형식인 경우에만 양쪽 따옴표(' ')를 합니다.

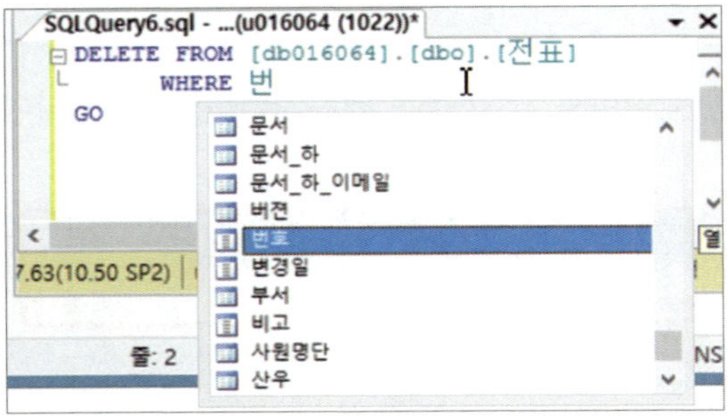

Where 번호 = 1 실행을 클릭하면 SQL 데이터 중에 필드 [번호]가 1인 데이터가 삭제됩니다. 그러나 해당 데이터 번호 "1"이 없다면 삭제할 의미가 없습니다.

다시 [새롭게 테이블 선택 쿼리]를 만들어서 실행 결과를 보면 첫 레코드의 번호 7로 시작되고 번호 "1"이 삭제된 것을 확인할 수 있습니다.

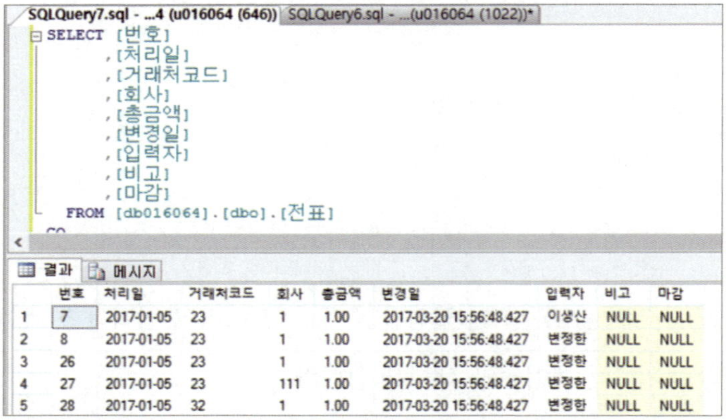

	번호	처리일	거래처코드	회사	총금액	변경일	입력자	비고	마감
1	7	2017-01-05	23	1	1.00	2017-03-20 15:56:48.427	이생산	NULL	NULL
2	8	2017-01-05	23	1	1.00	2017-03-20 15:56:48.427	변정한	NULL	NULL
3	26	2017-01-05	23	1	1.00	2017-03-20 15:56:48.427	변정한	NULL	NULL
4	27	2017-01-05	23	111	1.00	2017-03-20 15:56:48.427	변정한	NULL	NULL
5	28	2017-01-05	32	1	1.00	2017-03-20 15:56:48.427	변정한	NULL	NULL

번호 = 7 입력한 후,

클릭하면 1개 행이 영향을 받았다는 메시지가 표시가 됩니다.

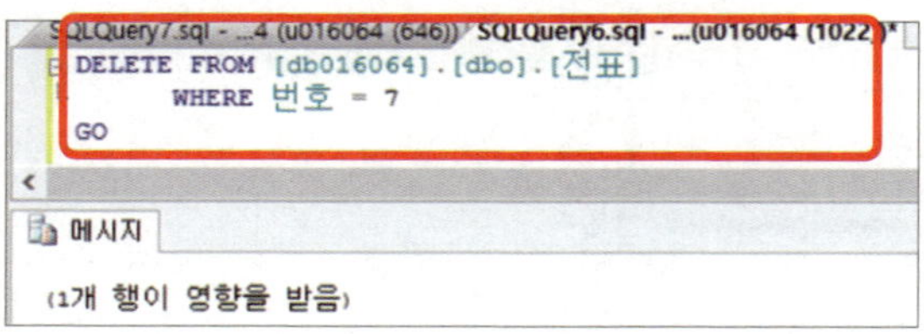

이제 선택 쿼리의 메뉴 [새로고침]을 클릭 결과, 필드 [번호] "7"의 데이터가 삭제되고 8번이 첫행의 데이터로 보여줍니다.

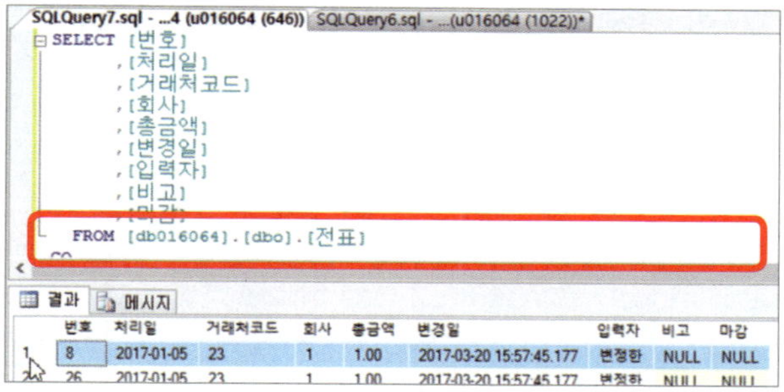

만약, 다시

```
DELETE FROM [전표]
WHERE 번호 <=27
```

라고 입력한다면 필드 [번호]가 27보다 작거나 같은 데이터만, 테이블 [전표]에 8, 26번의 데이터 2개가 삭제되는 것을 확인할 수 있습니다.

연산자 조건인 AND/OR 조건에 맞추어서 데이터를 삭제할 수 있습니다.

> 엑셀에서도 서버의 데이터를 삭제하고자 한다면 SQL 구문을 복사 후에 엑셀 VBA에서 수정해서 사용합니다.

```
DELETE FROM [전표]
WHERE 번호 between 8 and 27
```

와 같이 작성하였다면 3개의 데이터가 영향을 받아서 삭제됩니다.

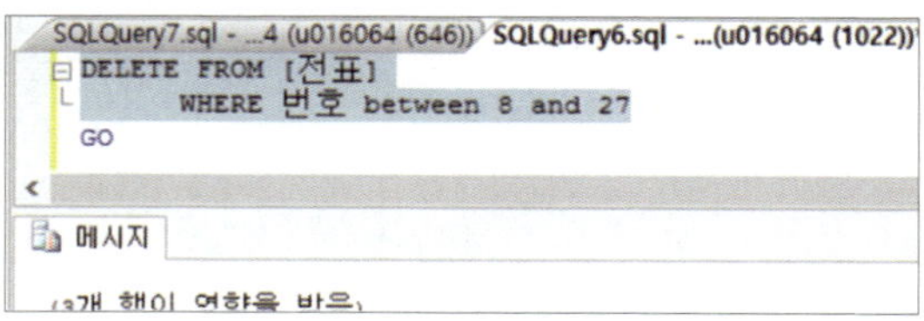

만약 삭제 쿼리를 다음과 같이 수정하였다면,

```
DELETE FROM [전표]
WHERE 번호 in(31, 32,35)
```

식 "IN(, ,)"을 사용하면 필드 [번호] "31, 32, 35" 레코드만 삭제됩니다. 원하는 데이터만 선택할 수 있는 SQL 구문 "IN(, ,)"을 학습한 것입니다.

7. INSERT 문 배우기

먼저 테이블 [전표]를 선택하고 INSERT를 선택 [새쿼리 편집 창]을 오픈합니다.

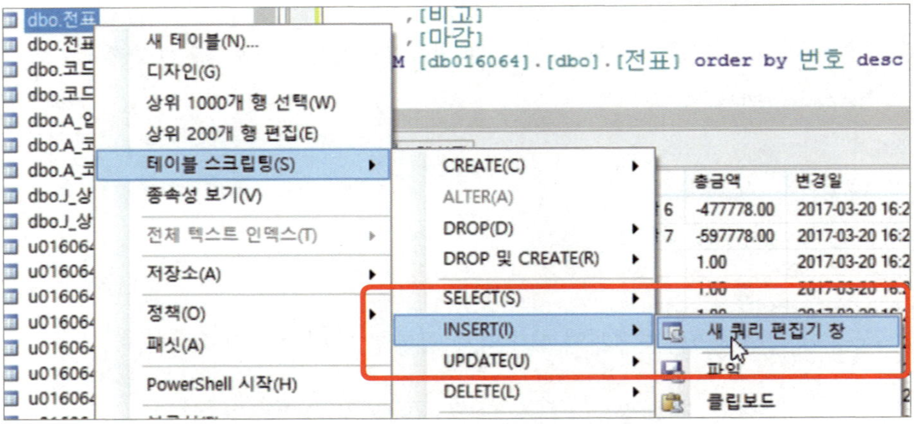

```
INSERTINTO[bbjhh].[bbjhh].[전표]
([처리일]
,[회사]
,[총금액]
,[입력자]
,[비고]
,[마감])
VALUES
(〈처리일,date,〉
,〈회사,nvarchar(10),〉
,〈총금액,float,〉
,〈입력자,nvarchar(10),〉
,〈비고,nvarchar(255),〉
,〈마감,bit,〉)
GO
```

테이블 [전표] 필드 상단에는 추가할 필드명을 선택(필드1, 필드2, 필드 3,….)

아래쪽에는 추가할 값 Value (값1, 값2, 값3,……), 각 (, , ,)의 필드 개수가 동일해야 하며, 특히 날짜는 양쪽으로 따옴표(' ')를 입력합니다.

실행을 한 결과는 다음과 같습니다.

> INSERT INTO "대상 테이블의 필드명" VALUES "원본 데이터"라고 이해하면 더 쉽습니다.

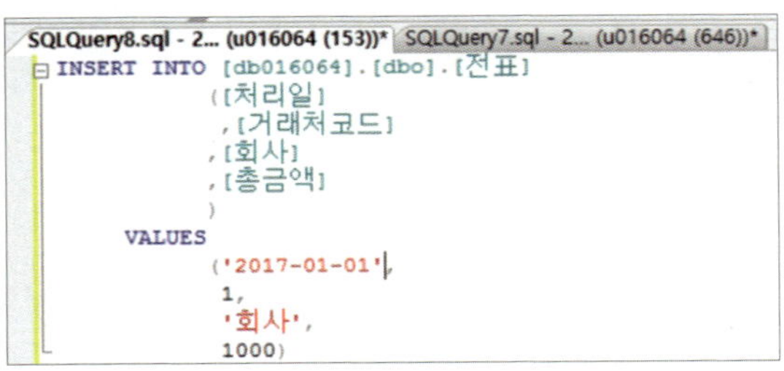

앞에는 추가 쿼리를 소개한 것입니다. 순서를 정하는 “ORDER” 명령어를 보도록 하겠습니다.

다른 선택 쿼리 문의 테이블 [전표]의 필드를 수정해서 필드 [번호]를 내림차순 실행합니다.

앞에서 추가된 필드 [번호] ‘33150’에 새로운 데이터가 한 줄 더 추가됩니다.

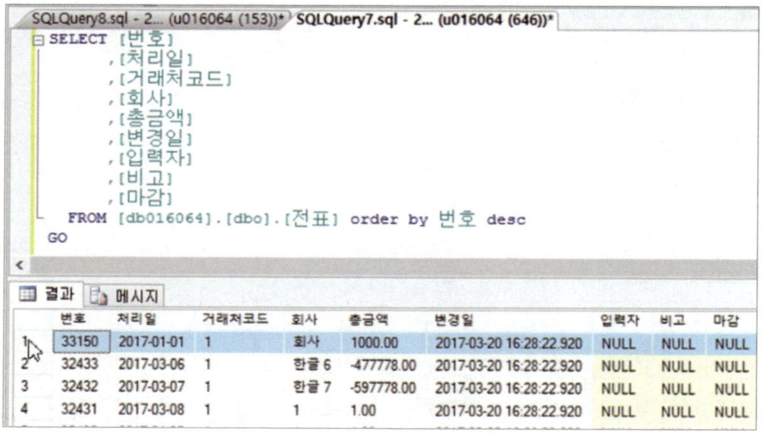

엑셀 파일에서 서버로 데이터 추가할 때 VBA의 LOOP를 이용하여 필드의 값을 형식에 맞추어서 SQL 구문을 작성해야 데이터가 서버로 추가됩니다.
매개변수는 데이터베이스에서의 계산을 위한 특정(숫자, 문자 등) 값입니다.

8. UPDATE 문 배우기

데이터를 수정하는 SQL 구문입니다.

테이블 [전표]를 선택한 후에 Update문의 [새 쿼리 편집기 창]을 선택합니다.

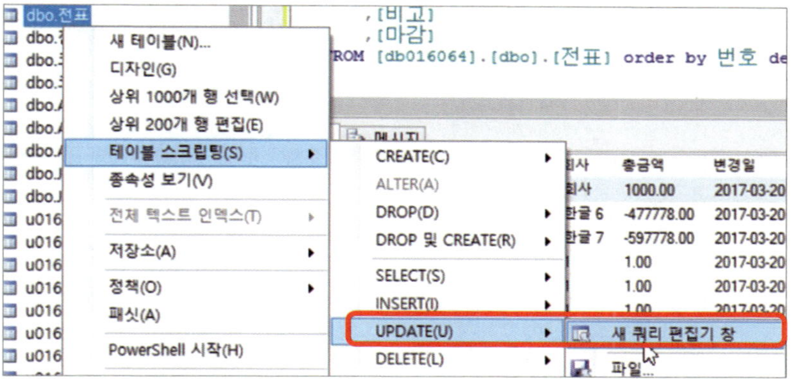


```
UPDATE[bbjhh].[bbjhh].[전표]
SET[처리일]=〈처리일,date,〉
,[회사]=〈회사,nvarchar(10),〉
,[총금액]=〈총금액,float,〉
,[입력자]=〈입력자,nvarchar(10),〉
,[비고]=〈비고,nvarchar(255),〉
,[마감]=〈마감,bit,〉
WHERE〈검색조건,,〉
GO
```

Set 업데이트 대상을 입력하고 Where는 해당 조건 필드를 입력합니다.

필드 [번호] '33150'인 회사 정보를 '회사'에서 "장수회사"로 변경한다면 필드 [번호](기본키) 기준을 조건으로 다른 필드의 데이터 정보가 수정됩니다.

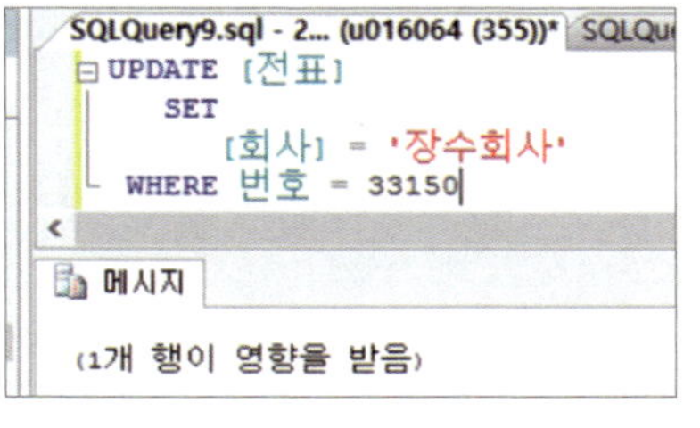

선택쿼리 실행하면 조건 필드 [번호] = "33150"의 전표의 필드 [회사] 테이타가 "장수회사"로 변경됩니다.

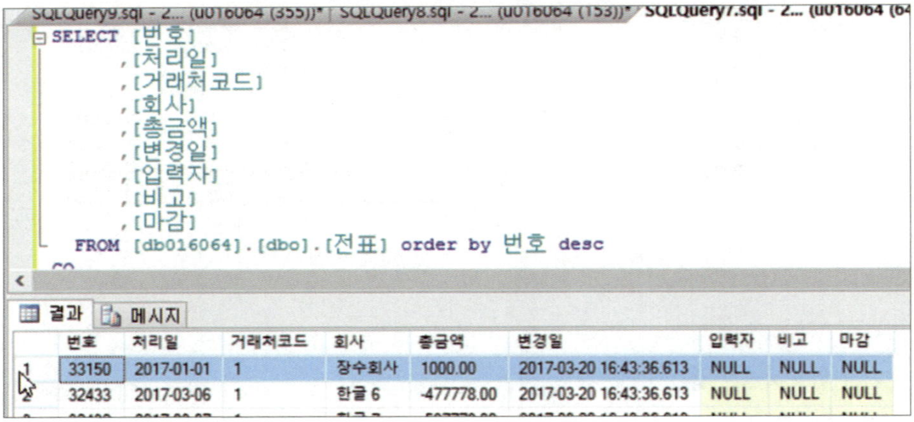

전반적인 MS SQL 학습하면 좋지만 단기간에 엑셀 유저 입장에서 필요한 기본 MS SQL 구문만 학습합니다.
따라서 엑셀 유저가 지금까지 기본적인 MS SQL만 제대로 학습하였다면, 엑셀에서 VBA로 웹 서버 SQL 데이터 컨트롤이 가능합니다.

3 뷰 배우기

지금까지 SQL 구문으로 테이블 만들기 및 기타 SQL 의 추가, 삭제, 수정 등을 학습하였습니다.

지금부터는 뷰(VIEW)의 생성 방법 및 내부 처리 과정을 학습합니다. 뷰는 액세스의 [쿼리]처럼 가상 정보를 담고 있는 계산된 가상 테이블 정보라고 보면 됩니다. 데이터가 저장된 것이 아니라, 유저가 테이블처럼 데이터를 사용할 수 있는 개체들 집합인 액세스의 선택 쿼리처럼 사용할 수 있습니다.

뷰는 기존 테이블을 보여주는 것으로 시작하기 때문에 테이블이 사전에 존재해야 만들 수가 있습니다.

> 엑셀 유저 입장에서 뷰를 설명한다면, 엑셀 한 시트에는 [임금전표]를 데이터 리스트 형식으로 입력되어 있고 다른 시트에는 회사 직원 정보가 있습니다. 이때 호봉을 시트 [임금전표]로 불러 올 때 어떤 함수를 주로 사용할까요? 일반적으로 엑셀 "Vlookup" 함수를 이용하게 되는데, 이 "Vlookup" 함수 이용은 각 직원별 호봉에 맞는 데이터를 가져올 때 사용합니다. MS SQL에서의 뷰는 테이블 [임금전표]과 [호봉]간을 서로 필드만 연결해줘서 보여주는 것도 뷰의 기능이라 보면 됩니다. 단지, MS SQL에서는 함수로 연결해서 사용하기 보다는 관계형(RDBMS) 테이블간의 필드를 서로 연결해서 사용합니다. 이런 부분은 앞으로 수도 없이 접하기 때문에 지금은 개념 정의 정도만 알아 보겠습니다.

뷰의 필요성은 다음과 같습니다.

뷰는 테이블이 보이고자 하는 정보를 각 제한적 정보를 갖고 있는 다른 테이블과 연결하여 통합된 연결 형식으로 데이터를 보여주는 것을 뷰라고 정의할 수가 있습니다. 따라서 이런 제한적인 정보를 통합된 정보로 사용할 수 있도록 해주는 것이 뷰의 기능이라 할 수가 있습니다.

엑셀 유저의 입장에서 제한적 테이블 정보를 엑셀로 "가져오기"를 한 후에 엑셀 상에서 다시 Vlookup 조합을 한다면, 데이터를 불러오는데 테이블 개수만큼 또는 그 이상 시간이 소요됩니다. 따라서 뷰를 사전에 조합된 데이터 집합으로 만들어서 해당 뷰 [이름]을 불어오는 것이 효율적입니다. 엑셀 유저는 MS SQL의 [임금전표]와 [호봉] 테이블을 각자 내려 받아서 VLOOKUP으로 연결하여 사용하는 것이 아니라, 뷰어 조합을 뷰 [임금통합]이라고 이름 지정한 한 후에 하나의 뷰 [임금통합] 정보를 한번에 내려 받기를 합니다.

1. 뷰 만들기

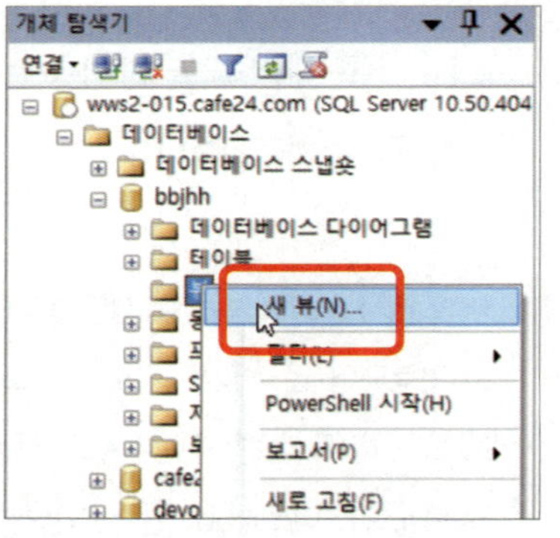

[새 뷰(View)]를 선택한 후, 마우스 오른쪽 클릭한 후에 새 뷰를 선택합니다.

팝업 [테이블 추가] 창에는 "테이블/뷰/함수/동의어" 등을 선택할 수 있습니다.

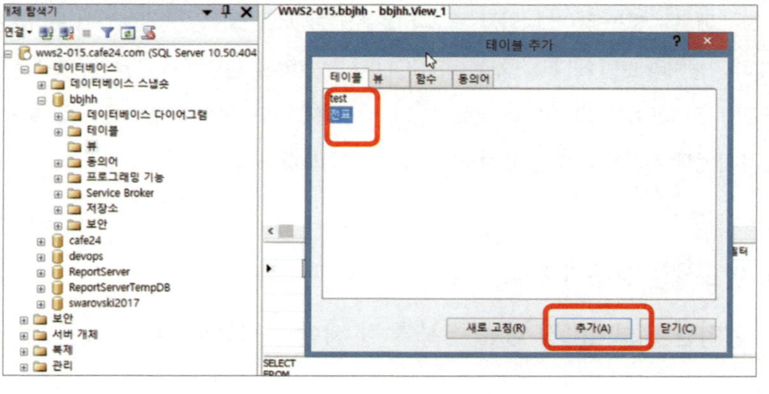

엑셀 유저의 입장 수준에서 뷰를 다루며, 단지 탭과 뷰 창 정도만 학습하고 나머지는 전문 저서를 참조하십시오.

뷰는 여러 테이블을 참조해서 다양한 뷰를 만들기 때문에 다양한 데이터를 볼 수가 있고, 만들어 놓은 뷰를 다시 참조하여 새로운 뷰로 또 만들어서 사용할 수도 있습니다.[8] 뷰를 선택한 후에 테이블 탭에서 테이블 [전표]를 버튼 [추가] 클릭하면 상단 그라운드 내로 추가가 됩니다.

아래처럼 (모든 열)의 체크 박스에 체크를 하면 체크에 맞추어서 중간에 “Select * From” 전표와 같이 생성이 되는데, 즉 “*”는 전체 필드 표시이며 앞에 붙은 “bbjhh”는 해당 테이블 데이터베이스 그룹의 명이라 보면 됩니다. 해당 SQL 문에는 테이블 [그룹명]이 없어도 무방합니다.

앞에서 소개한 선택 쿼리와 같으며 상단 메뉴에서 [실행 “ ! ”]을 클릭합니다.

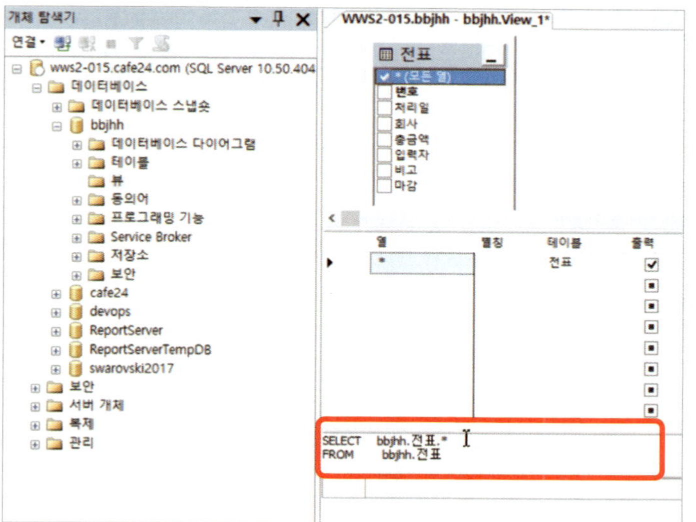

8) 엑셀 유저는 끝없이 참조를 해서 다양한 뷰가 생성된 것을 엑셀 VBA로 데이터를 컨트롤합니다.

메뉴 [새로고침] 버튼 "!"를 클릭하면 우측 하단에 선택된 쿼리의 테이블 정보가 보여집니다.

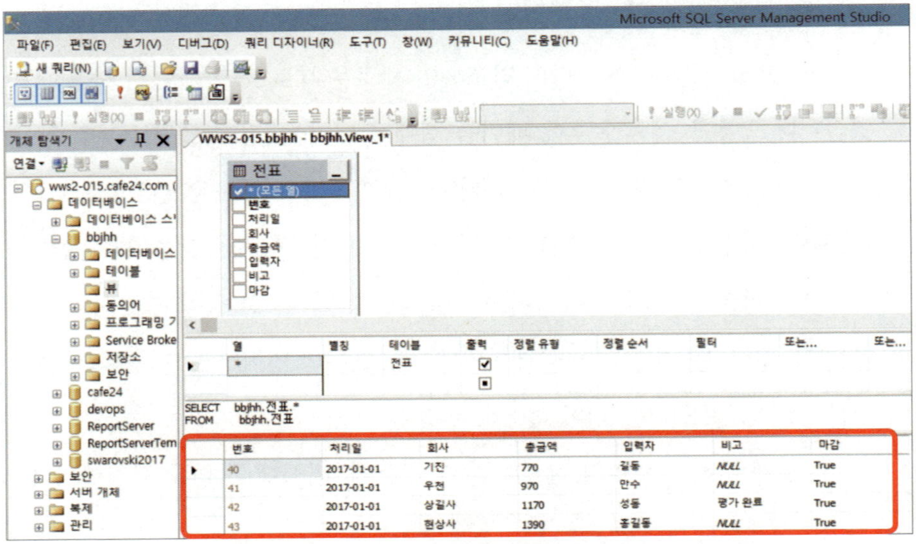

" *" 해지 한 후에 필드 [번호], [처리일], [회사], [총금액], [비고]만 체크하고 "!"을 실행한 후, 메뉴 [새로고침]을 클릭한 결과입니다.

특히 회사의 필드 캡션을 "고객"이라고 보여주기 위해 "회사 AS 고객" 별칭 필드에 "고객"이라고 입력하면 자동으로 데이터 캡션에 "고객"으로 표시가 됩니다.

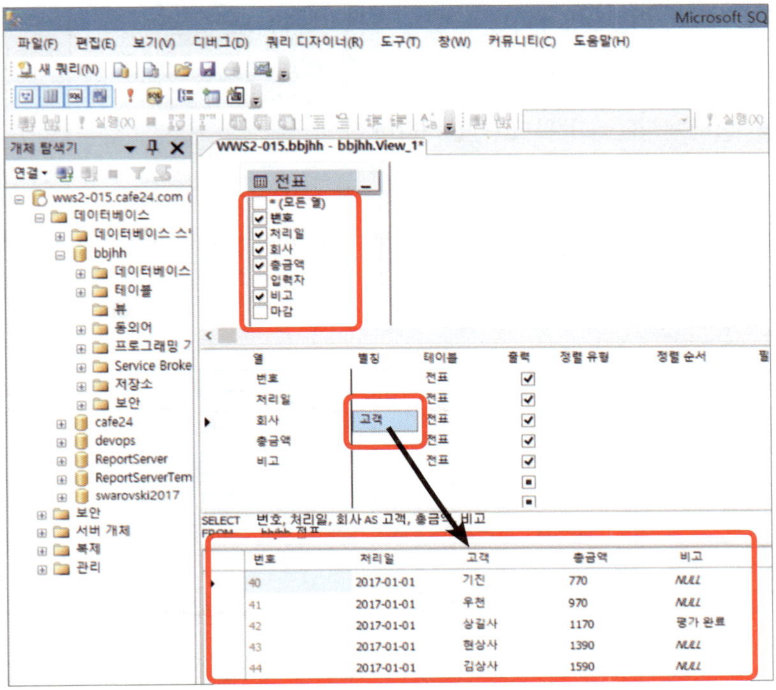

2. 뷰어 및 테이블 연결

사전에 새로운 테이블 [전표_회사] 하나를 추가한다고 가정하겠습니다.

새로운 테이블에는 테이블 [전표_회사]의 필드 [회사]를 문자 [기본키]로 해서 필드가 [지역] 및 [연락처], [주소]로 구성되어 있습니다.

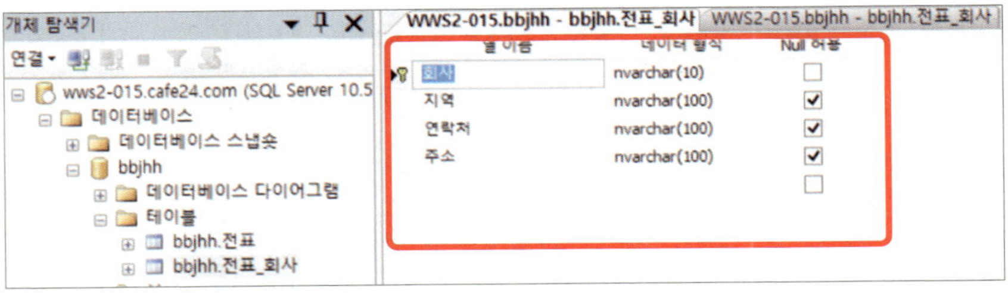

테이블 [전표_회사]의 데이터를 선택 실행 결과입니다.

회사를 "기본키"로 [회사이름]의 상호간에 중복 불가능하도록 만들고 그 내용은 지역, 연락처, 주소의 필드가 있습니다.

관계 설정을 이용해서, 테이블 [전표_회사]의 필드 [회사]와 테이블 [전표]의 필드 [회사]를 연결하여 기타 정보인 필드 [지역] 및 [연락처]까지 모두 보이도록 합시다.

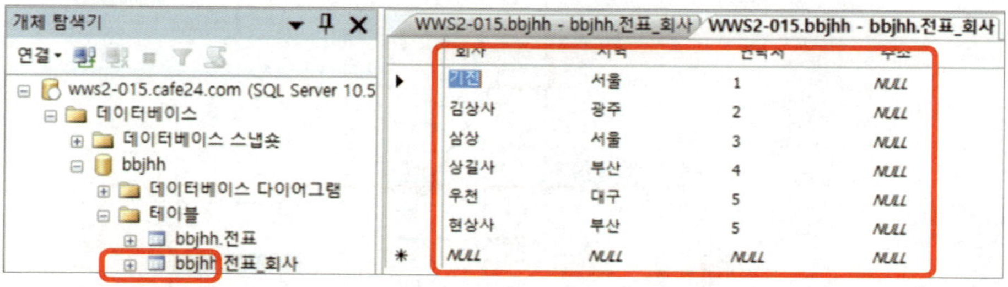

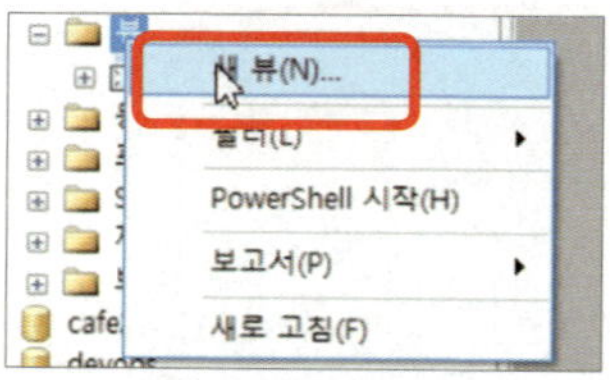

이제 2개의 테이블 [전표]와 [전표_회사]을 연결해서 하나의 뷰로 만들어 봅시다. 뷰를 선택 하고 마우스 우측 클릭한 후, [새 뷰]를 클릭합니다.

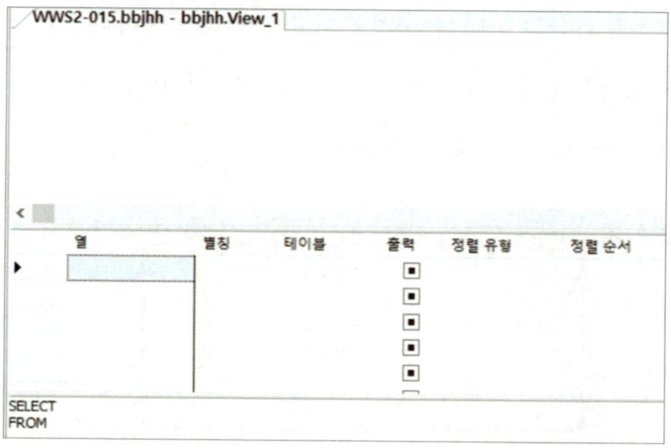

테이블 참조하는 창을 닫고 보면 아무것도 없는 뷰입니다.

마우스 드래그를 이용하여 [개체 탐색기] 창에서 테이블 그룹, 테이블 [전표], [전표_회사]를 우측 빈 선택 창으로 각각 드래그하여 추가합니다.

테이블 [전표]의 필드 "회사"와 테이블 [전표_회사]의 필드 "회사" 이름이 같기 때문에, MS SQL에서는 필드 [회사]가 자동적으로 선으로 연결됩니다.
만약 이름이 다르다면 마우스로 필드 [회사]를 연결해 주면 관계선이 생성되면서 연결이 됩니다.
기본적으로 뷰를 서로 연결할 때 양쪽 필드의 속성 값이 같아야 서로 연결이 됩니다.
한쪽이 [필드]가 숫자 타입이고, 다른 한쪽이 문자라면 서로 연결할 수 없습니다

양쪽이 동일한 거래처가 있는 것만 표시가 됩니다.

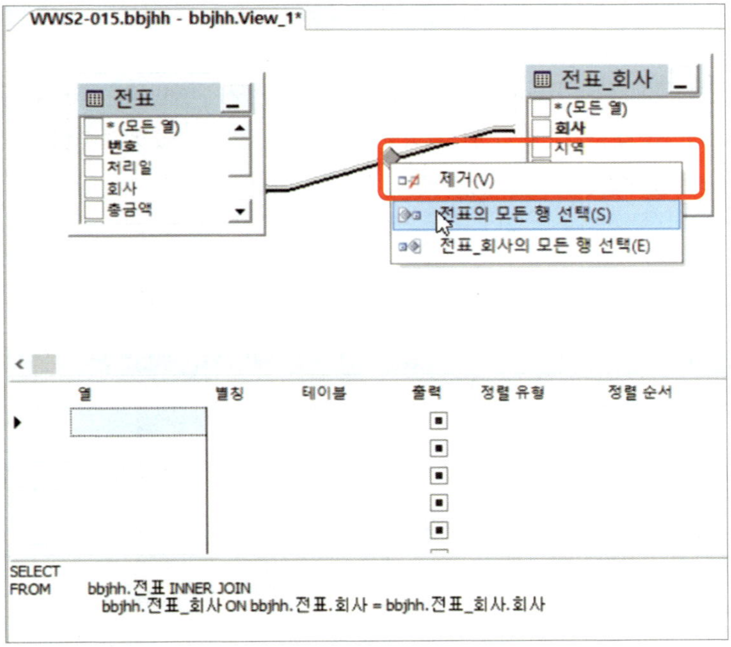

문제는 테이블 [전표]의 필드 "회사"에 NULL 값으로 비어 있을 수가 있습니다.

만약 정의 관계로 [<>] 같이 연결한다면 테이블 [전표]에는 필드 [회사]정보가 없기 때문에 테이블 [전표_회사]를 연결할 경우, 있는 데이터만 연결이 됩니다.

분명한 것은 테이블 [전표]에는 레코드가 10줄인데 테이블 [전표_회사]를 연결을 했더니 8개만 보여진다면, 테이블 [전표]에는 필드 [회사]에는 빈 값이 있을 수가 있습니다. 즉, 양쪽 테이블에 모두 같은 회사 정보가 있는 전표만 표시가 됩니다.

따라서 [관계선]을 마우스로 우측 클릭한 후, 테이블 [전표]에 행의 데이터가 모두 포함하도록 [전표]에 (필드 "회사"에 정보가 비어 있더라도) 연결하도록 만듭니다. 테이블 [전표]에는 필드 [회사]의 필드에 아무것도 입력이 안된 데이터도 표시할 때 사용합니다.

이것을 "out Join"이라 표현을 하지만, 엑셀 유저의 입장에서 이해하기 어려운 것이기 때문에 테이블 [전표]와 같이 연결 테이블 데이터가 빈 테이블 필드 기준으로 선택한다면 전체 정보가 표시가 됩니다.

양쪽 테이블을 연결하는데 어떤 테이블을 기준으로 연결할까요?

테이블 [전표] 또는 [전표_회사] 중에 선택된 테이블 기준으로 데이터를 관리하는 것이 "OUT JOIN"입니다.[9)]

여기에서는 테이블 [전표] 기준으로 데이터를 [전표_회사]의 내용을 참조합니다. 이를 기준으로 연결하면 됩니다.

---

9) 관계형 데이터베이스까지 학습하기는 어려우면 해당 장을 넘겨도 되며, 나중에 필요성이 발생할 때 참조합니다.

엑셀로 설명하자면, "Vlookup"을 사용할 때, 참조 범위가 테이블 [전표_회사]가 되는 것입니다.

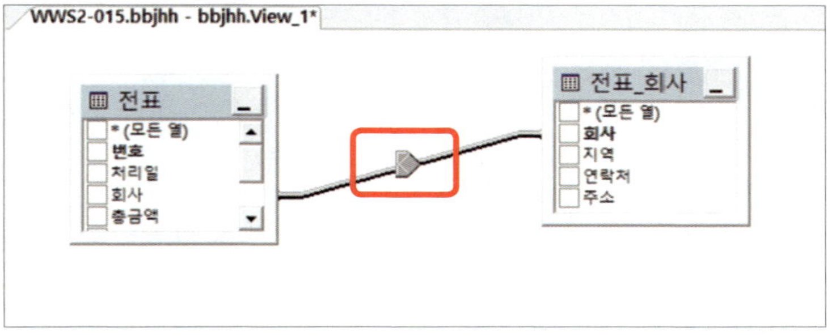

이제부터 테이블 [전표]는 " * " 체크하여 전체를 선택하고, 테이블 [전표_회사]에서는 필드 "지역", "연락처"만 선택하면 중간에 SQL 구문이 자동으로 만들어집니다.

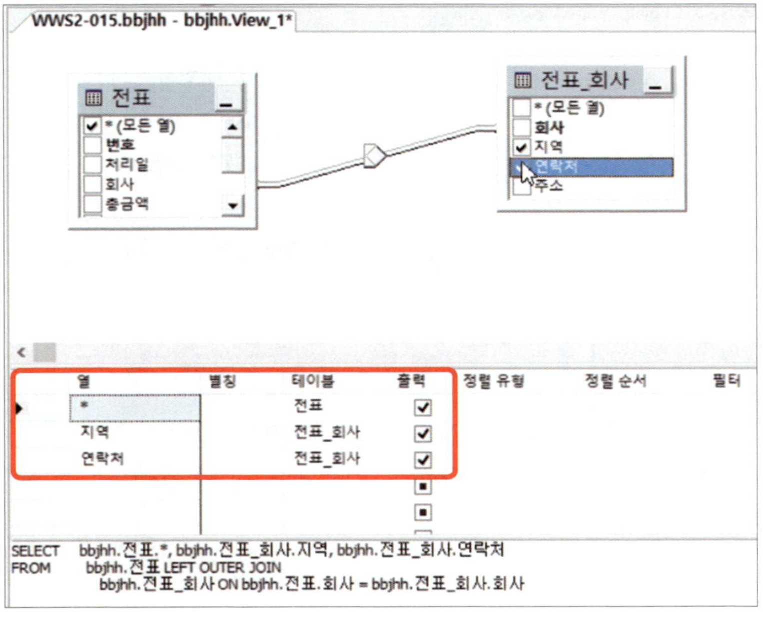

이제 상단 매뉴얼에서 새로 고침 "!"을 클릭합니다.

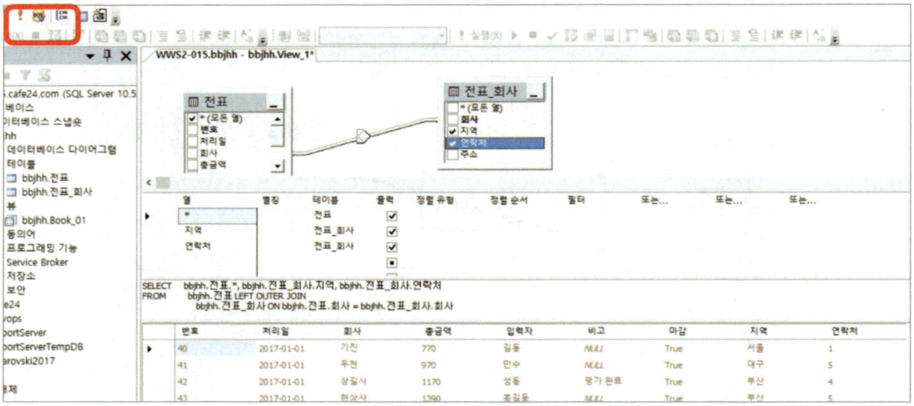

상단 메뉴에서 저장 버튼을 클릭해서 뷰 이름을 "Book_02"라고 입력한 후에 버튼 [확인]을 클릭합니다.

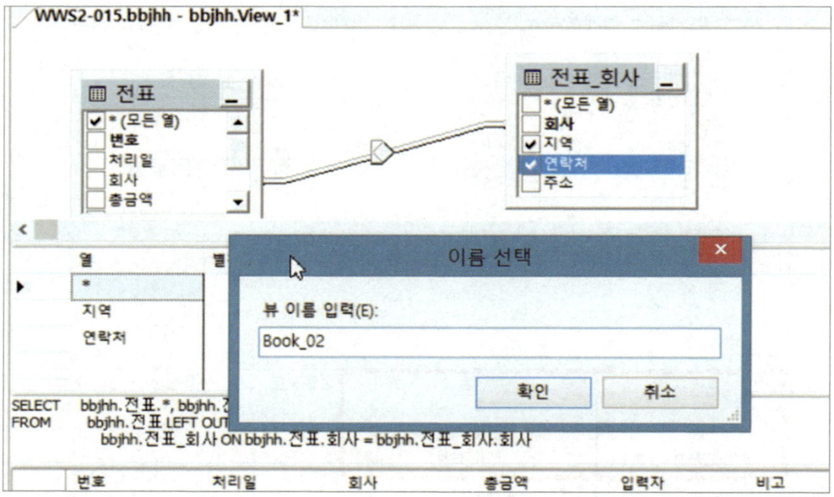

뷰 이름이 [BOOK_02]라고 입력하면 우측 [개체 탐색기] 뷰에 “Book_02”로 저장됩니다.

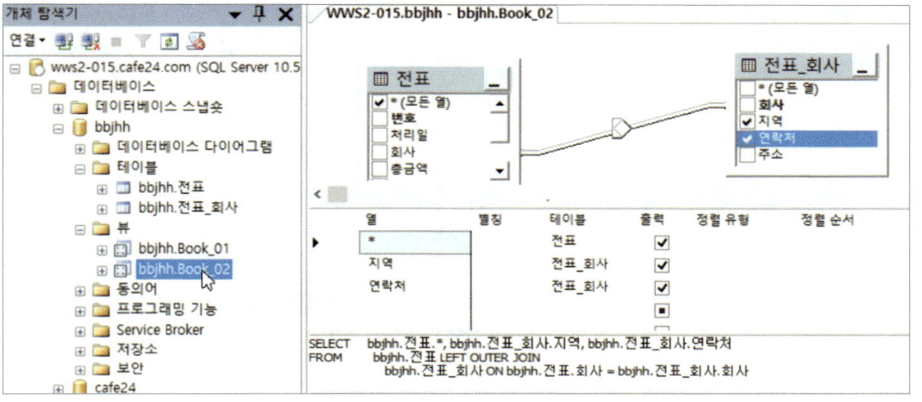

뷰 [Book_02]를 다시 새롭게 다른 테이블/뷰의 필드를 새롭게 연결 조인하여, 새로운 뷰를 연속적으로 만들 수가 있습니다.
만들어진 뷰는 데이터 용량과는 상관없기 때문에, 엑셀에서 연결해서 추출할 [뷰]를 SQL에서 만들어 놓고 사용하는 연습이 필요합니다.
필요한 데이터를 엑셀로 SQL 데이터를 가져와서 조합한다면 엄청난 VBA 처리 과정으로 처리속도가 늦을 수가 있기 때문에, 되도록 서버에서 테이블 및 뷰를 연결한 후에 사용하는 학습이 필요합니다.

엑셀 유저 입장에서 보면, 서버에 저장된 “Book_02”같은 뷰[쿼리]를 엑셀에서 조건 검색해서 사용할 수 있습니다.

엑셀 VBA로 “Select 필드1, 필드2, 필드3 FROM [뷰 이름] Where 조건절”에, 날짜는 구간 혹은 회사는 조건 검색 등을 추가합니다.

아래 화면은 엑셀에서 앞에서 만든 뷰 [Book_02]를 오픈하고, 필드 [처리일]을 구간으로 필드 [회사]를 Like 유사 검색이 되도록 만들 수가 있습니다.

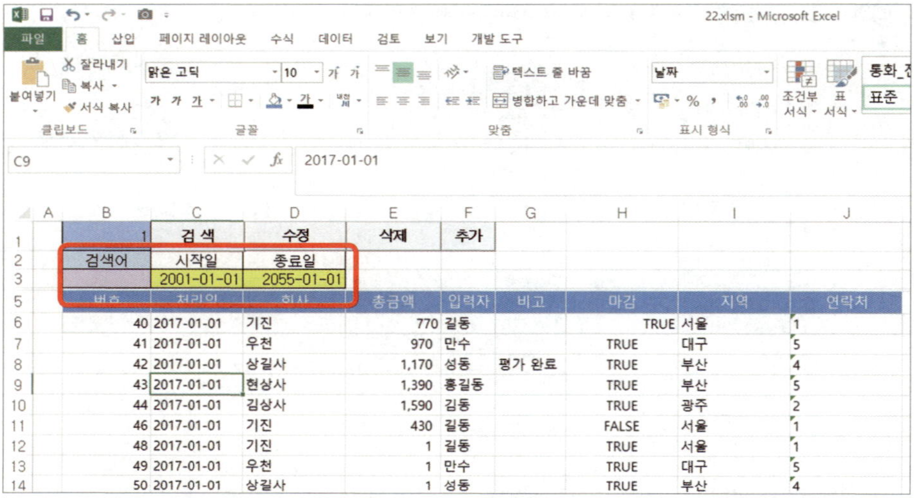

SQL 뷰를 잘 만들면 엑셀에서 간단한 VBA로 데이터를 컨트롤할 수가 있습니다.

엑셀 유저 입장에서 우리는 [뷰]의 여러 필드를 하나의 필드를 합해서 보여주는 별칭 필드 만들기 혹은 특정 필드 기준으로 데이터 내림차순/오름차순 등 정렬 조건을 학습하겠습니다.

3. 뷰의 조건 속성 컨트롤 하기

다시 뷰를 선택하고 [새 뷰]를 선택합니다.

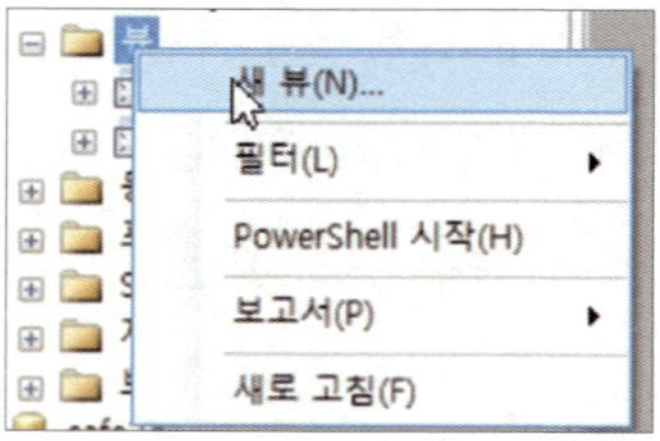

테이블 추가 창에서 뷰 탭을 선택한 후에 앞에서 작성한 뷰 [Book_02]를 선택 추가합니다.

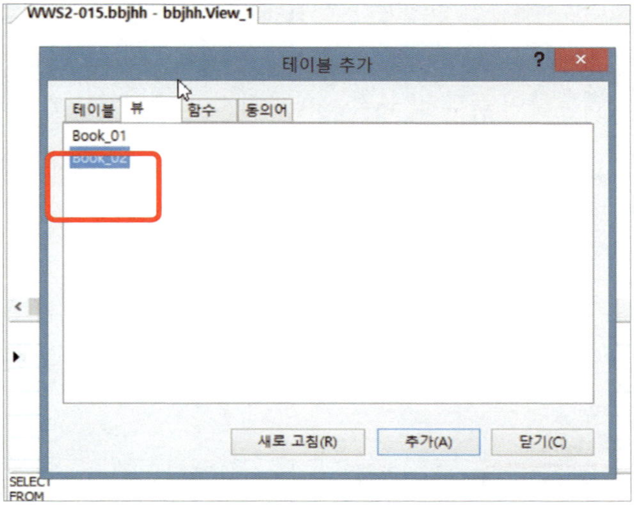

먼저 뷰 [book_02]에서 (모든 열)인 "*"을 선택 체크합니다.

열 필드에 "회사 + N' / ' + 지역 + N' / ' + 연락처"라고 입력한 후에 별칭에 "최종정보", 텍스트간의 조합은 "+ N ' ' + "를 추가합니다.

만든 별칭 필드 [최종정보] 출력은 체크하고 선택 쿼리를 실행합니다. 한 필드에 회사의 정보와 지역, 연락처 정보를 하나의 별칭 필드로 보여줍니다.

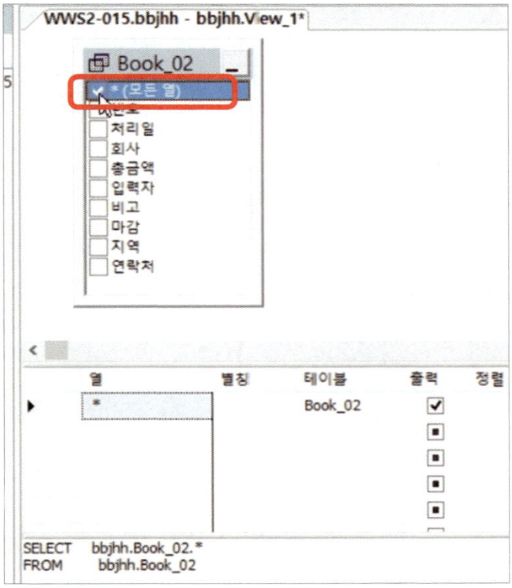

여러 필드를 하나의 필드로 통합하는 것을 항상 문자에 " N' 문자 ' "같이 만들면 됩니다.
N은 문자간의 [구분자]로 들어가는 SQL 구문입니다.

예를들어 품명 및 규격을 하나의 셀로 데이터를 받아서 사용할 때 사용합니다.

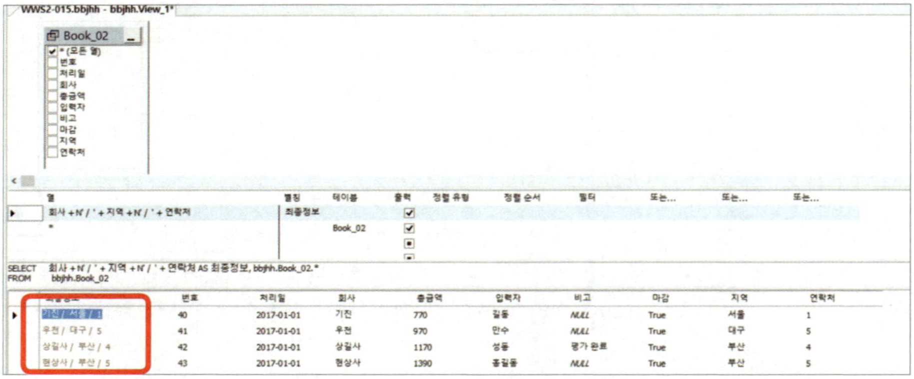

필드 "번호"를 추가한 후에 앞에 " * " 전체 보기를 체크하였기 때문에 필드 [번호]은 출력을 체크 해지하고, 정렬 유형을 내림차순으로 선택합니다.

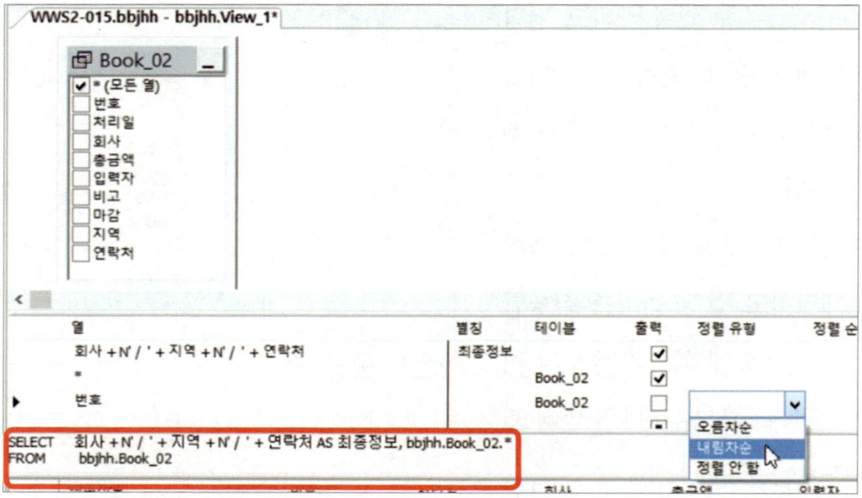

SQL 쿼리문은 다음과 같이 “ORDER BY 번호 DESC”라고 변경됩니다. 데이터 실행결과는 번호 내림차순으로 데이터가 정렬된 것을 확인할 수 있습니다.

엑셀 유저의 입장에서 이런 부분까지 엑셀에서 VBA로 단들 수가 있지만, 되도록 뷰에서 사전에 만들어 놓는다면 서버에서 처리되기 때문에 속도를 개선할 수 있습니다.

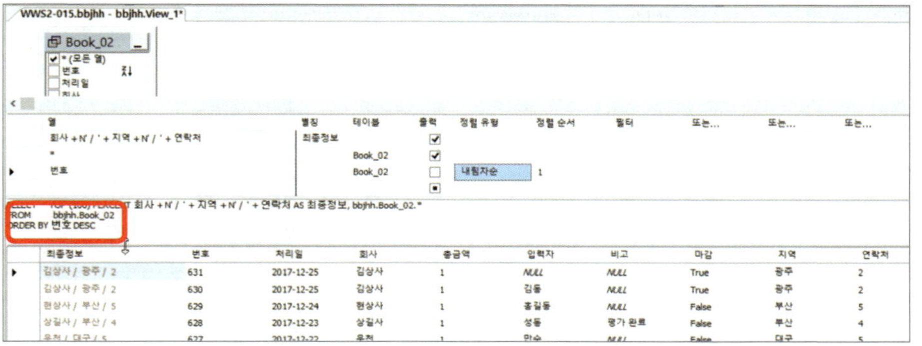

필드 [번호]를 오름차순으로 정렬한다면 SQL 문에는 ASC가 나타나지는 않습니다만, 단지 “ORDER BY 번호”로 ASC가 생략되어 보여집니다.

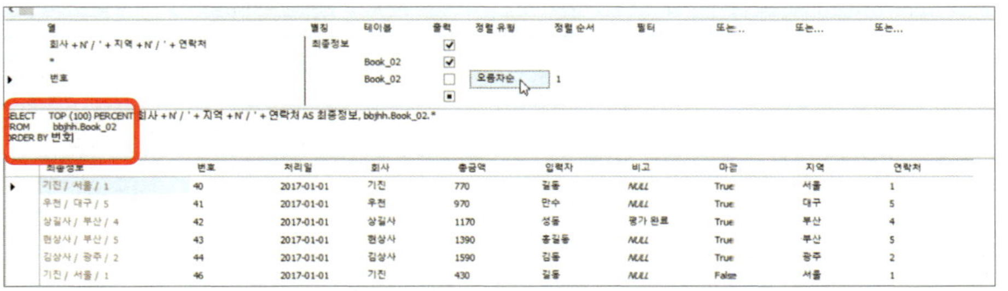

다음은 “처리일” 필터에 2017년 2월 1일 보다 작은 데이터를 입력하면 SQL 구문에 자동으로 텍스트 변환 구문 Convert문이 적용되어 날짜 타입을 텍스트로 자동적으로 만듭니다.

엑셀 유저는 필드 [처리일] 날짜 타입은 숫자 타입인 것으로 알고 있으나, SQL에서는 [처리일]의 날짜 타입은 텍스트 변환 처리가 되어서 검색됩니다.

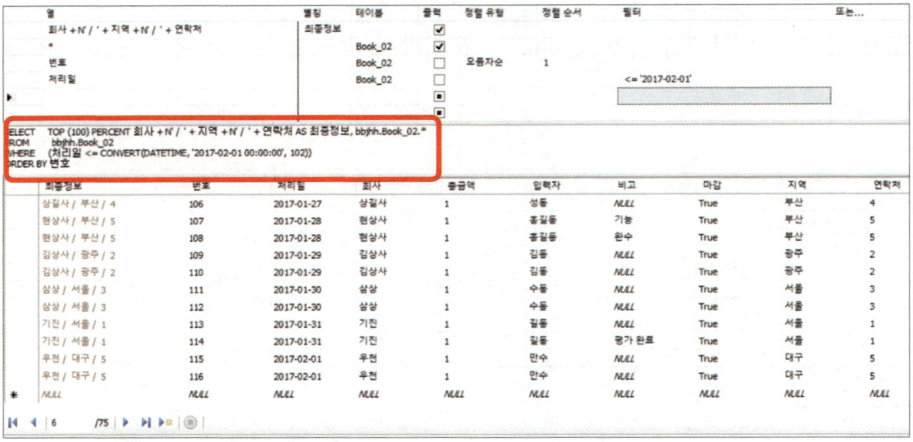

필드 “마감”을 보면 True/False가 되어 있습니다. True는 1로, False는 0으로 인식되는 것을 학습합니다.

액세스에서 True/False가 있는데, True는 “-1”로, False는 “0”으로 반환됩니다.

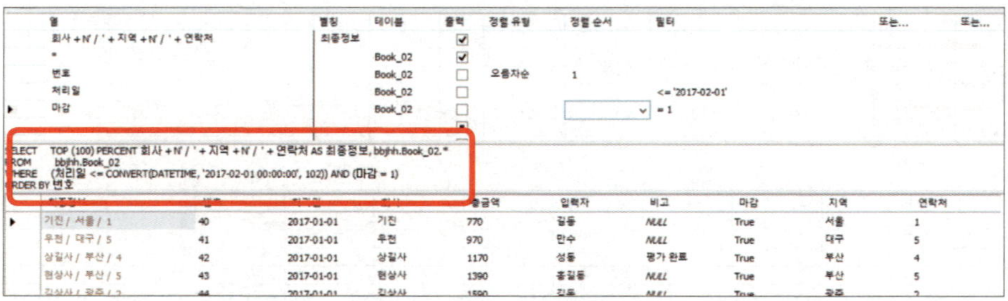

조건[Where] 절을 보면 OR 절로 표시된 것을 확인합니다. 수 많은 필드 조건에 And/Or 조건을 적용하여 뷰를 만들 수가 있습니다.

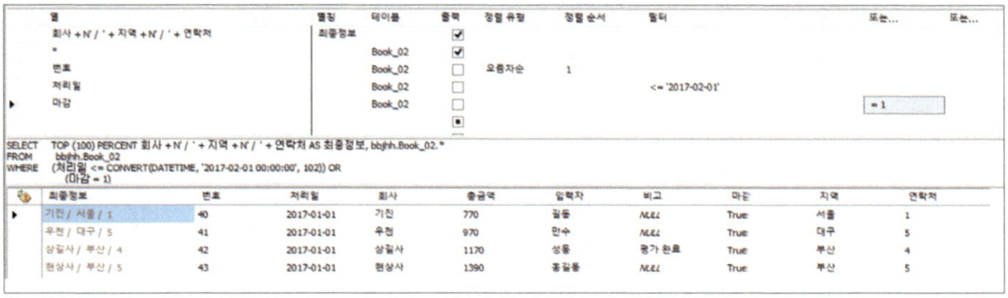

자세히 보면 필드 [처리일]이 convert 함수를 이용하여 텍스트로 전환된 상태입니다.

해당 SQL 문에서 직접 '2017-02-01' 같이 약 작은 따옴표 ' ' 추가 수정해도 동일한 결과입니다.

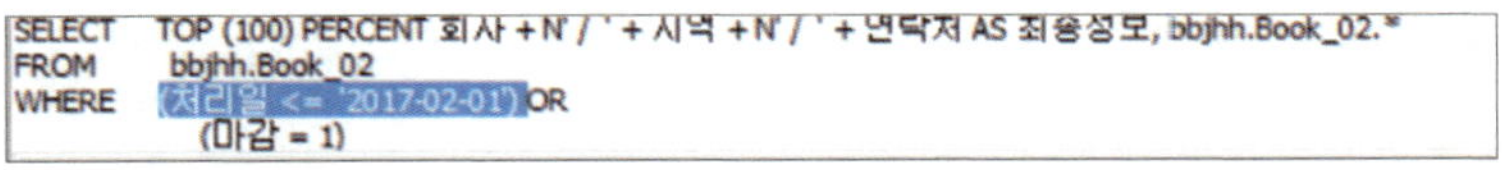

지금까지 설명한 뷰의 이름을 [book_03]라고 저장합니다.

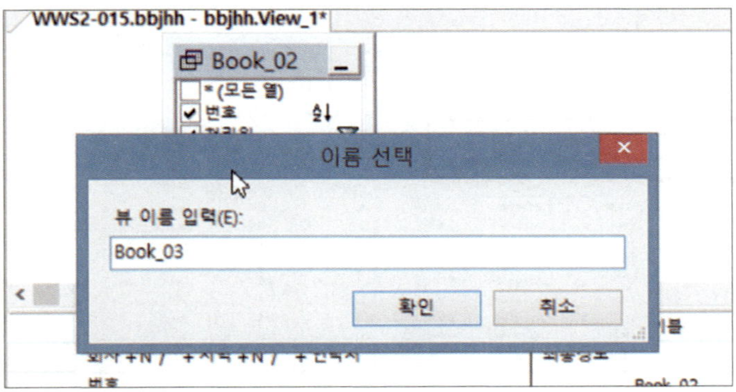

엑셀 유저의 입장에서 "오늘날"의 함수는 Today() 며, VBA는 Date, Now 등이 사용됩니다. SQL에서는 오늘날은 GETDATE() 라고 표현합니다.

뷰 [book_02]를 가져와서 새롭게 뷰 [Book_04]로 저장합니다.

이런 연속적인 뷰를 만들고, 다시 참조해서 뷰를 만들면 처리속도가 늦을 것이라고 생각하지만 상관없습니다.

SQL에서 Year, Month 함수도 엑셀과 같기 때문에 오늘날 기준으로 매번 조건을 걸 필요 없이, Getdate( )를 이용해서 당월의 데이터를 확인하면 다음과 같은 뷰가 만들어집니다. 당월이 3월이기 때문에 3월의 데이터만 보여지고 4월이 되면 4월 데이터만 보여집니다.

```
SELECT    YEAR(처리일) AS 년, MONTH(처리일) AS 월, bbjhh.Book_02.*
FROM      bbjhh.Book_02
WHERE     (YEAR(처리일) = YEAR(GETDATE())) AND (MONTH(처리일) =
MONTH(GETDATE()))
```

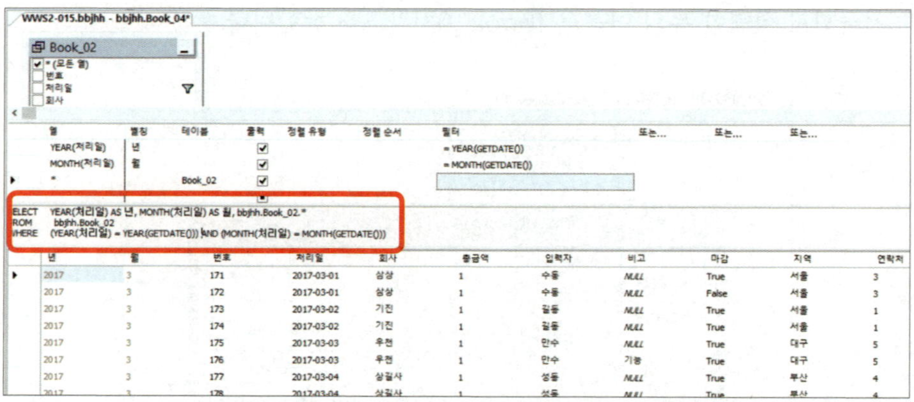

그리고 숫자 값에 null 처리 방법에 대해서 알아 봅시다.

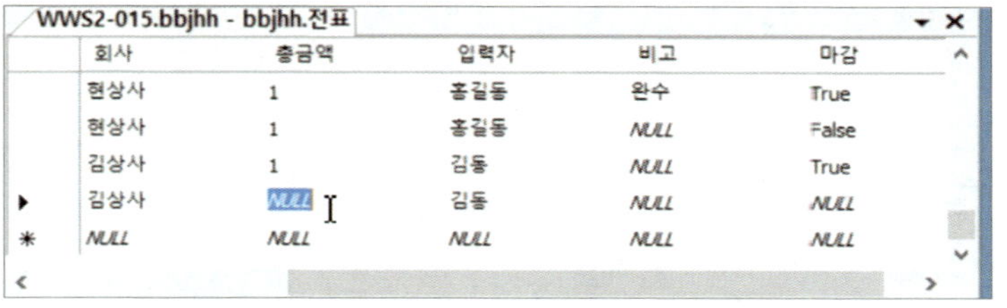

"김상사"에 총금액이 null 인 경우, 다른 필드와 합할 때 필드를 ISNULL(총금액, 0)로 작성합니다.

회사가 "김상사" 기준으로 총금액이 null 값으로 입력되어 있더라도 별칭 필드 "평가"를 만들어서 다른 필드와 같이 연산 계산을 할 수가 있습니다.

```
SELECT   TOP (100) PERCENT 번호, 회사, 총금액, ISNULL(총금액, 0) + 500 AS 평가
FROM     bbjhh.Book_02
WHERE    (회사 = N'김상사')
ORDER BY 번호 DESC
```

특히 N은 문자 처리를 위한 명령어 구분자로 해석합니다.

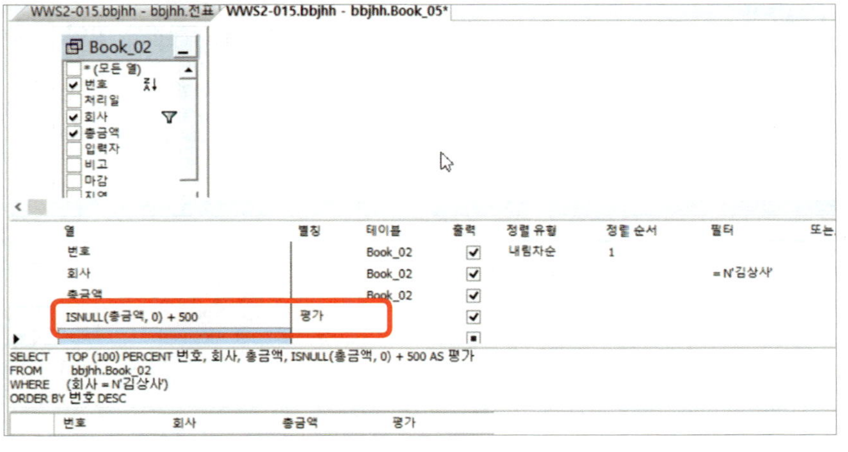

엑셀 유저가 알아야 할 SQL 서식 경우, 날짜 서식 및 텍스트 형식 전환 등은 엑셀 만큼 많기 때문에 별도 개별 학습을 요구하지만, 깊이 있는 학습을 본서에서는 요구되지 않습니다.

4. 뷰의 그룹 요약 만들기

테이블 [전표] 날짜 기준으로 월 매출을 구하거나 혹은 뷰 [Book_02] 기준으로 2007년 자료를 [전표_회사] 지역별로 묶어서 총금액의 합계를 내고자 합니다. 이와 같이 특정 필드들을 묶어서 데이터 통계를 얻고자 할 때 [요약 그룹] 쿼리를 사용합니다.

엑셀 유저는 서버에서 요약 그룹으로 만들어진 데이터를 조건 검색을 한다면 방대한 데이터를 내려 받아서 조건 검색할 필요가 없습니다. 따라서 엑셀 유저는 원본 수백만 데이터 중에 필요한 데이터만 추출을 할 수가 있도록 선택 뷰 혹은 요약 뷰를 잘 만들어 놓고 사용하십시오!

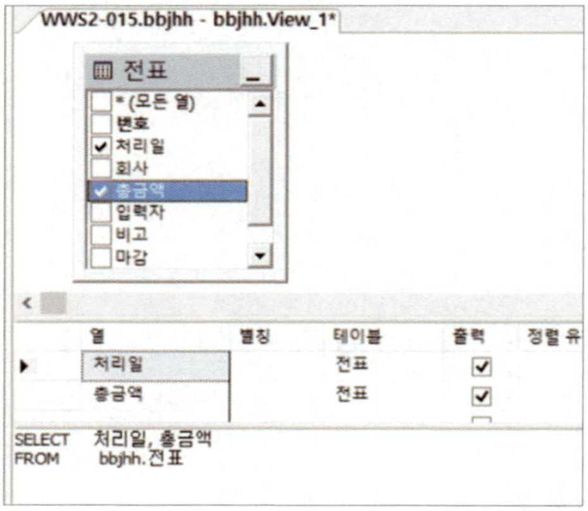

먼저 테이블 [전표] 기준으로 날짜를 그룹으로 묶어서 일일 매출 합계를 구합니다. 계산에 필요한 필드 [처리일] 및 [총금액] 만 체크 합니다.

메뉴에서 그룹화 방법을 클릭하면 선택된 전체 필드가 각각 그룹화가 됩니다.

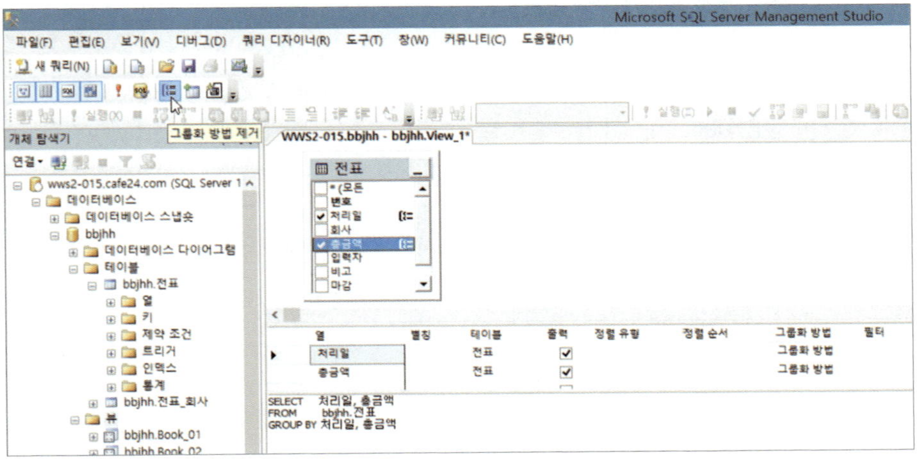

필드 [총금액]을 그룹화 방법에서 콤보박스 "Sum"을 선택합니다.

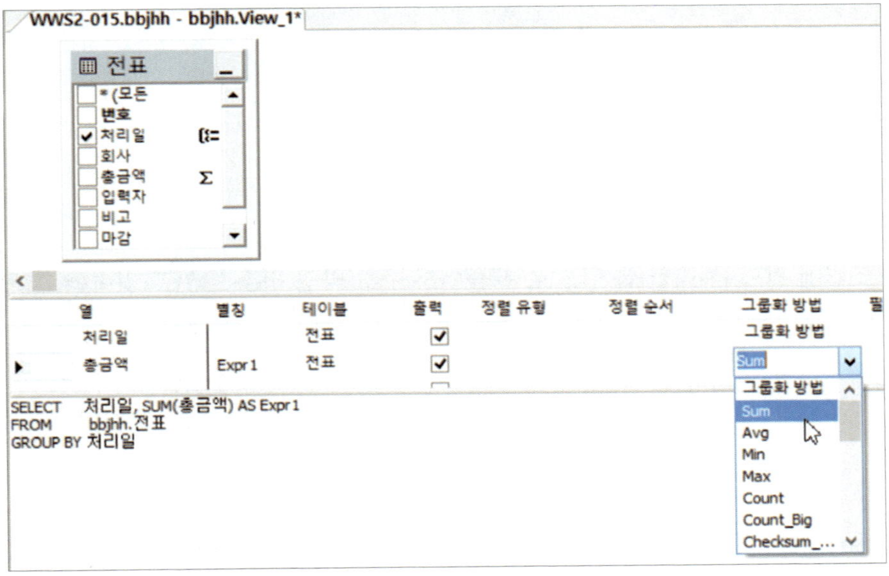

필드 [처리일] 그룹으로 총금액을 별칭 필드 [일금액]으로 합계한 결과를 봅니다.

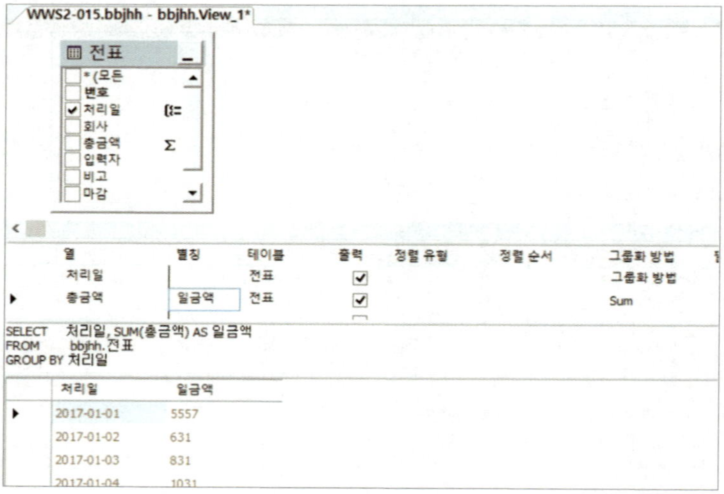

작성된 뷰 [book_02] 기준으로 2007년도의 지역별 [총금액]을 구해 봅니다.

```
SELECT      지역, SUM(총금액) AS 지역금액
FROM        bbjhh.Book_02
WHERE       (YEAR(처리일) = 2017)
GROUP BY 지역
```

조건에 필드 [처리일]을 년도로 만들어서 숫자 타입 정수 '2017' 입력한 후, 필드 [지역]을 그룹으로 만든 후에 필드 [총금액]을 지역 금액 별칭 필드로 합계한 결과를 보여줍니다.

엑셀 유저는 SQL 뷰에서 연도를 조건부로 걸지 말고, 연도 및 지역을 그룹으로 만든 후에 총 지역 합계 금액을 구해서 뷰를 작성합니다. 이후 엑셀 유저는 엑셀 VBA로 요약그룹으로 만들어진 지역 검색 및 년도 검색을 만들어서 사용하면 좋을 것 같습니다.

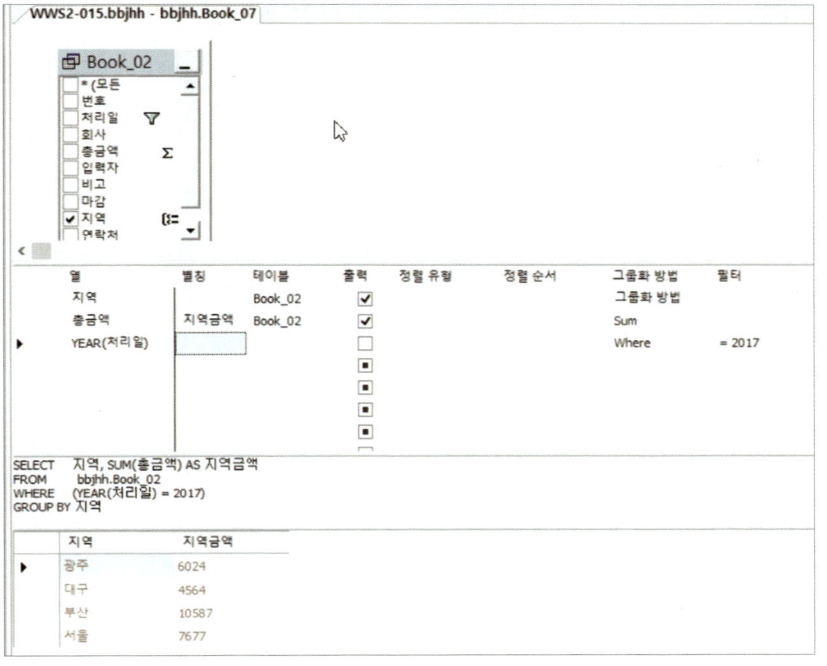

엑셀 유저가 요약 쿼리를 통해서 외상금(매입/매출) 관리 및 재고 관리를 할 수가 있습니다만, 여기까지만 알아도 엑셀에서 SQL 데이터 컨트롤하는데 전혀 지장이 없는 [뷰] 학습입니다. GROUP BY는 열의 값을 기준으로 결과 집합을 그룹으로 분할할 때 사용합니다.

5. 뷰의 응용 쿼리

지금까지의 뷰 학습만으로 충분하겠지만 뷰에서 사용되는 중요한 응용 쿼리 학습을 좀 더 하고자 합니다.

① 먼저 처리일별 그룹으로 해서 레코드 순서 번호 만들기를 알아 봅시다.

[새 뷰]를 만든 후에 전표를 추가한 후에 다음과 같이 쿼리를 문을 직접 입력합니다.

```
SELECT          *, (ROW_NUMBER() OVER (PARTITION BY 전표.처리일
ORDER BY 전표.처리일)) RANK
FROM            전표
```

위와 같이 작성하면서 처리일 기준으로 레코드를 순서를 지정합니다.

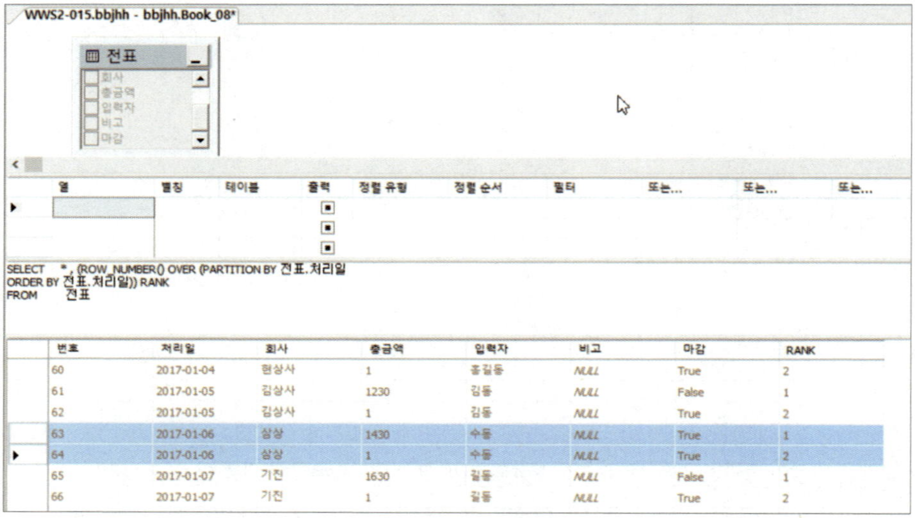

② 이제부터는 회사 기준으로 필드 [처리일]을 년도를 무시하고 월로만 지정하여, 필드 [총금액]을 값으로 표현하는 피벗 테이블 뷰를 만들어 봅시다.

```
SELECT
회사, [1] AS Jan, [2] AS Feb, [3] AS Mrz,[4] AS Apr, [5] AS Mai, [6] AS Jun, [7] AS
Jul, [8] AS Aug, [9] AS Sep, [10] AS Okt, [11] AS Nov, [12] AS Dez
FROM
(Select
회사,
```

```
총금액,
 MONTH(처리일) as TMonth
  from
    전표) source
PIVOT
(
    SUM(총금액)
    FOR TMonth
    IN ( [1], [2], [3], [4], [5], [6], [7], [8], [9], [10], [11], [12] )
) AS pvtMonth
```

피벗 뷰는 마우스 드래그로 작성할 수 없는 관계로 기존에 저장된 뷰를 복사한 후에 다른 용도의 피벗으로 만들어서 사용합니다.

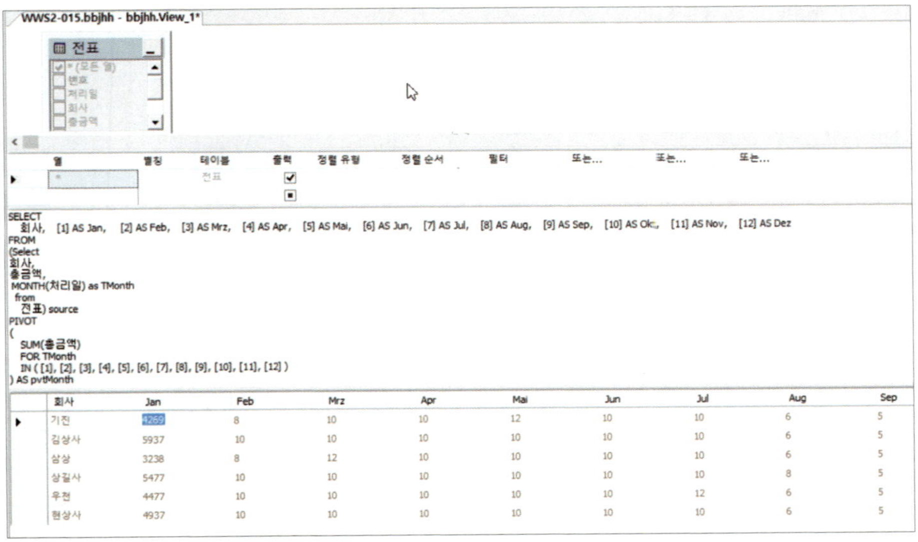

③ 이제 뷰에서 LIKE 뷰를 만들어 봅시다.

필드 "회사"에 '삼'이 포함된 회사를 검색합니다.

```
SELECT      번호, 회사, SUM(총금액) AS 총액
FROM        bbjhh.전표
WHERE       (회사 LIKE N'%삼%')
GROUP BY 번호, 회사
```

"WHERE (회사 LIKE N'%삼%')" 같이 조건 절에 문자 '삼' 포함된 모든 데이터를 추출합니다.

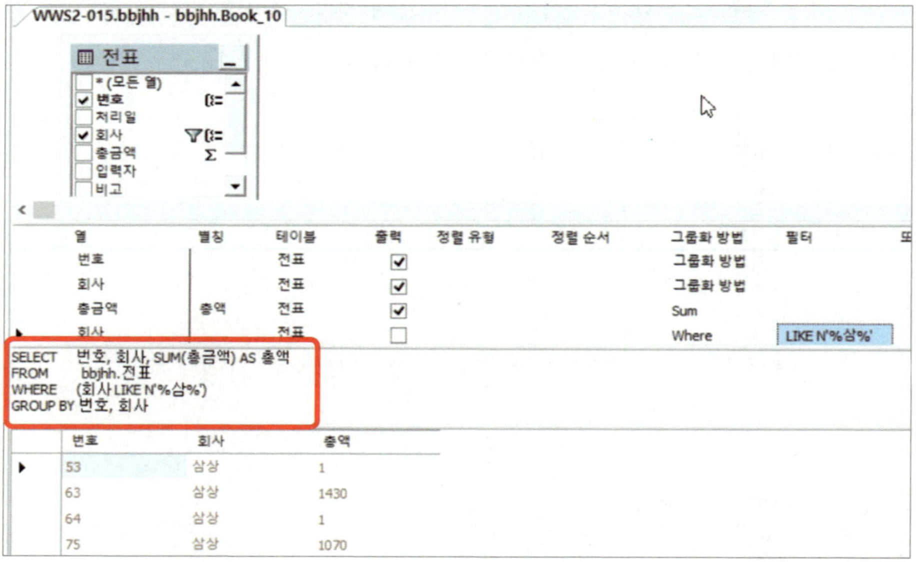

뷰 학습은 새롭게 테이블 정보를 만드는 것이 아니라, 기존 작성된 정보 [뷰] 혹은 테이블간 다양한 집합 정보를 새롭게 만들어서 사용하는 방법입니다.

4 저장 프로시저/선택, 추가, 삭제, 업데이트

저장 프로시저는 자주 사용 중인 쿼리를 SQL문을 저장해 두었다가 필요시 저장 이름을 호출하여 쿼리 문을 실행해 주는 기능입니다.

저장 프로시저는 복잡한 뷰의 개념을 더욱 더 단순화 시켜서 SQL 서버에서 계산하기 때문에 많은 장점을 갖고 있습니다.

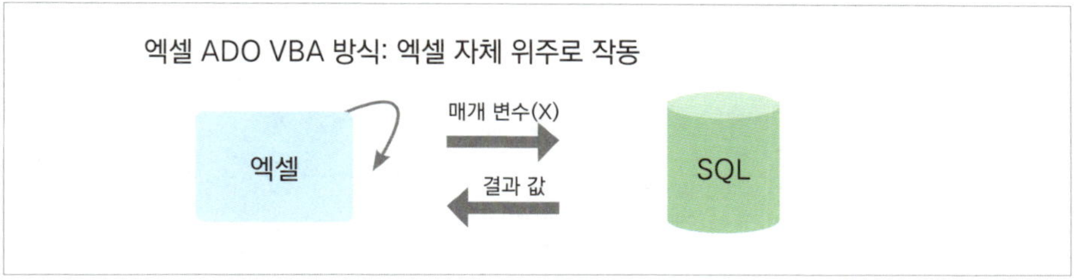

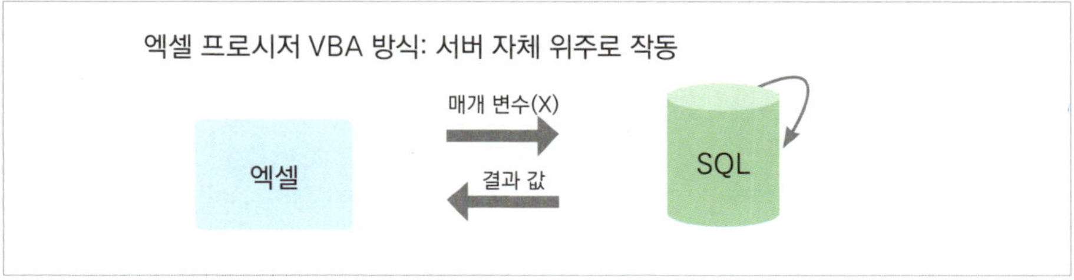

저장 프로시저만의 장점으로 매개변수를 서버로 보낸 후에 계산된 결과 값을 엑셀로 보낼 수 있을 뿐만 아니라, 다양한 매개 변수 등을 처리할 수가 있습니다.

엑셀 VBA는?

저장 프로시저 방식과 ADO 식을 서로 비교해보면 상호 장단점이 있음을 알 수가 있습니다. 자주 사용하는 데에는 저장 프로시저 방식이 유리하지만 저장 프로시저를 1회성으로 활용하는 경우에는 한계가 있습니다. 따라서 개발 환경 조건에 맞추어서 적정하게 조합하여 사용할 것을 권합니다.

저장 프로시저로 데이터를 선택 검색하고, 삭제, 추가, 수정하는 과정을 알아보고자 합니다.

이번 절에는 4개의 과정(선택 검색,삭제,추가,수정)으로만 나눠서 설명하고, 4장에서 엑셀에서 VBA를 이용하여 SQL 프로시저 "EXEC"를 이용하여 서버 데이터 컨트롤하는 방법을 학습합니다.

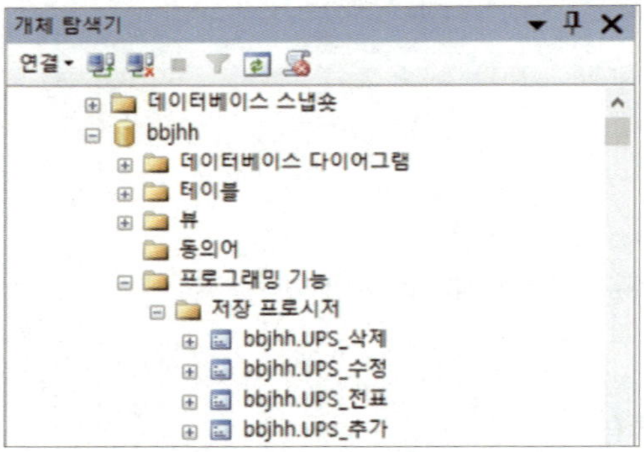

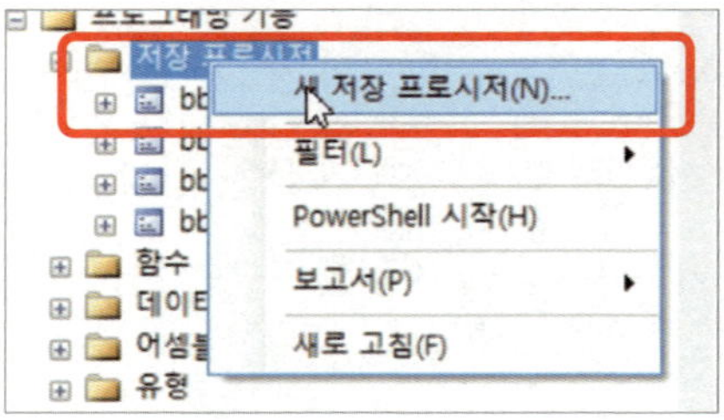

먼저 전표를 검색 보기 전, 저장 프로시저를 저장하는 방법을 배워 봅시다.

저장 프로시저를 선택한 후에 마우스 우측에서 새 저장 프로시저를 선택합니다.

프로시저 작성 방법 절차 등을 만들 수 있도록 마법사처럼 되어 있지만, SQL 전문가를 제외하곤 이해하기 어려운 SQL 구문입니다.

중간에 CREATE PROCEDURE 로 저장 프로시저가 저장된다는 것을 이해하면 됩니다.

해당 중간에 문법은 간략하게 만든 프로시저를 보면서 설명하고자 합니다.

엑셀 VBA 주석처리 " ' " 같이 SQL 녹색은 "-" 주석 처리한 것입니다. 너무 복잡하므로 녹색 부분을 먼저 삭제합니다.

SQLQuery1.sql - w...bjhh (bbjhh (57))

```
-- ================================================
-- Template generated from Template Explorer using:
-- Create Procedure (New Menu).SQL
--
-- Use the Specify Values for Template Parameters
-- command (Ctrl-Shift-M) to fill in the parameter
-- values below.
--
-- This block of comments will not be included in
-- the definition of the procedure.
-- ================================================
SET ANSI_NULLS ON
GO
SET QUOTED_IDENTIFIER ON
GO
-- =============================================
-- Author:      <Author,,Name>
-- Create date: <Create Date,,>
-- Description: <Description,,>
-- =============================================
CREATE PROCEDURE <Procedure_Name, sysname, ProcedureName>
    -- Add the parameters for the stored procedure here
    <@Param1, sysname, @p1> <Datatype_For_Param1, , int> = <Default_Value_For_Param1, , 0>,
    <@Param2, sysname, @p2> <Datatype_For_Param2, , int> = <Default_Value_For_Param2, , 0>
AS
BEGIN
    -- SET NOCOUNT ON added to prevent extra result sets from
    -- interfering with SELECT statements.
    SET NOCOUNT ON;

    -- Insert statements for procedure here
    SELECT <@Param1, sysname, @p1>, <@Param2, sysname, @p2>
END
GO
```

단, Create Procedure 이름을 "PRO" 라고 지정한 한 후, 그 다음으로 Select * From 전표를 추가하고 다시 EXEC는 실행하고, 프로시저 이름을 "PRO"라고 지정하였습니다.

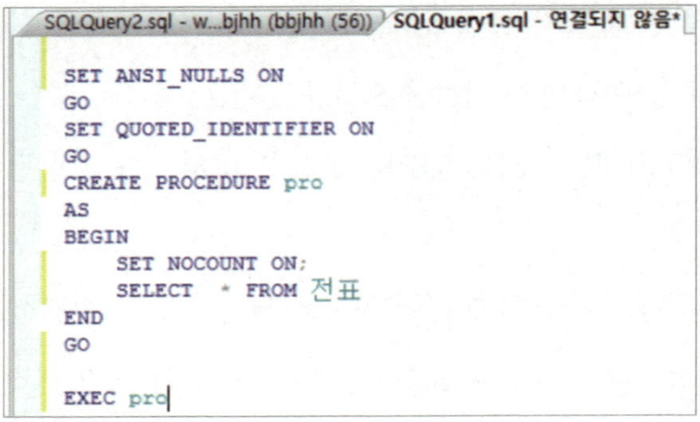

위에서 실행하면 프로시저에 새롭게 프로시저 [PRO]가 새롭게 실행되면 결과는 왼쪽과 같이 보여집니다.

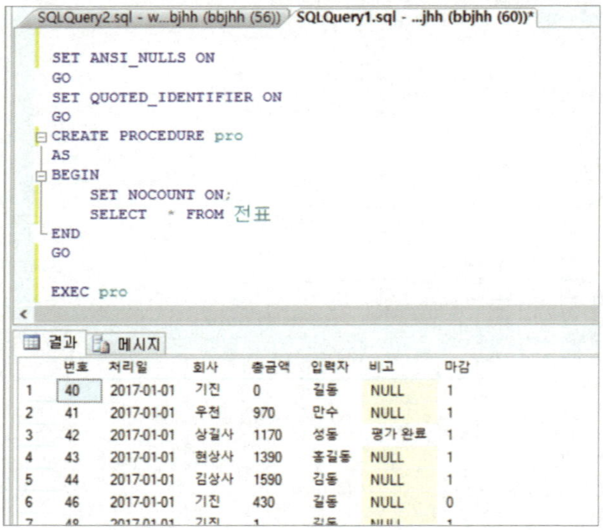

프로시저에서 [PRO]를 보여집니다.

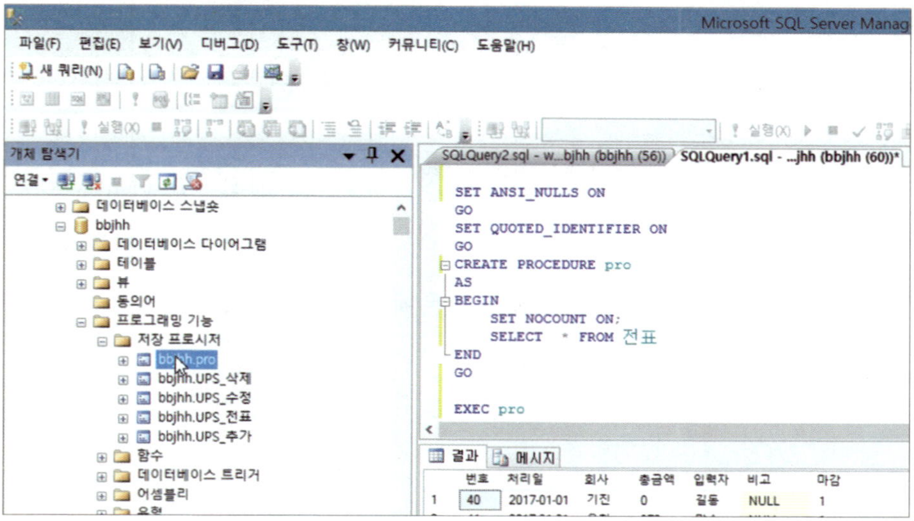

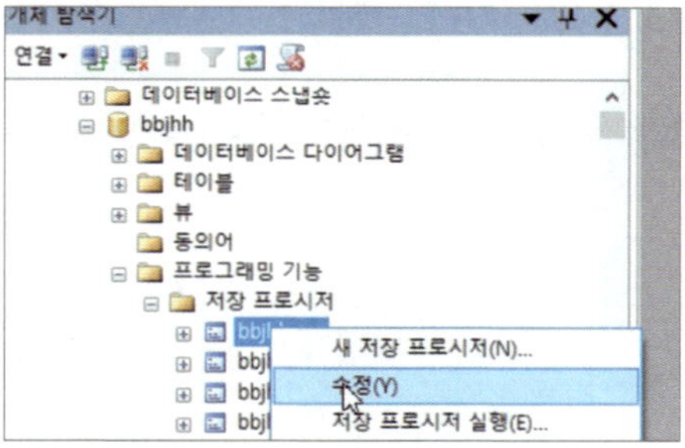

프로시저 [PRO]를 마우스 우측 클릭, 수정을 클릭합니다.

앞에서 만든 프로시저가 저장된 것을 확인할 수가 있으며 저장되기 이전의 CREATE PROCEDURE가 Alter 구문으로 대체된 것을 확인할 수가 있습니다.

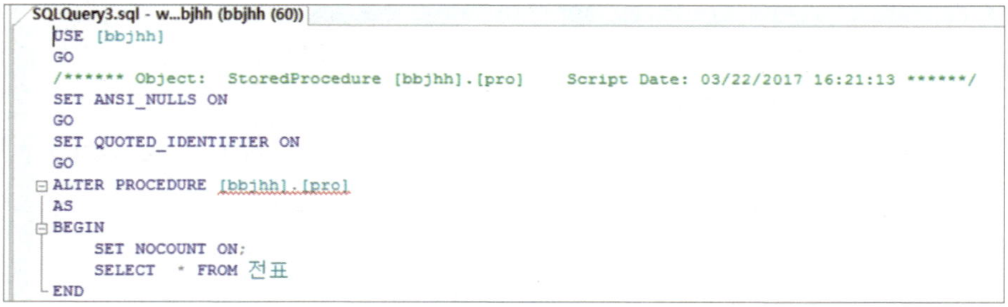

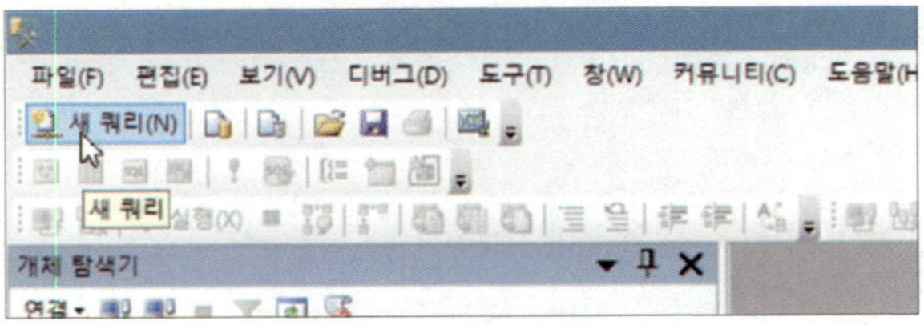

이것을 쿼리 문에서 실행합니다.

먼저 메뉴에서 [새 쿼리]를 클릭합니다.

다음과 같이 입력합니다. 바로 실행 결과를 확인하기 위함입니다.

엑셀에서 서버로 매개변수를 보내는 경우에는 실행을 할 필요는 없습니다.

```
go
EXECpro
```

매개 변수(@) 지정 없이 작성된 프로시저 PRO의 데이터 결과가 보여집니다.

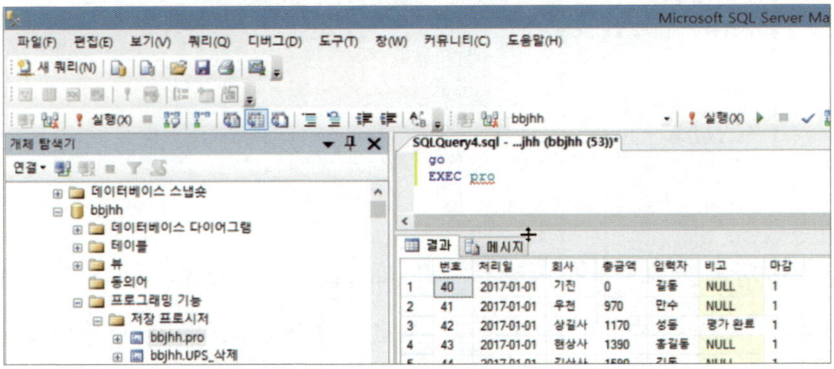

엑셀 유저는 전체 데이터를 볼 필요가 없습니다. 즉, 테이블 [전표]의 필드 "처리일"을 구간으로 지정한 데이터 결과값만 보면 됩니다.

앞에서 수행한 과정을 수행하면, 엑셀의 조건부 매개변수의 데이터가 SQL 서버에 프로시저가 저장되면서, 프로시저의 조건에 맞추어서 실행한 결과값만 엑셀로 보내줍니다.

이제부터 저장 프로시저 조건 과정을 학습합니다.

1. 저장 프로시저/조건 검색

만들어 놓은 조건 검색을 볼까요? 먼저 수정을 클릭합니다.

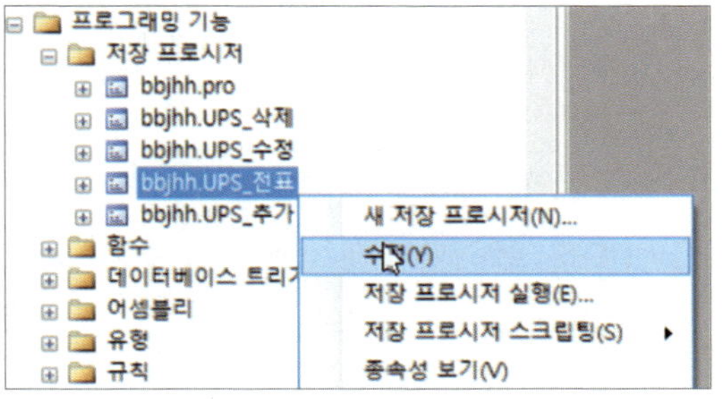

해당 프로시저를 작성한 후, CREATE(작성)하여 작성한 후에 다시 해당 프로시저를 열기하면 SQL구문이 자동으로 ALTER(수정)으로 SQL 문이 변경됩니다. 해당 프로시저를 1회 생성할 때만 CREATE하고, 그 이후에는 SQL 구문이 ALTER(수정)로 자동 변경됩니다.

```
USE[bbjhh]
GO
/****** Object: StoredProcedure [bbjhh].[UPS_전표] Script Date: 03/22/2017
16:39:42 ******/
SET ANSI_NULLS ON
GO
SET QUOTED_IDENTIFIER ON
GO
ALTER PROCEDURE [bbjhh].[UPS_전표]
(
@회사 nvarchar(50),
@시작일 date,
```

```
@종료일 date
)
AS

BEGIN
SELECT*FROM전표
WHERE (회사 like'%'+IsNull(@회사, 회사)+'%') and (처리일 between @시작일 and @종료일) ORDER BY 번호 DESC
END

EXEC USP_전표
```

매개 변수 @회사, @시작일, @종료일 순서에 맞추어서 지정되어 있는데 (회사 like '%'+IsNull(@회사, 회사)+'%')는 LIKE %문자%로, 만약 매개변수가 없다면 회사 전체를 가져오라는 것입니다.

필드 [처리일]은 구간 매개변수를 @시작일, @종료일 필수 값으로 사용하였습니다.

엑셀 화면에서는 해당 저장 프로시저를 어떻게 이용할 것인가에 대해서 학습합니다. [매개변수]는 1번/@회사, 2번/@시작일, 3번/@종료일로 순으로 셀 위치로 지정됩니다. PC의 엑셀 셀에 입력된 3개의 매개변수(@회사, @시작일, @종료일)가 서버 SQL 프로시저로 내보내기가 되면서 서버 메모리 상에서 조건을 계산한 후, 다시 매개변수를 받은 PC로 다시 결과 값 리스트만 보냅니다.

저장 프로시저 방식은 매개 변수를 메모리에서 계산한 후, 결과 값만 엑셀로 불러오는 방식입니다.

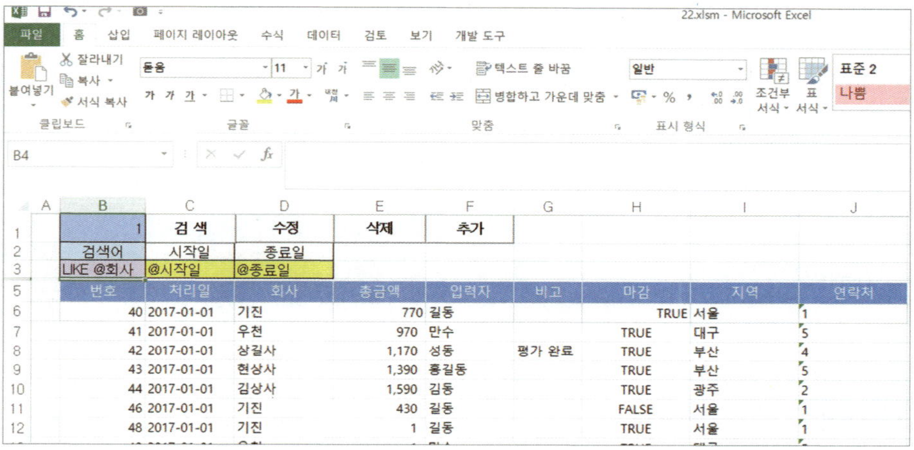

엑셀 VBA에 작성된 저장 프로시저 VBA를 보면 단순합니다.

단, 저장 프로시저를 사전에 정의를 내린 후에 참조해서 만듭니다.

```
SQL = "EXEC UPS_전표 &" _
& " '" & Range("B3") & "', &" _
& " '" & Range("C3").Value & "', &" _
& " '" & Range("D3").Value & "'"
```

저장 프로시저 "UPS_추가"를 보면, EXEC 프로시저명 '매개변수1', '매개변수2', '매개변수3'와 같이 SQL문만 작성하며, 더 이상 선택 조건 문을 엑셀 VBA로 만들 것이 없으며, 수정해서 사용해야 합니다.

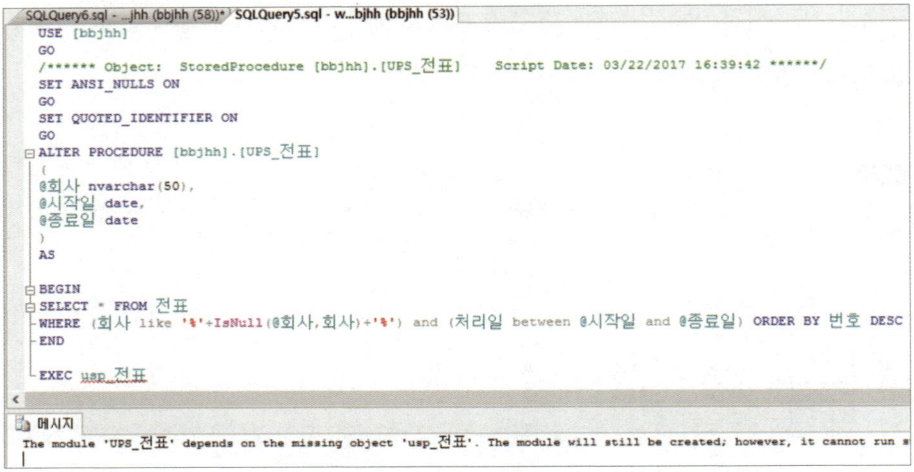

2. 저장 프로시저/삭제

삭제 프로시저 "UPS_삭제"를 학습합니다.

작성된 내용을 수정 상태에서 봅시다.

```
USE[bbjhh]
GO
SET ANSI_NULLS ON
GO
SET QUOTED_IDENTIFIER ON
GO
ALTER PROCEDURE[UPS_삭제]
@번호 int
AS
```

```
BEGIN
DELETE FROM 전표 WHERE 번호 = @번호
END

EXEC UPS_삭제
```

저장 프로시저 이름은 [UPS_삭제]라고 지정하고 매개변수 @번호를 받습니다. 여기에서 테이블 전표의 데이터 레코드를 삭제하는 기본키는 필드 [번호]입니다. 즉, 번호 = @[번호]같은 레코드를 삭제하는 것입니다.

메뉴에서 [새쿼리작성기]를 이용해서 다음과 같은 SQL(Select * from 전표) 구문을 만들어서 실행합니다.

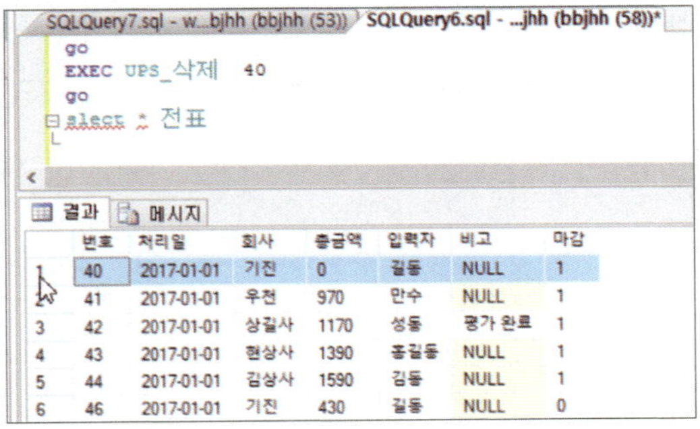

즉, 프로시저 삭제 프로시저 UPS_삭제를 실행시키는데 번호가 "40"인 것을 삭제하라는 것입니다.

```
go
EXEC UPS_삭제 40
go
select * from 전표
```

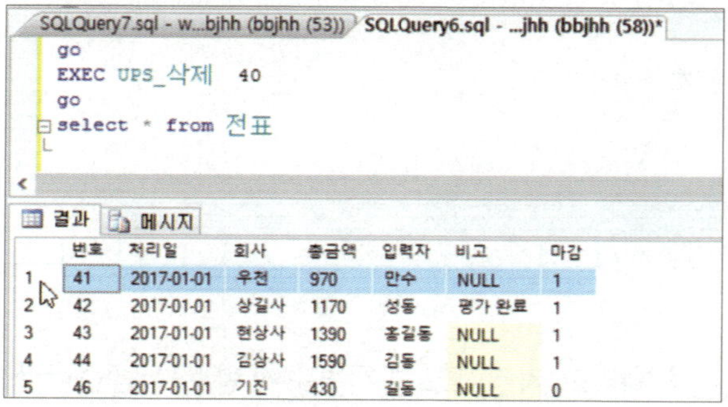

왼쪽 그림에서는 필드 [번호]가 "40"인 레코드가 삭제된 것을 확인할 수가 있습니다.

엑셀 입장에서 작성된 VBA 저장 프로시저는 다음과 같습니다.

SQL = "EXEC UPS_삭제 '" & ActiveCell.Offset(0, 0).Value & "'"

엑셀에서 VBA를 이용해서 매개변수를 서버 데이터의 저장 프로시저로 보내서 실행시켜서 조건부 데이터를 삭제합니다.

결과적으로 해당 구문만 완벽하게 이해를 하면, 엑셀에서 만들어서 작업할 내용은 거의 없습니다.

3. 저장 프로시저/수정

저장 프로시저의 [UPS_수정]은 다음과 같습니다.

```
USE[bbjhh]
GO
SET ANSI_NULLS ON
GO
SET QUOTED_IDENTIFIER ON
GO
ALTER PROCEDURE [bbjhh].[UPS_수정]
```

```
@번호 int,
@처리일 date,
@회사 nvarchar(50)
AS

BEGIN
        SET NOCOUNT ON10)
UPDATE 전표
SET 처리일 = @처리일,
회사= @회사
WHERE 번호=@번호
END

EXEC UPS_수정
```

사용자 "bbjhh"는 매개변수를 @번호, @처리일, @회사를 지정하였습니다.

UPDATE 전표

SET 처리일 = @처리일

회사 = @회사

WHERE 번호 = @번호

특히, 조건부 WHERE 기본키 [번호]와 매개변수 선택된 [@번호]와 같은 것을 기준으로 처리일과 회사를 각 [@ 매개변수]로 수정되는 것입니다.

---

10) SET NOCOUNT ON 이 없거나 SET NOCOUNT OFF로 설정 상태라면, 프로시저는 항상 자신의 마지막 로직에 의해서 SELECT, UPDATE, INSERT, DELETE된 행의 갯수를 리턴 받아서 행의 개수를 받았는지 알려 줍니다.

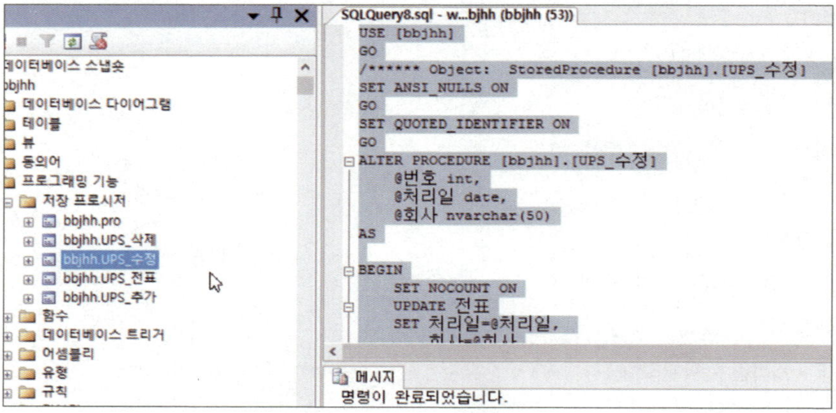


```
엑셀에서 VBA에 사용된 SQL 구문
SQL = "EXEC UPS_수정 &" _
& " '" & ActiveCell.Offset(0, 0).Value & "', &" _
& " '" & ActiveCell.Offset(0, 1).Value & "', &" _
& " '" & ActiveCell.Offset(0, 2).Value & "'"
```

EXEC UPS_수정, @번호, @처리일, @회사 즉, 매개 변수 @번호 맞추어서 매개변수 "@처리일, @회사" 순으로 데이터가 수정됩니다.

4. 저장 프로시저/추가

저장 프로시저의 [UPS_추가]은 다음과 같습니다.

```
USE[bbjhh]
GO
SET ANSI_NULLS ON
```

```
GO
SET QUOTED_IDENTIFIER ON
GO
ALTER PROCEDURE[UPS_추가]
@처리일 date,
@회사 nvarchar(50)
AS
BEGIN
SET NOCOUNT ON
INSERT INTO 전표
(
처리일,
회사
)
VALUES
(
@처리일,
@회사
)
END

EXEC USP_추가
```

추가 프로시저를 보면, 필드 [번호]는 일련번호 성격으로 자동 연속 증가를 하는 [기본키]입니다.

필드 [처리일] 및 [회사]만 추가하는 저장 프로시저를 보도록 하겠습니다.

매개변수는 @처리일, @회사순서로 되어있으며, 조건데이터를 입력합니다.

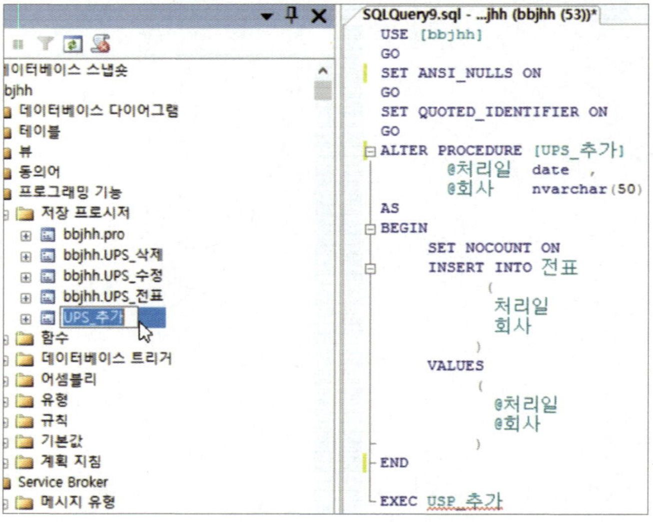

첫번째 매개변수는 [처리일], 두번째 매개변수는 [회사]로 데이터가 추가됩니다.

```
엑셀 VBA는
SQL = "EXEC UPS_추가 &" _
& " '" & Range("C5") & "', &" _
& " '" & Range("E5").Value & "'"
```

[UPS_추가] 저장 프로시저의 @ 매개 변수는 "@처리일, @회사" 순으로 처리가 됩니다. 엑셀 유저 입장에서 보면 ADO가 더 편한지, 저장 프로시저 방식이 더 편한지는 앞으로 진행하면서 각자가 판단할 문제입니다.

특히 엑셀 유저가 저장 프로시저까지 이해를 하였다면 기대 이상의 결과를 얻을 것입니다. 해당 글에 대한 인터넷 구글링을 해도 해당 프로시저 처리 과정에 대해서 엑셀의 VBA 저장 프로시저에 대한 답을 얻기가 어렵습니다.
따라서 해당 예제 소스를 포함하여 엑셀 유저에게 해당 자료를 오픈함으로써 개발 자료로 많이 활용되길 바랍니다

5 엑셀/액세스 기능

1. 엑셀 데이터 가져오기

SQL 2008 R2의 MS SQL Management Studio 관리 도구를 이용하여 서버에서 엑셀 및 액세스 데이터를 가져오기를 학습합니다. 엑셀은 스프레드시트 형식으로 각 셀마다 데이터 형식이 달라서 SQL에서 가져오기가 쉽지 않습니다. 그러나 액세스는 SQL과 같은 데이터 형식을 유지하는 관계로 테이블 정보를 쉽게 가져오기가 됩니다.

먼저 엑셀부터 보도록 하겠습니다.

"MS SQL Management Studio"에서는 엑셀 데이터를 [가져오기]하기 전에 엑셀 파일은 다음과 같이 정리가 되어 있어야, SQL 데이터로 [가져오기]를 할 수 있습니다.

엑셀로 데이터가 저장된 파일을 열기합니다. 필수적으로 SQL로 저장할 데이터는 필드를 시작 위치는 A1 기준으로 작성합니다.

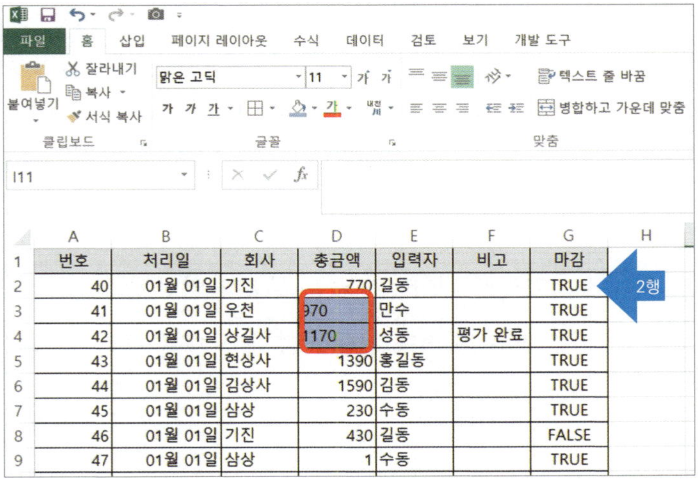

첫째 행은 되도록 필드 이름을 지정하며 셀 함수 제거, 특수 문자 제거, 이름내 빈 공간 제거, 열의 필드 숨김을 하지 마십시오. 왜냐하면 필드 셀 A1의 열의 데이터를 보면 모두 숫자 형식으로 되어 있기 때문입니다.

셀 D1의 열 필드 [총금액]을 보면, "D3, D4" 셀의 데이터 형식이 문자 형식으로 저장되어 있습니다.

필드 [총금액]은 두번째 행의 속성 숫자 타입으로 지정되면서 3행, 4행의 문자 데이터(970,1170)는 SQL 서버에 저장 안되고 NULL로 변경됩니다.

> 필드의 데이터 속성은 두 번째 행, 즉 2행 라인의 값 서식에 맞추어서 각 테이블의 필드 형식이 정해집니다.

데이터가 없는 행 593 기준으로 빈 행 전체를 선택하여 삭제를 클릭하여 불필요한 데이터를 제거합니다. 즉, 불필요한 우측/하행 여백을 모두 삭제합니다.

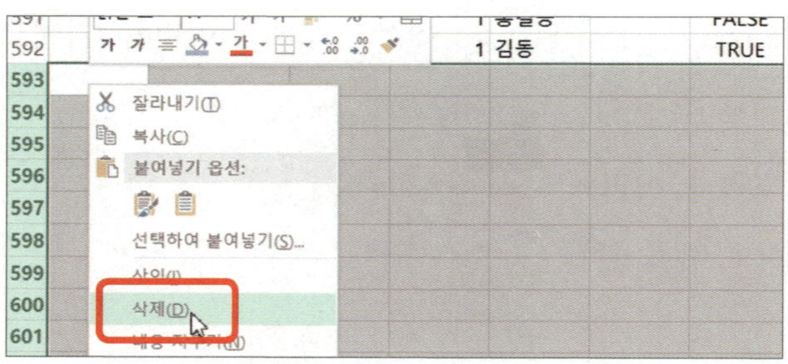

그리고 데이터가 없는 부분 H열 기준으로 우측을 영역 선택한 후에 삭제를 클릭합니다.

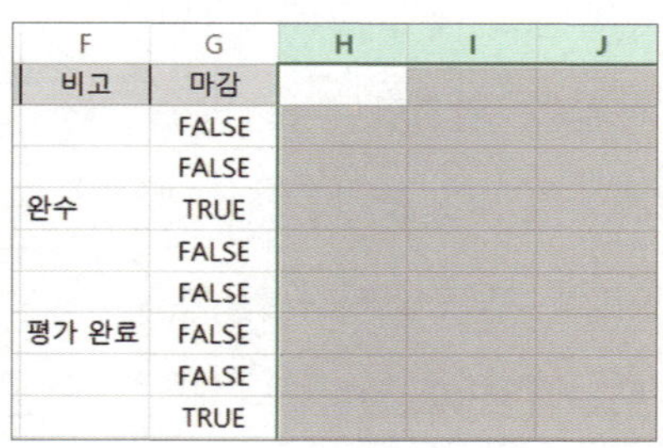

엑셀 데이터를 Database로 가져올 때는 몇가지 주의사항이 있습니다.

① 데이터가 있는 영역만 제외하고 다른 셀 영역을 모두 삭제한다면 Database로 데이터를 가져올 때 에러가 발생되지 않습니다.

② Database에서 엑셀 데이터로부터 전달받은 데이터 타입을 정의할 때, 두 번째 행의 셀(실질적인 첫 번째 데이터)을 기준으로 데이터 타입을 정의합니다.

③ 데이터 타입이 다른 엑셀 데이터가 Database에 전달되면 에러가 발생합니다. 따라서 ②의 설명과 같이 두 번째 행의 셀을 기준으로 그 이하 행의 모든 셀 값은 데이터 타입이 통일되어야 합니다. 예를 들어 두 번째 행의 셀에 100과 같이 숫자 타입의 데이터가 있고 세 번째 행의 셀에 '홍길동'과 같이 String 타입의 데이터가 입력되어 Database로 데이터가 전달되면 에러를 발생시킵니다.

SQL 관리도구에서 다음과 같이 태스크를 선택한 후, 데이터 가져오기를 합니다.

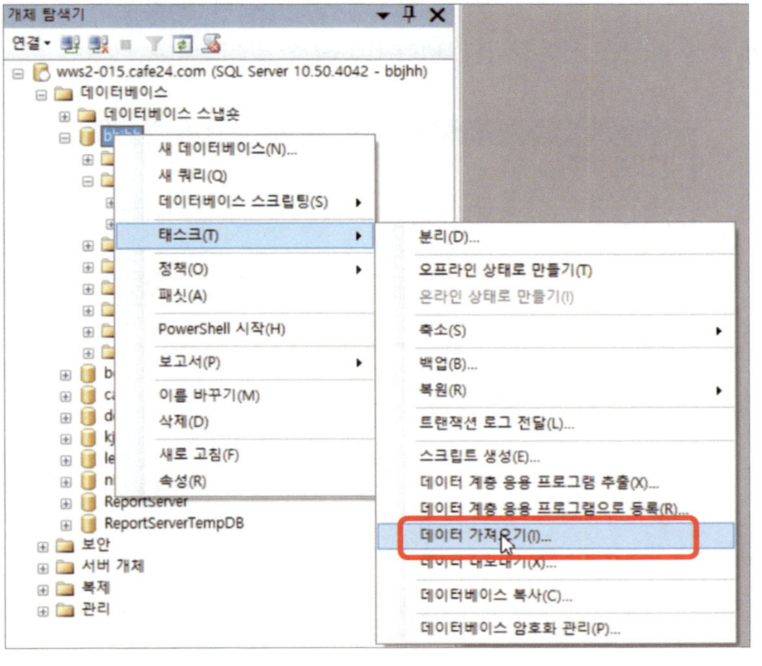

다음은 이제부터 마법사를 이용한다라는 메시지입니다.

다음으로 데이터 원본을 엑셀을 선택한 후, 버튼 [찾아보기] 클릭해서 가져오기를 할 엑셀 파일을 선택합니다. 버튼 [다음]을 클릭합니다.

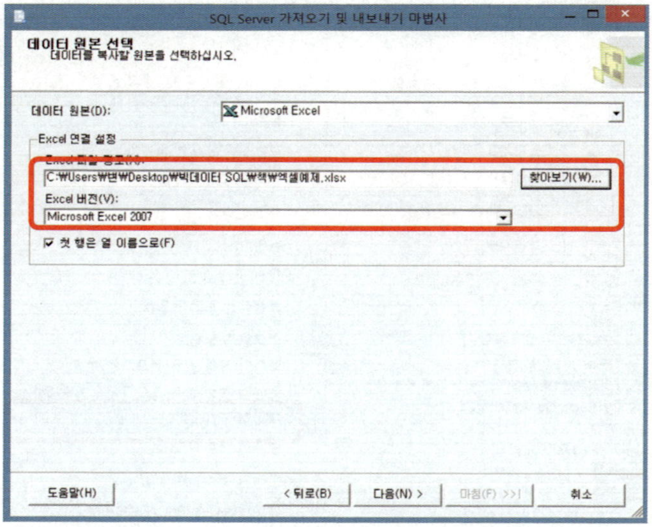

SQL 서버 인증 ID 및 암호를 입력한 후, 버튼 [다음]을 클릭합니다.

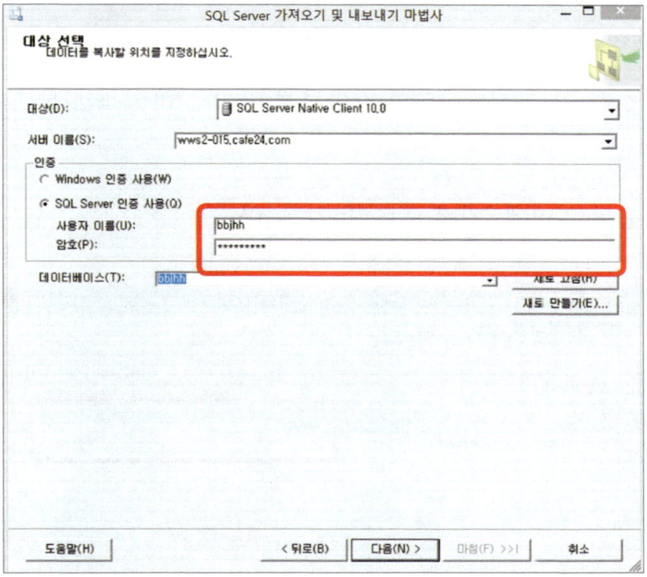

테이블에 저장하기 위해, 하나 이상의 테이블 또는 뷰에서 데이터 복사를 선택하고 다음을 클릭합니다.

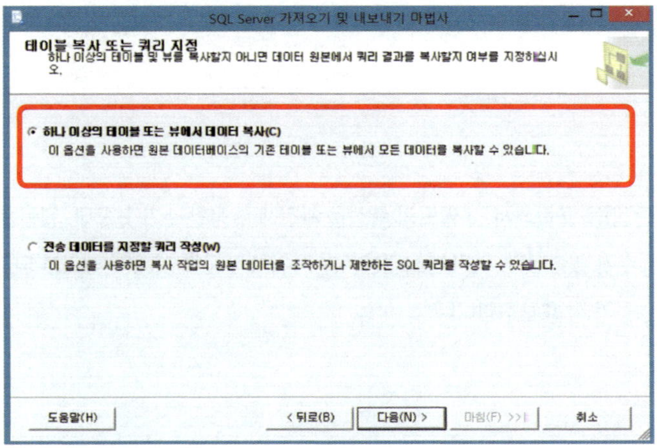

엑셀의 각 시트정보를 보여주며 대상에 SQL에 저장할 테이블 이름을 입력합니다. 단 특수문자 및 앞에 숫자로 시작하는 테이블명/필드명을 입력하면, 좌우 [ ]를 모두 해줘야 하는 번거로움이 발생합니다.

엑셀로 작성한 필드명은 되도록 간단하게 약어로 하며 되도록 5자 미만으로 작성합니다.

테이블 이름을 입력에 "입력"으로 변경합니다.

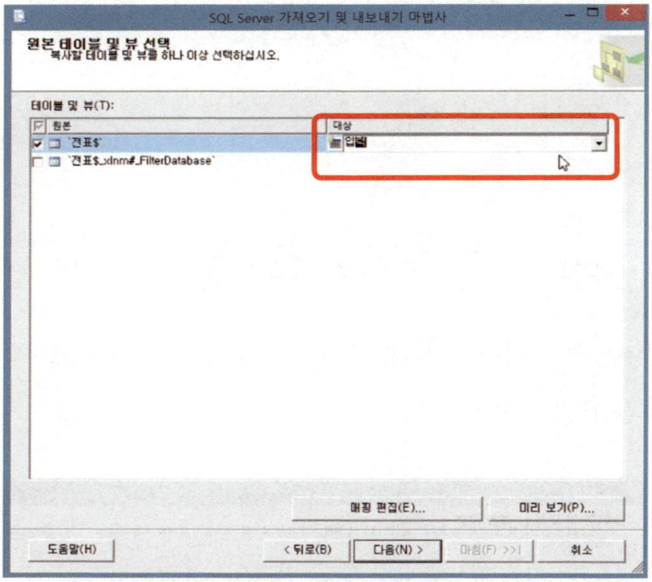

버튼 [매핑 편집]을 클릭해서 각 필드의 속성을 사전에 수정할 수가 있으며, 일련번호 증가 ID 등을 삽입할 수가 있습니다. 여기서 작업은 제한적이기 때문에 나중에 테이블 디자인 상태에서 수정하는 것이 더 효율적입니다.

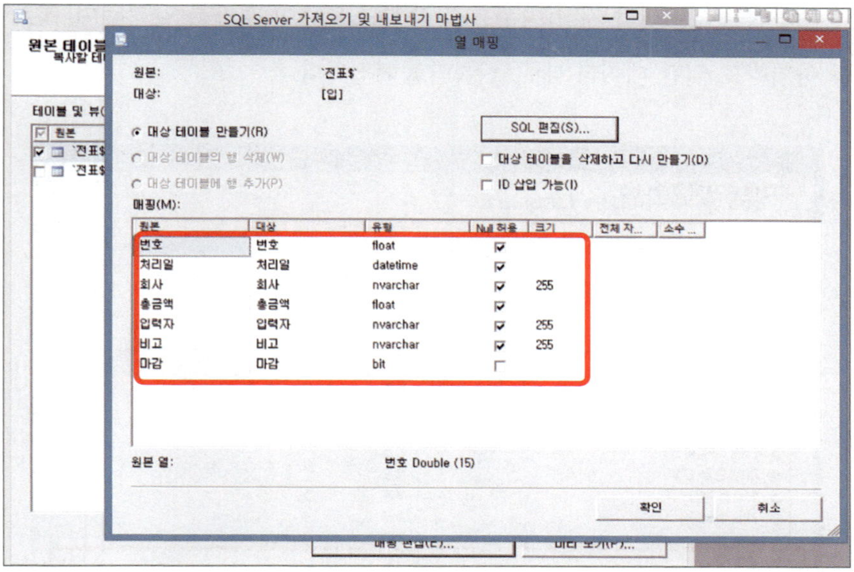

즉시 실행을 체크한 후, 버튼 [다음]을 클릭합니다.

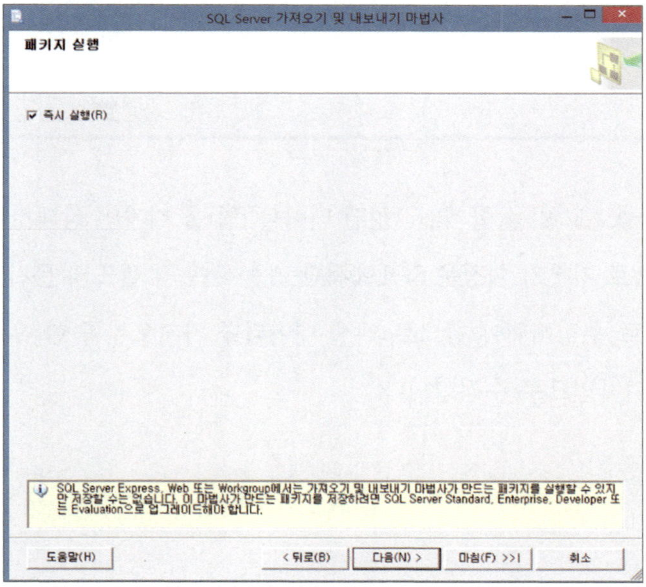

SQL로 엑셀 데이터가 저장 여부를 각각 테스트하여 결과를 알려주며, 복사 실패를 하더라도 일단 데이터 테이블은 만들어집니다.

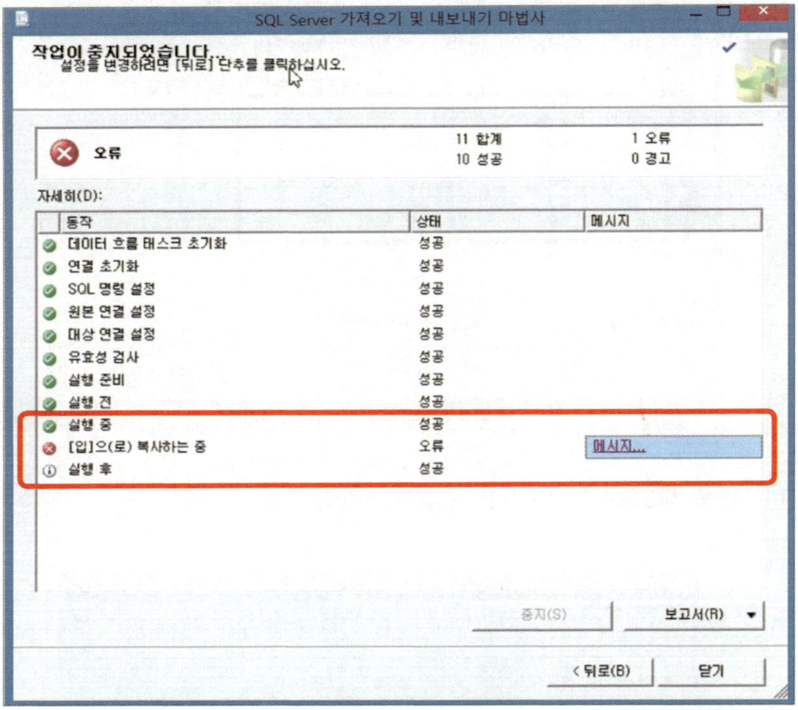

테이블 [새로고침]을 한 후, 작성된 테이블 [입]을 디자인 상태로 열기합니다.

결과적으로 기본키 설정은 SQL에서만 가능하며 각 필드의 문자 크기 등도 여기서 별도로 수정해줘야 함으로 엑셀 데이터를 가져오기를 한 후, 필드이름 및 형식까지 디자인으로 수정합니다.

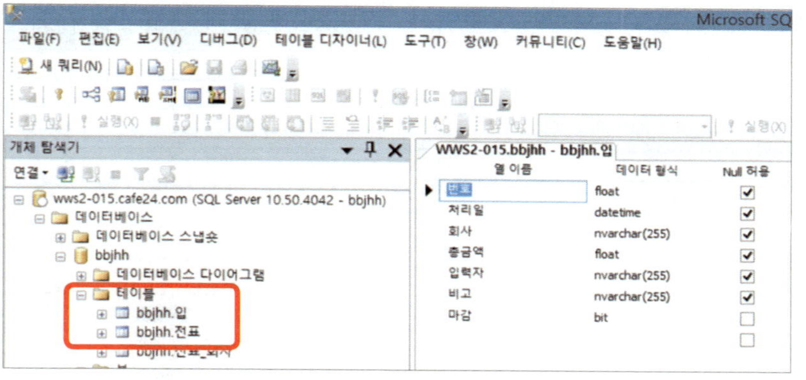

2. 액세스 데이터 가져오기

먼저 액세스 테이블을 SQL로 저장하기 위해서는 SQL 2008 R2는 액세스 MDB 파일만 가져오기가 지원합니다 먼저 2007 이상 ACCDB 형식 파일을 MDB 파일로 변환한 후에 가져오기가 가능하며, MS SQL 2008 이후 버전은 ACCDB 파일 가져오기를 지원합니다.

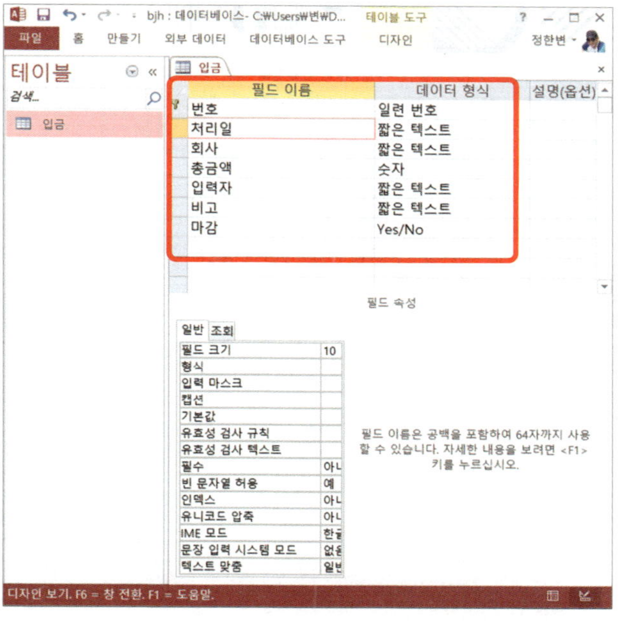

오른쪽과 같이 SQL에 똑같은 구조의 테이블 [입금]이 있다 라고 합시다.

데이터는 각 필드의 형식에 맞추어서 되어 있기 때문에 엑셀처럼 속성을 검사할 필요는 없습니다.

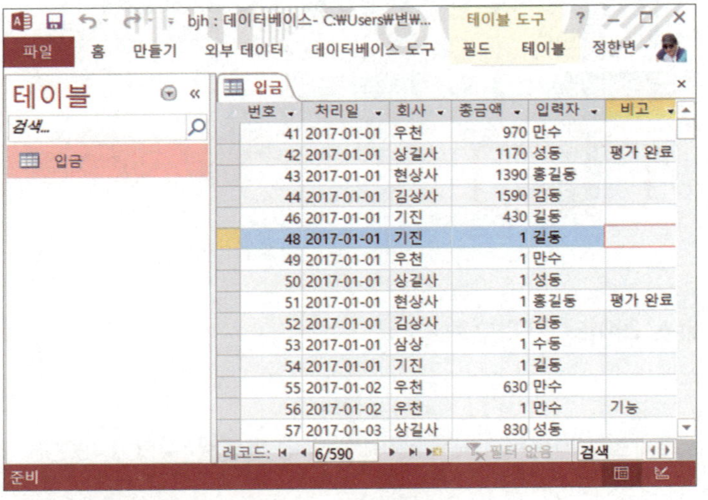

이제부터 SQL 관리도구에서 액세스 MDB 파일을 가져오기 과정을 학습합니다. 데이터 가져오기를 선택합니다.

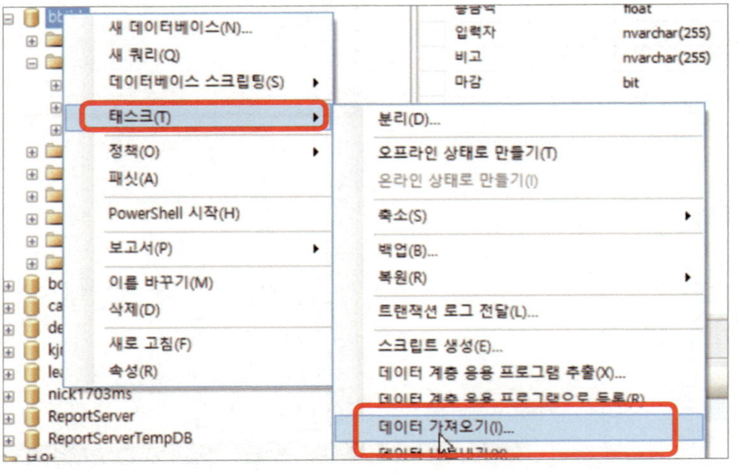

데이터 원본을 액세스 선택합니다.

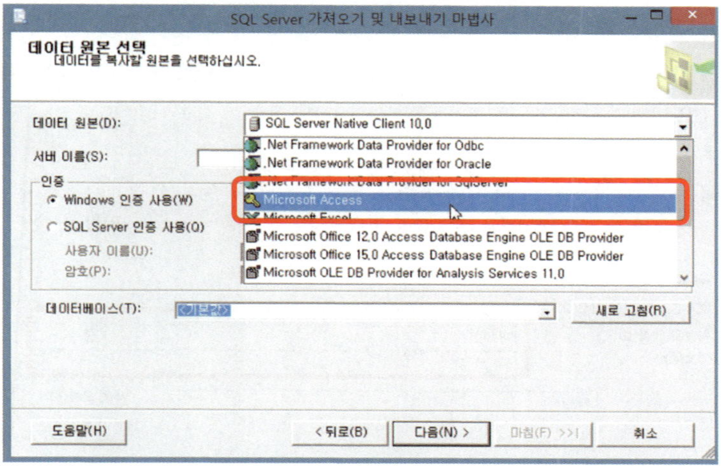

버튼 [찾아보기]를 이용하여 가져오고자 하는 액세스 MDB 파일을 선택한 후, 다음을 클릭합니다.

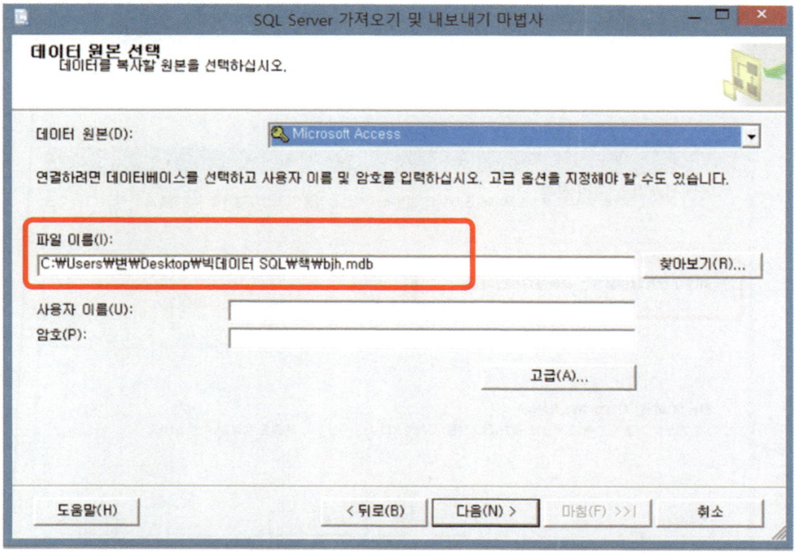

액세스 파일 인증을 위해서 사용자 이름 및 암호를 입력한 후, 다음을 클릭합니다.

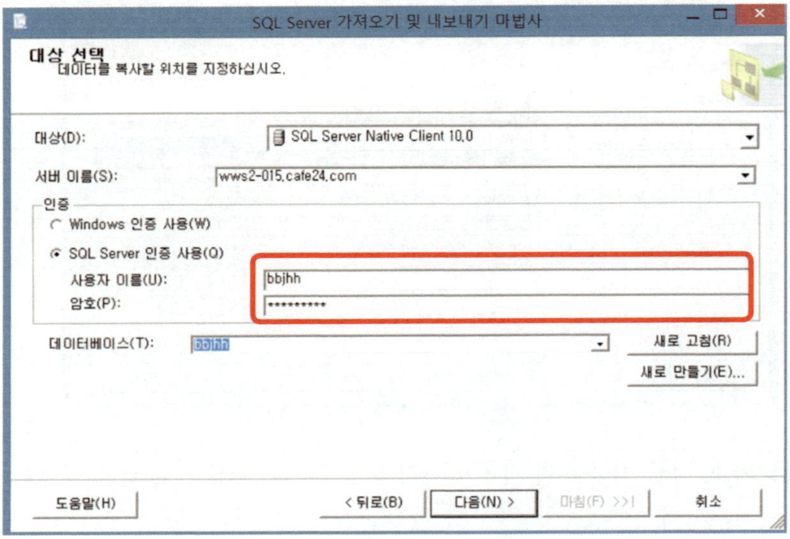

엑셀처럼 "하나 이상의 테이블 또는 뷰에서 데이터 복사"를 선택 체크 한 후, 다음을 클릭합니다.

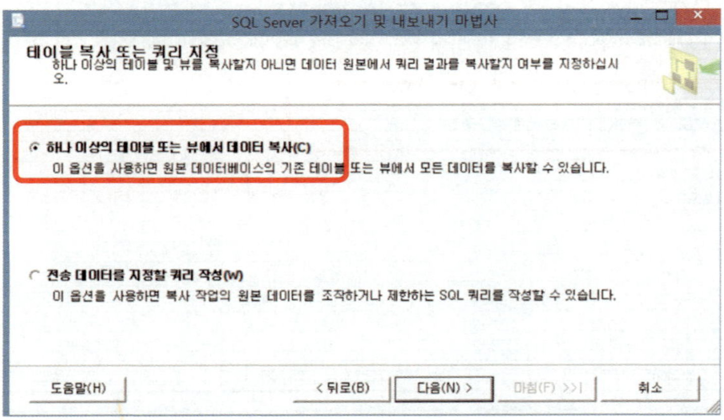

액세스 테이블 이름을 SQL로 저장하고자 하는 테이블 이름 [입금확인]라고 한 후, 다음을 클릭합니다.

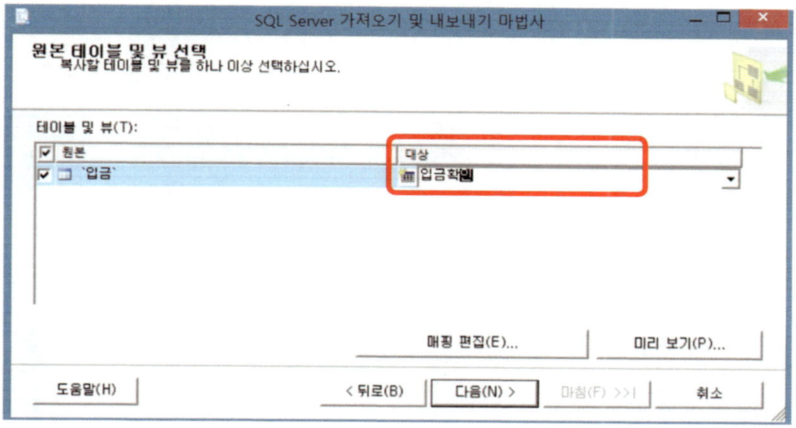

[매핑 편집]을 보면, 엑셀 가져오기와 다르게 각 필드의 사이즈 형식까지 정확하게 가져오기 합니다.

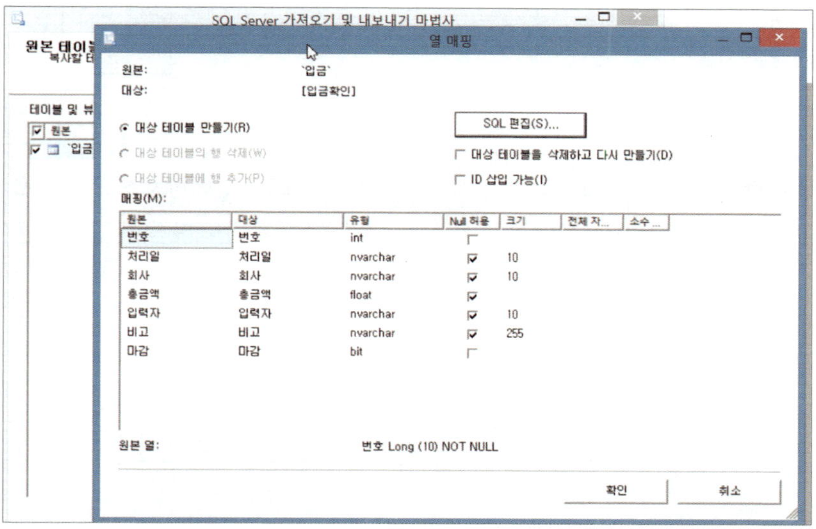

각 실행 결과를 알려 줍니다. 엑셀과 다르게 590 행의 데이터를 정확하게 SQL로 만들어진 것을 확인합니다. 엑셀처럼 데이터 손실이 전혀 없음을 확인합니다. 이유는 각 필드 형식이 SQL과 같이 일치하기 때문입니다.

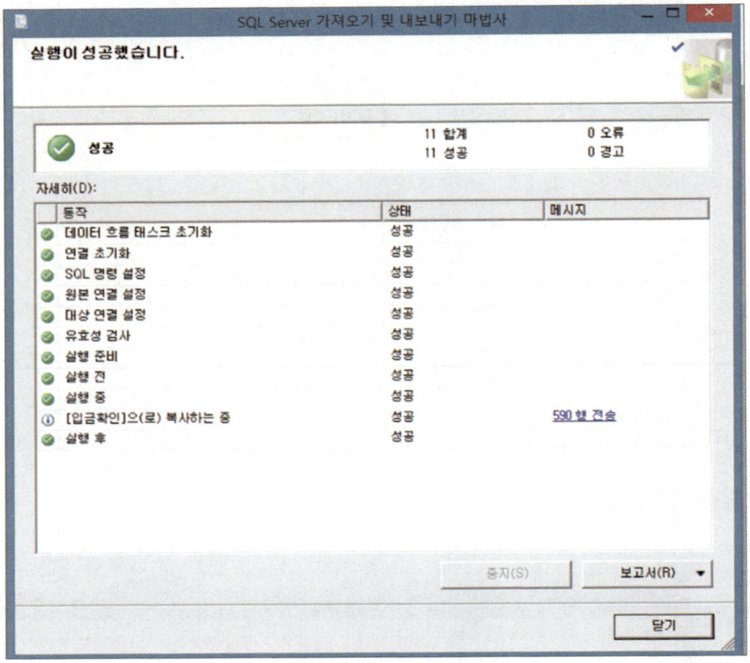

따라서 엑셀 유저의 입장에서 데이터를 SQL로 올리기 위해서 사전에 액세스 또는 MDB 파일로 변환한 후에 데이터를 확인 후, SQL 데이터 변환 작업을 권합니다.

SQL에서 액세스 파일로부터 가져온 데이터를 확인하고, 기본키를 제외한 전체 데이터를 안정적으로 가져왔는지 확인합니다.

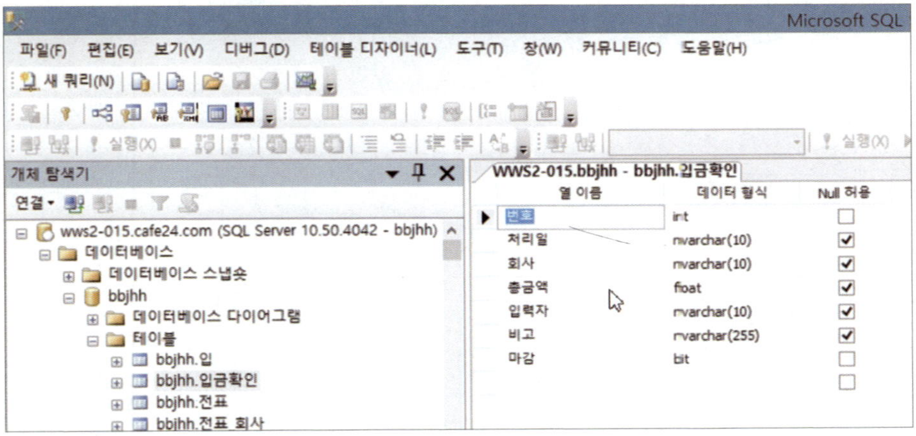

지금까지 엑셀 및 액세스의 데이터를 SQL로 데이터 변환 과정을 학습하였습니다.

이외 엑셀 및 액세스 데이터를 SQL 데이터로 내보내기 할 수도 있습니다. 해당 과정은 본 저서의 범위를 벗어나 학습은 하지 않지만, 앞의 동일한 과정을 통해서 데이터를 내보내기 할 때 유용합니다.

엑셀 입장에서 보면 100% 완벽하게 데이터를 SQL로 컨버전하기가 쉽지 않을 것을 확인할 수가 있습니다.
따라서 엑셀 유저의 입장에서는 안정적인 데이터를 서버 변환을 위해서는 액세스로 사전 엑셀 데이터를 변환 작업을 한 후, 해당 데이터를 다시 SQL로 변환하는 것이 더 효율적입니다.

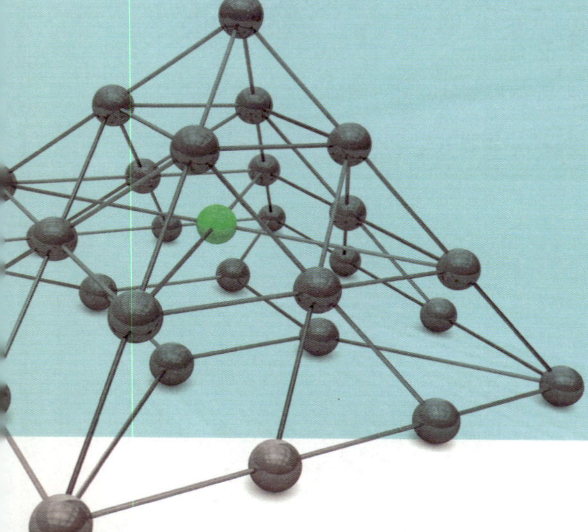

제3장

엑셀에서 SQL 서버 연결

1. 제어판 ODBC
2. 엑셀 피벗/테이블
3. 엑셀 [데이터] 메뉴로 SQL 접속

1 제어판 ODBC(open database connectivity)

엑셀 유저가 PC로 네트워크를 통해서 서버 SQL과 접속하는 과정을 소개합니다.

① 제이판에서 관리 도구를 선택 클릭합니다.

② 관리도구에서 자신의 PC에 맞는 ODBC를 선택합니다.

PC 환경에 따라서 각자의 32 Bit 혹은 64 Bit인지 확인할 수가 있으며, 64 Bit의 경우에는 OS를 ODBC 32 bit 또는 64 bit 선택하여 설치합니다.

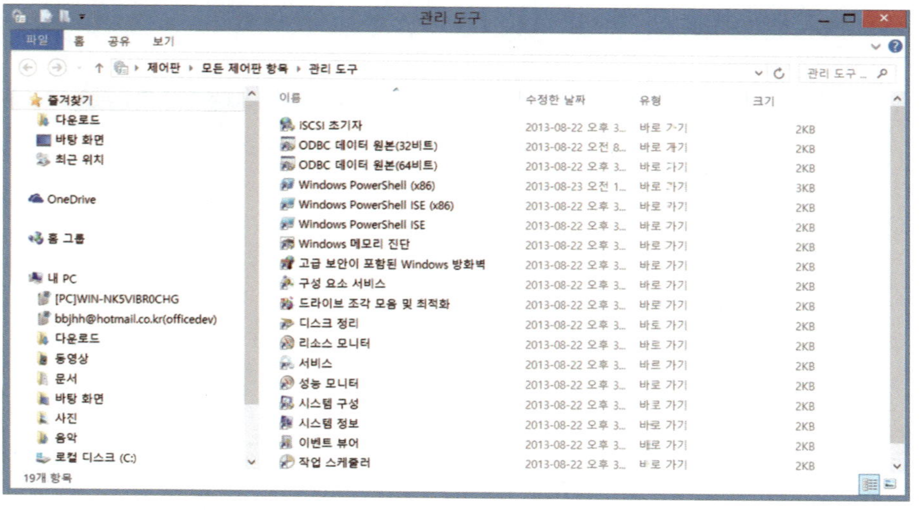

③ 사용자 DSN: 사용자 접근을 허용

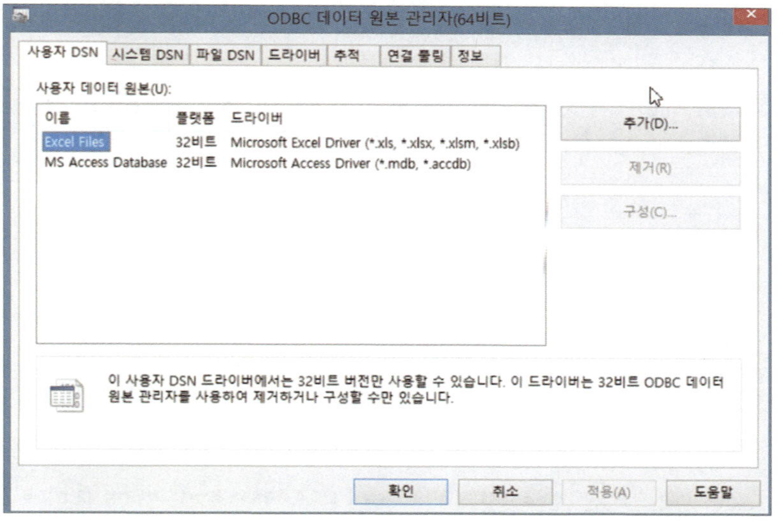

④ 시스템 DSN: 서버 및 PC 접근자에게 허용

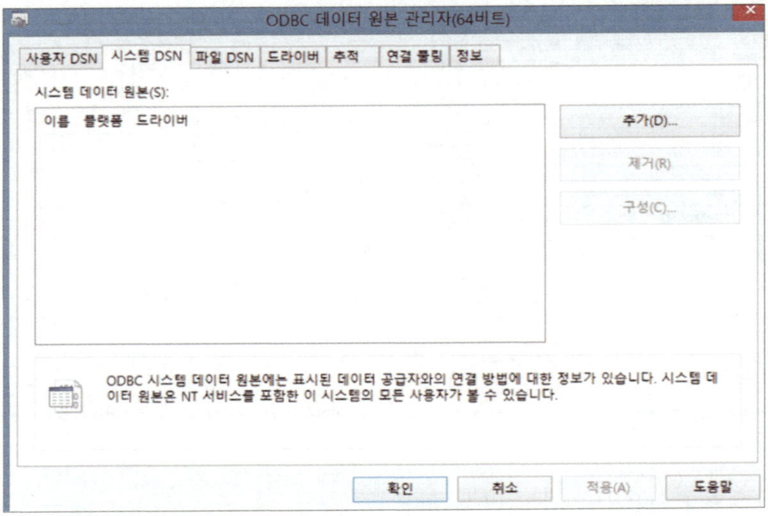

⑤ 파일 DSN: 해당 파일을 공유한 파일의 접근자만 허용

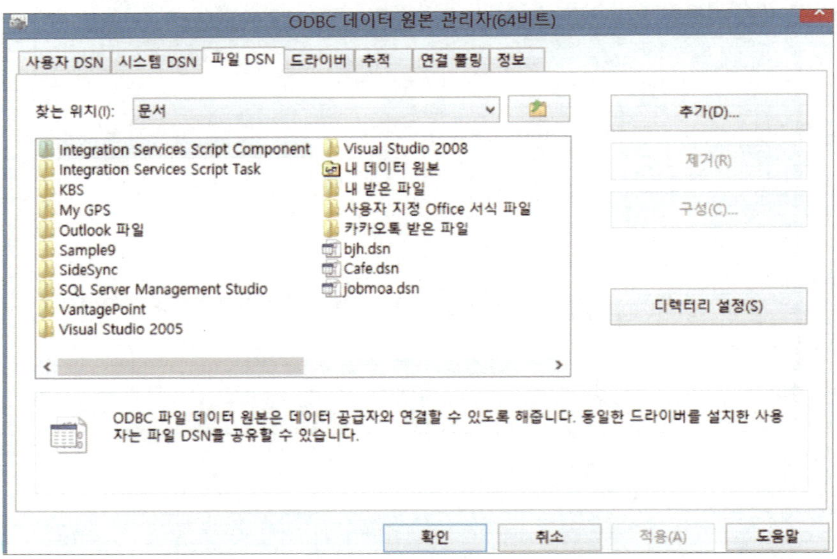

⑥ 사용자 DSN에서 버튼 [추가]를 클릭

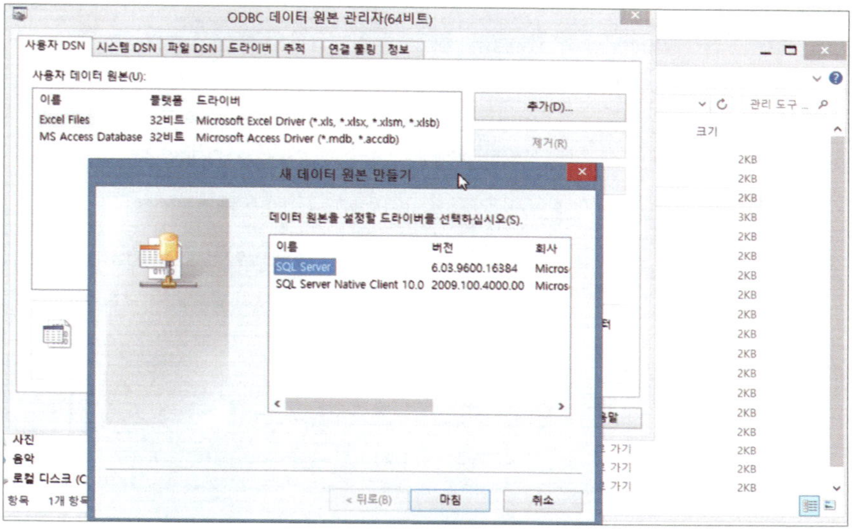

SQL Server 선택하고 버튼 [마침]을 클릭합니다.

⑦ 서버 이름을 넣고 다음으로 클릭

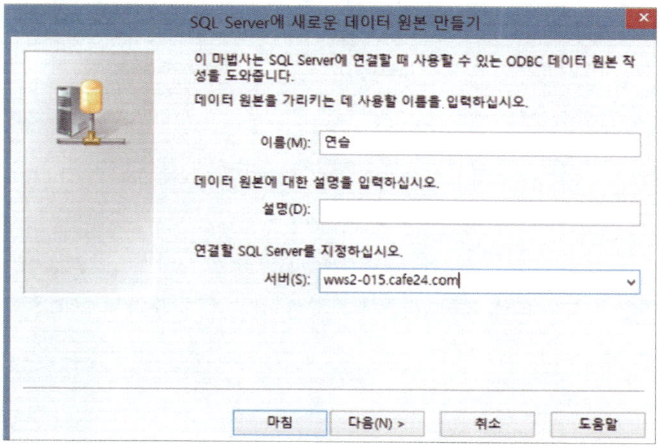

⑧ 클라이언트 구성 클릭

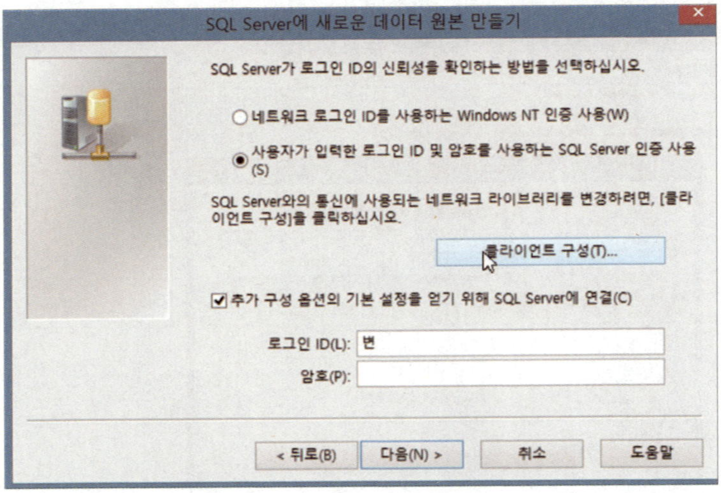

⑨ 네트워크 라이브러리 구성 편집에서 TCP/IP 연결 확인 클릭합니다.

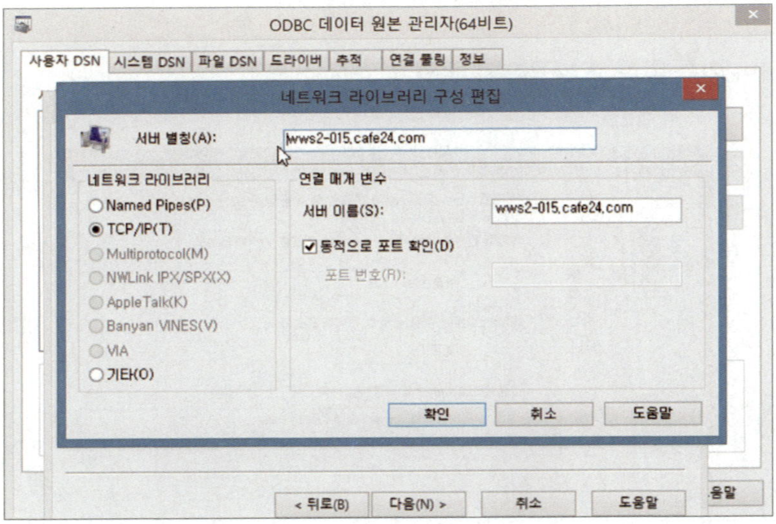

⑩ 로그인 및 암호를 입력

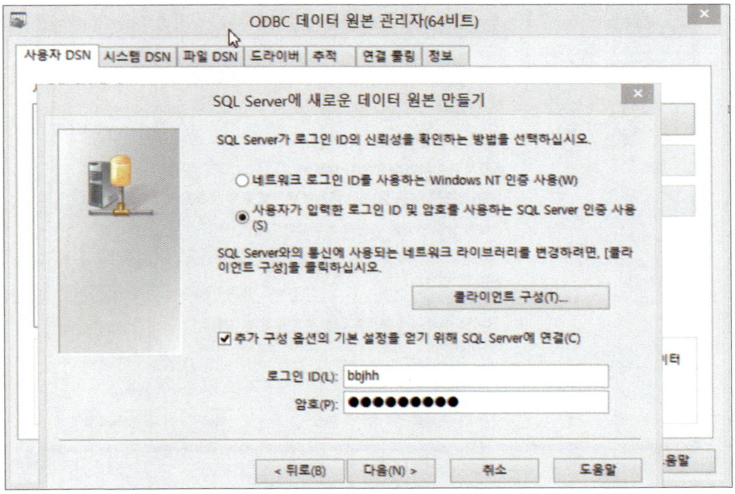

⑪ 로그인 정보에 따른 해당 데이터 그룹 정보가 보여집니다.

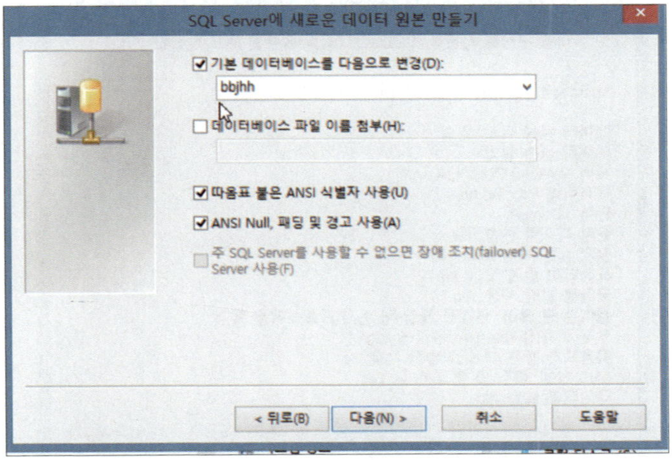

⑫ 다양한 기능 및 버튼 [마감]클릭

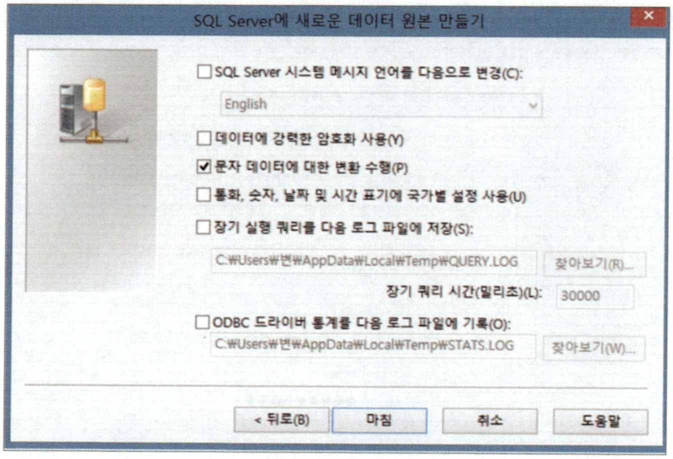

⑬ 테스트로 서버 연결을 확인

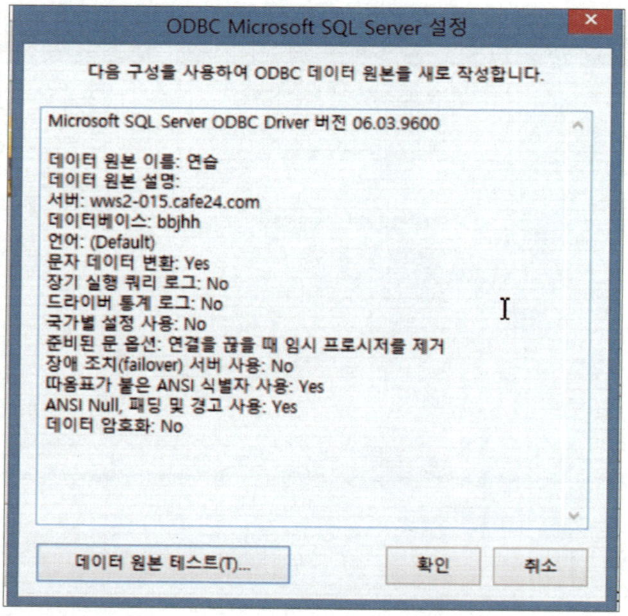

⑭ 연결 결과 성공하였다는 것을 보여줍니다.

버튼 [확인] 클릭합니다.

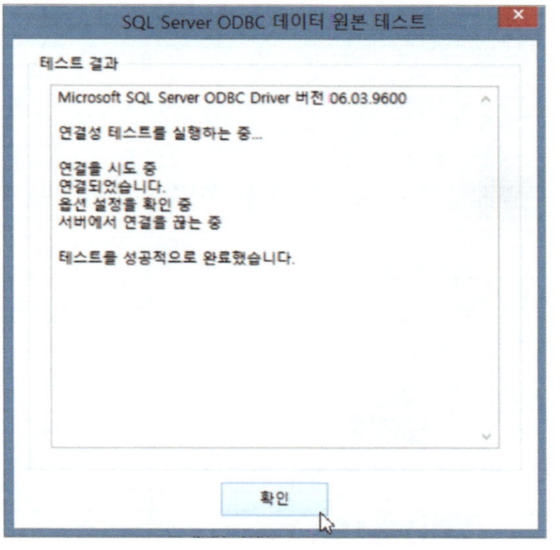

⑮ 사용자 DSN에 접속 정보 "연습"이 추가되었습니다.

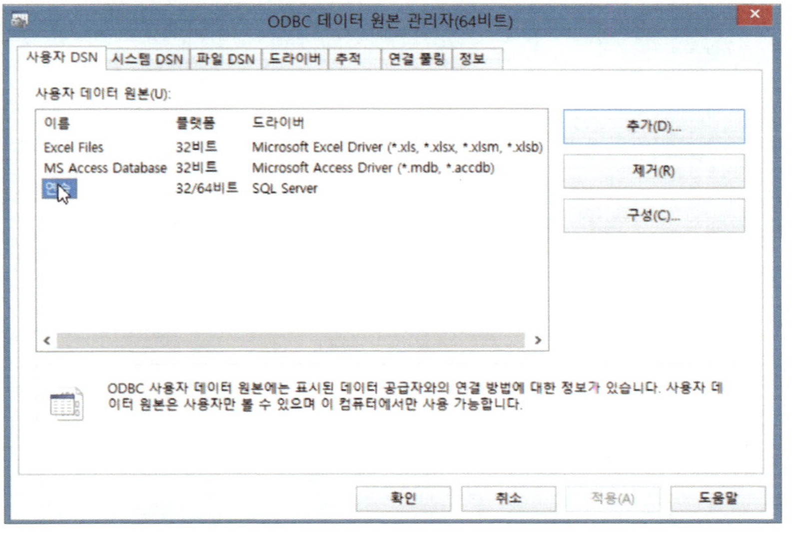

2 엑셀 피벗/테이블

이제부터 피벗/테이블을 서버 SQL과 연결하는 과정을 학습합니다.

① 엑셀 파일의 삽입 메뉴에서 표 그룹의 피벗 테이블을 선택합니다.

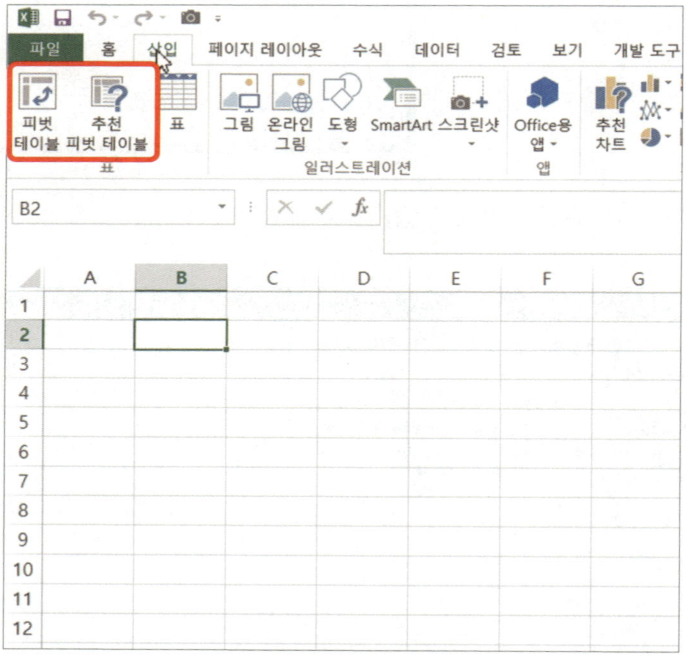

② 피벗 테이블을 선택합니다.

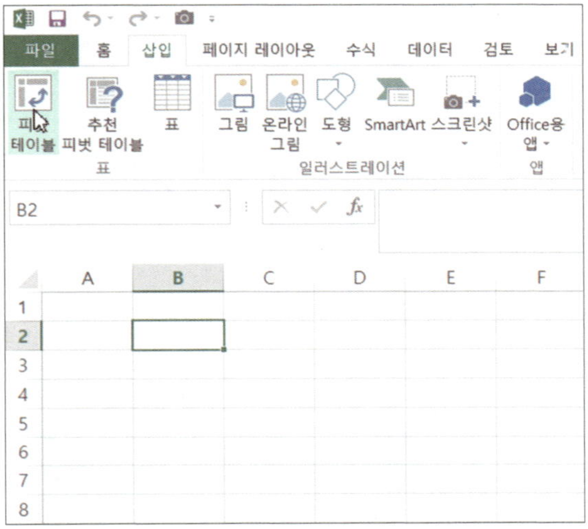

③ 외부 데이터 원본 사용을 체크합니다.

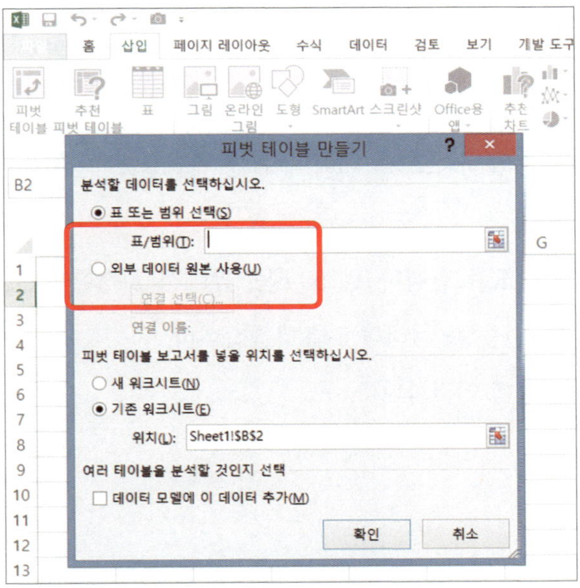

④ 연결 탭 창에 새롭게 연결하고자 하는 테이블 정보가 없다면 더 찾아 보기를 클릭합니다.

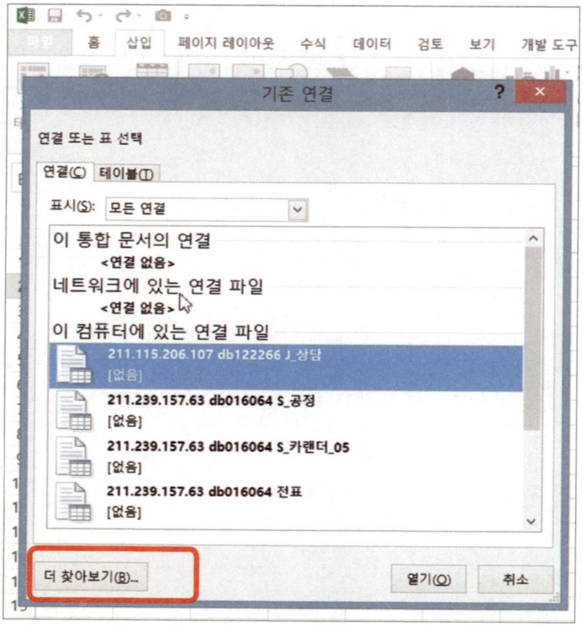

⑤ 더 찾아보기를 클릭하고 새 데이터 원본 연결을 클릭하면, 데이터 연결 마법사가 나옵니다.

먼저 SQL SERVER를 선택하고 그 다음, 앞에서 설정한 ODBC에서 사용자 DSN으로 연결한 "연습"을 선택하도록 하겠습니다.

ODBC DSN을 선택 연결합니다.

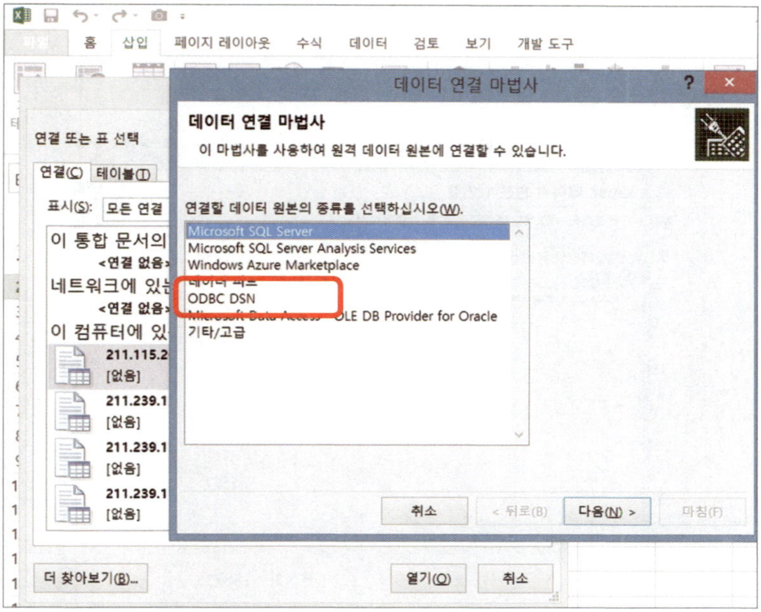

⑥ ODBC를 선택한 후, [다음]을 클릭합니다.

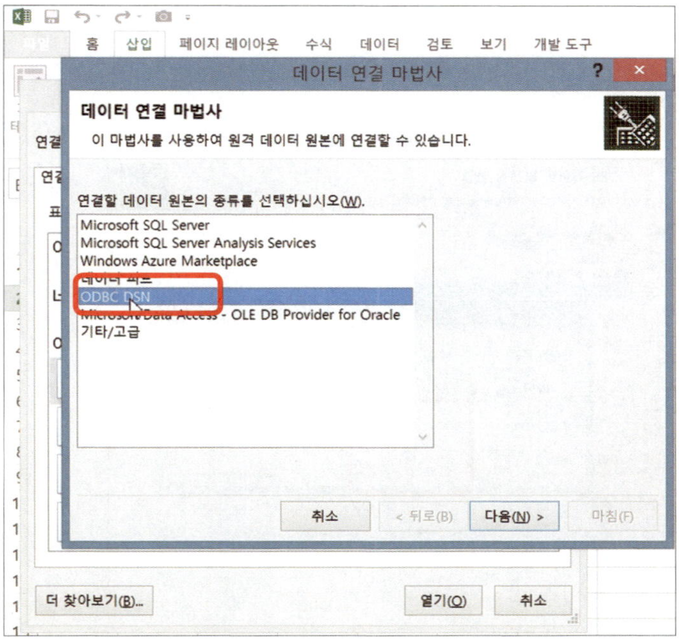

⑦ 앞 장에서 ODBC로 연결한 "연습"을 선택합니다.

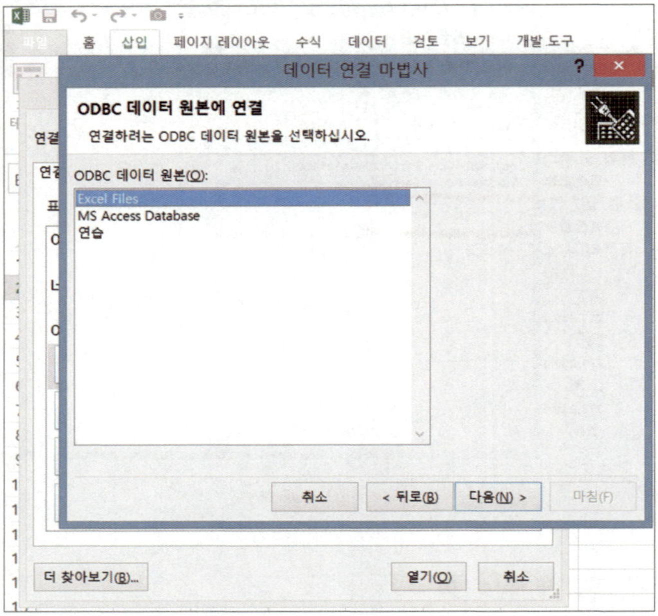

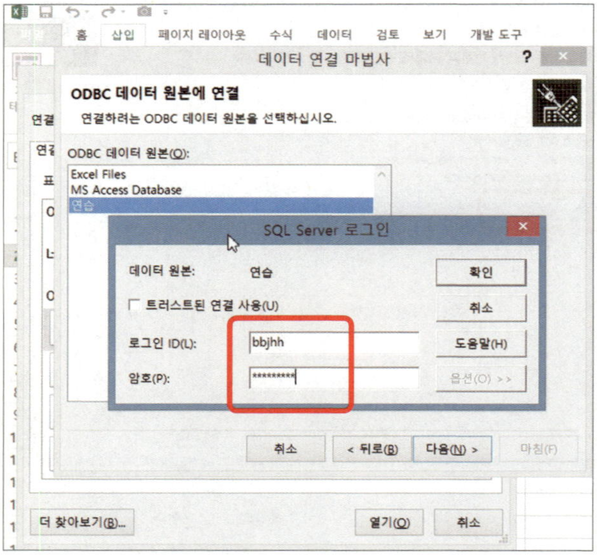

⑧ 연습을 선택한 후에 [다음] 클릭 로그인 및 암호를 입력합니다.

⑨ 테이블 및 뷰 정보 리스트가 유형별(Tavle/View)로 보여집니다. 테이블 [전표]를 선택합니다.

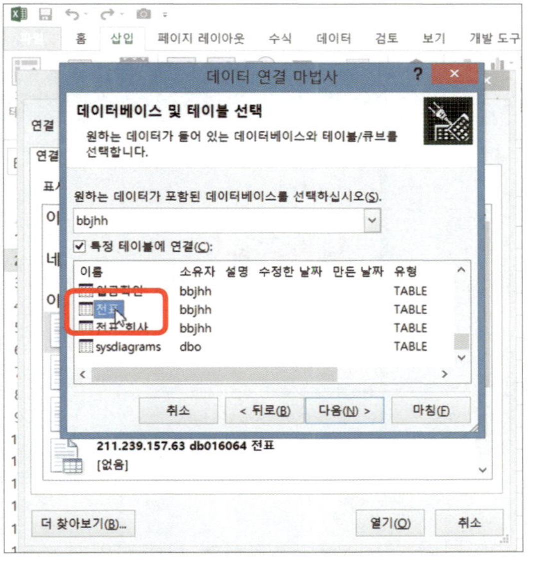

⑩ 암호가 엑셀에 저장되도록, 파일에 암호저장을 체크합니다.

팝업창에도 예(Y)를 선택합니다.

만약 입력하지 않는다면 다음번 엑셀을 접속할 경우, 계속 암호를 물어 봅니다.

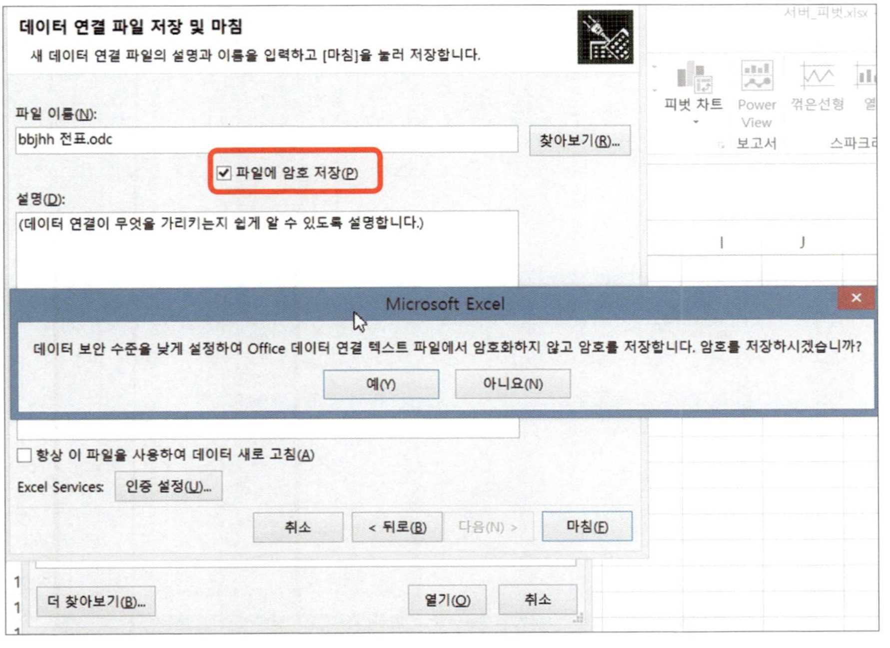

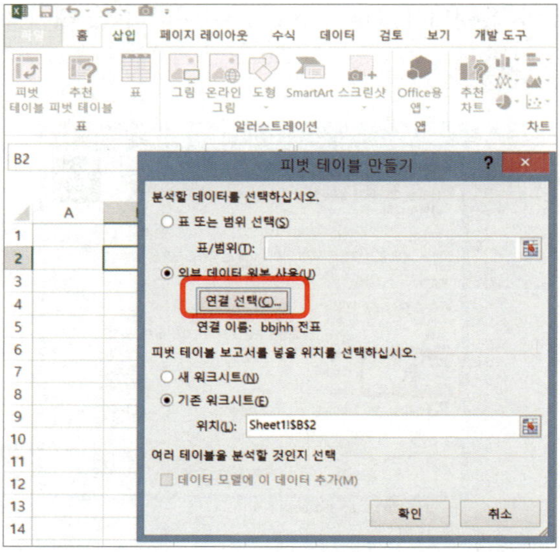

⑪ 피벗 테이블이 SQL 테이블 [전표]와 연결되어 보여집니다.

⑫ 피벗 테이블로 연결되어 보여집니다.

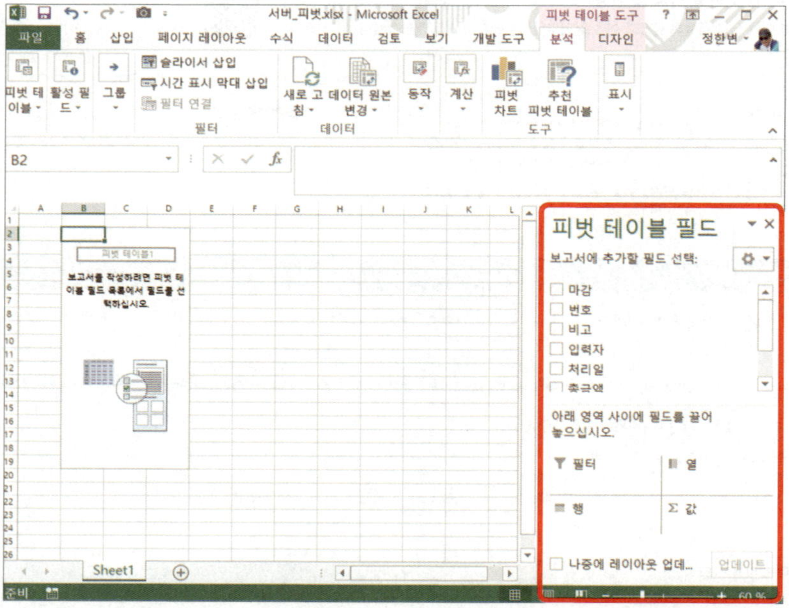

⑬ 우측 리스트에서 마우스로 필드 [회사]를 선택하여 행의 칸으로 드래그하고, 다른 셀에 다시 회사를 드래그시키면 현재 전표별 개수로 계산됩니다. 셀의 값 목록에 금액을 넣으면 회사별 총금액, 즉 합계를 보여줍니다.

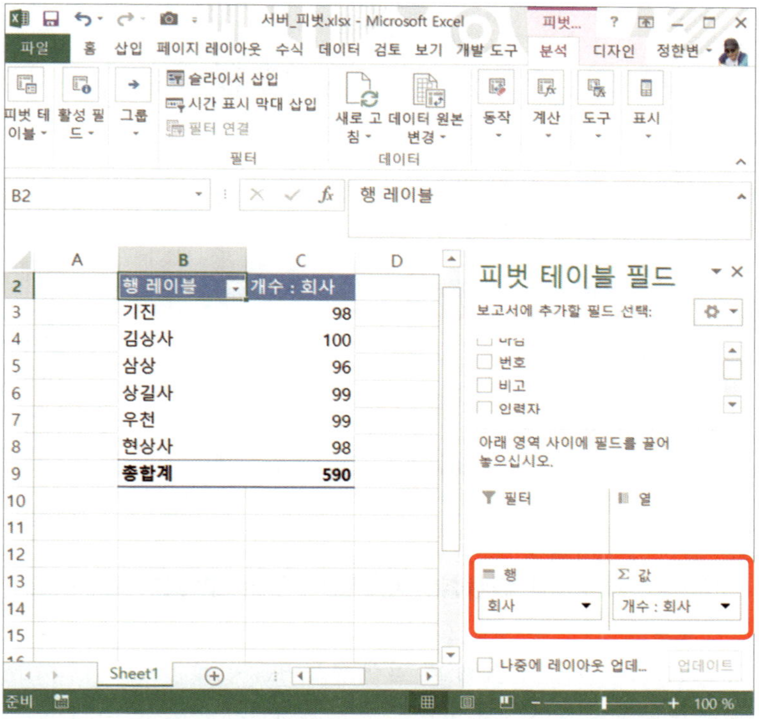

피벗 테이블 기능에 대한 소개는 생략하며 다른 엑셀 전문서적 참조바랍니다. 서버의 최신 데이터를 싱크하여 데이터를 원하는 값을 확인할 수가 있습니다.

⑭ 피벗 테이블에서 값 목록을 [총금액] 필드를 추가하고 값 필드 설정을 합계로 변경합니다.

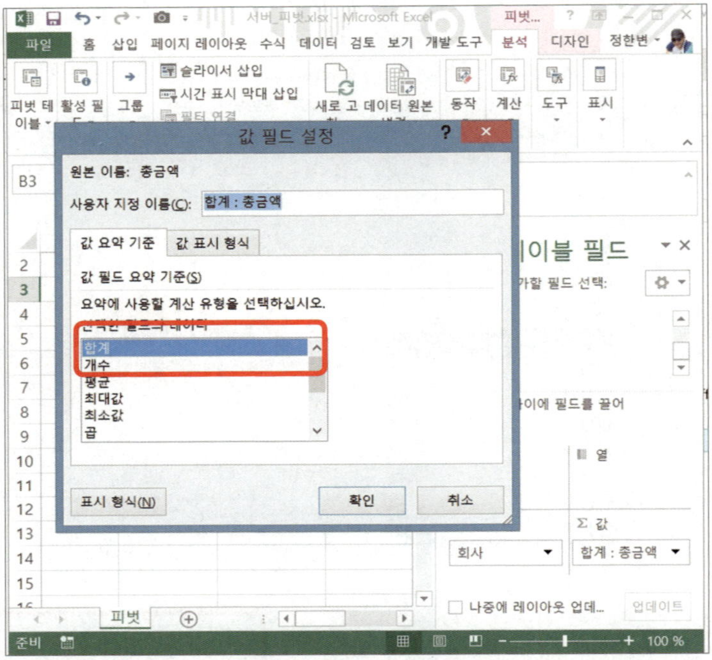

⑮ 회사 기준으로 필드 [총금액]의 합계를 보여줍니다.

만약 데이터가 새롭게 서버에 추가되면 피벗 테이블 [새로 고치기]를 클릭하거나 엑셀 파일이 열릴 때 자동으로 [새로 고침]을 설정할 수도 있습니다.

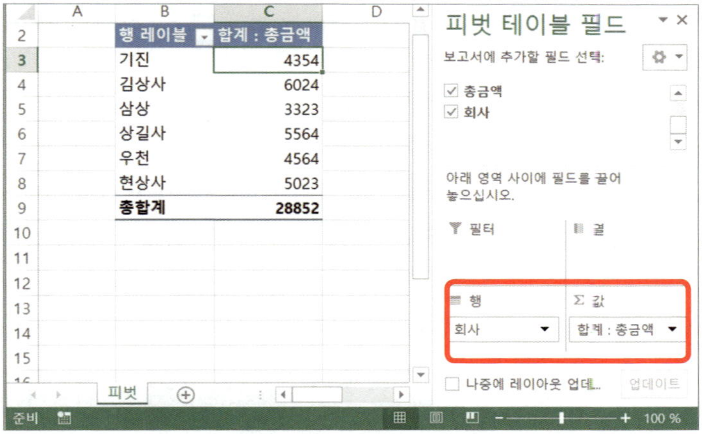

기타 기능을 간략하게 소개합니다.

- 피벗을 선택한 후에 우측의 상황 탭에서 연결 속성을 선택합니다.

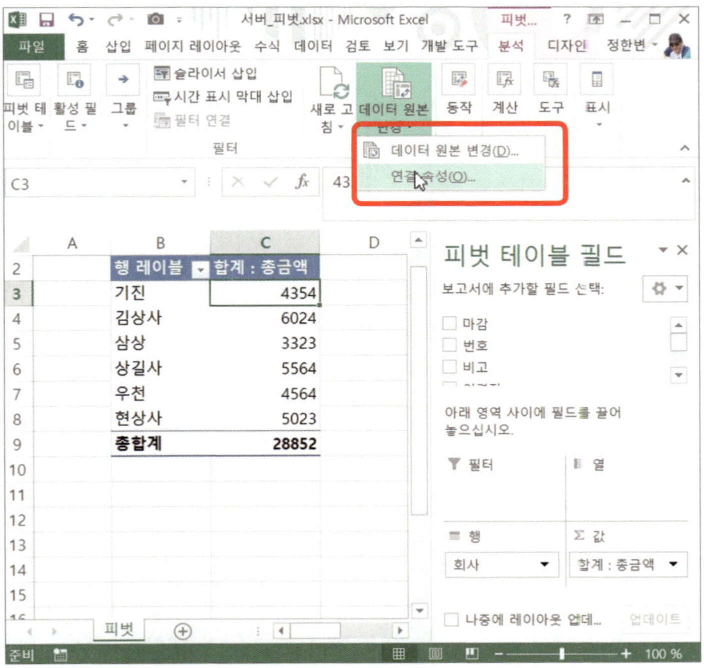

- 연결 속성을 보면, '새로고침'에 3가지 유형이 있습니다. 다른 작업할 때 시간 간격, 파일을 열 때 기능이 있습니다.

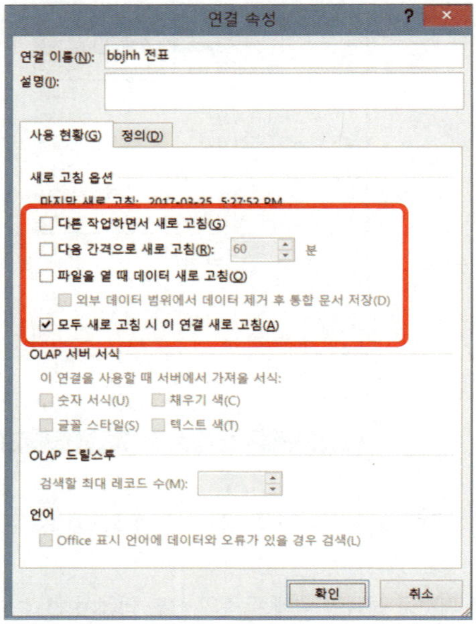

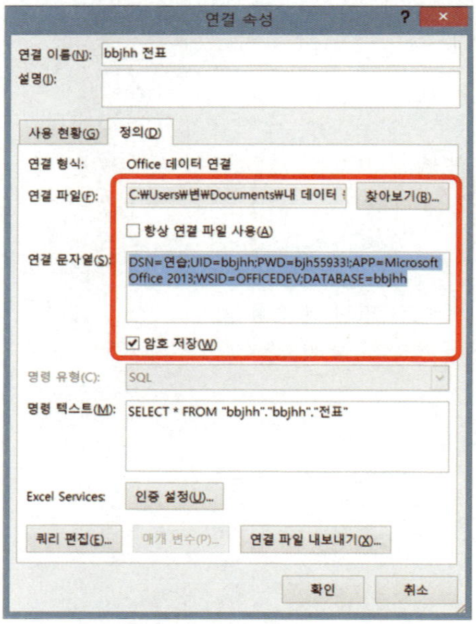

- 정의 탭 창으로 가서 암호 창을 체크하면 연속 문자열에 계정 및 비밀번호까지 보여집니다. 그리고 명령 테스트에 해당 테이블 정보가 보여지는데 테이블 [전표_회사]의 정보로 변경하고자 하거나 해당 피벗 테이블을 복사한 후, 피벗 테이블 속성에 들어가서 SELECT * FROM "bbjhh", "bbjhh". "전표_회사"로 수정하면 테이블 [전표_회사]의 정보를 피벗으로 보여줍니다.

혹은 해당 SQL 구문을 변경하면 변경된 데이터 조건문으로 피벗 테이블이 변경됩니다.

3 엑셀 [데이터] 메뉴로 SQL 접속

① 데이터 리본메뉴에서 기존 연결을 클릭하고, 앞에서 입력한 전표 연결 정보를 선택합니다.

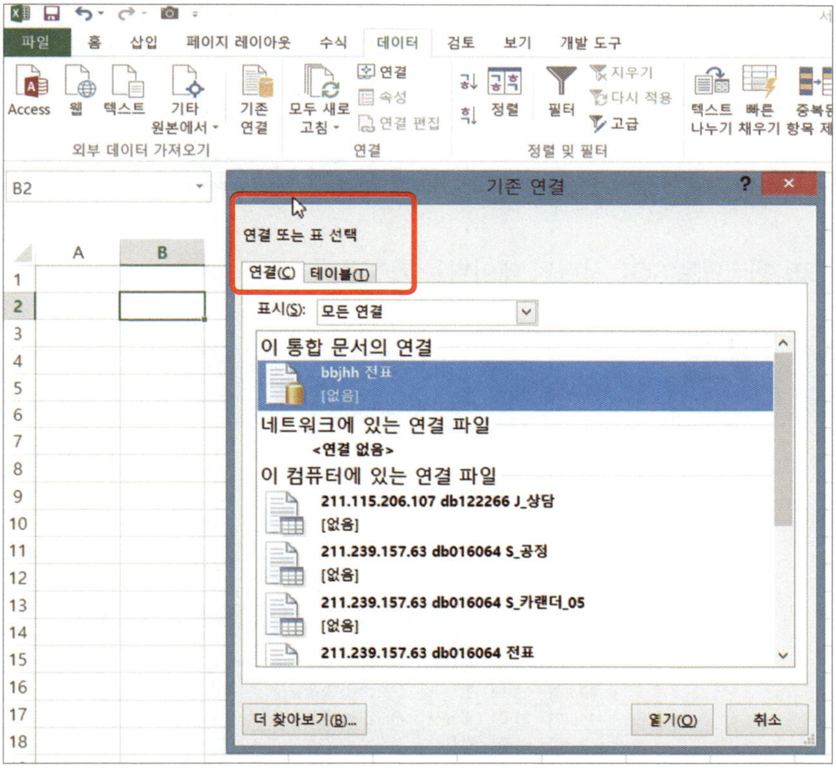

② 데이터 가져오기 창에서 표를 선택, 시작 위치를 지정하고 버튼 [확인]을 클릭합니다.

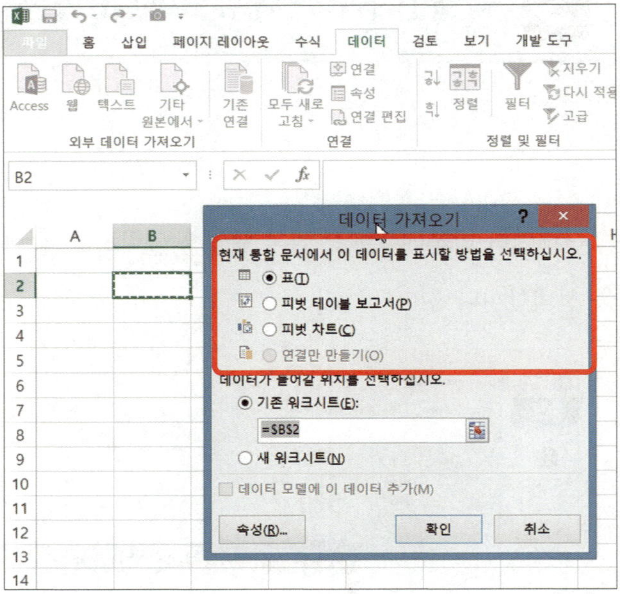

③ 표 형식으로 SQL 서버의 데이터를 가져옵니다.

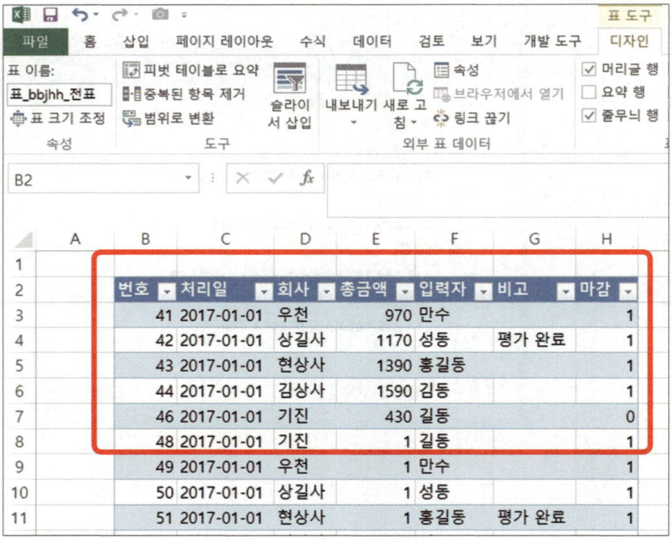

④ 외부 데이터 그룹에서 [기타 원본에서]를 선택한 후, SQL SERVER클릭합니다.

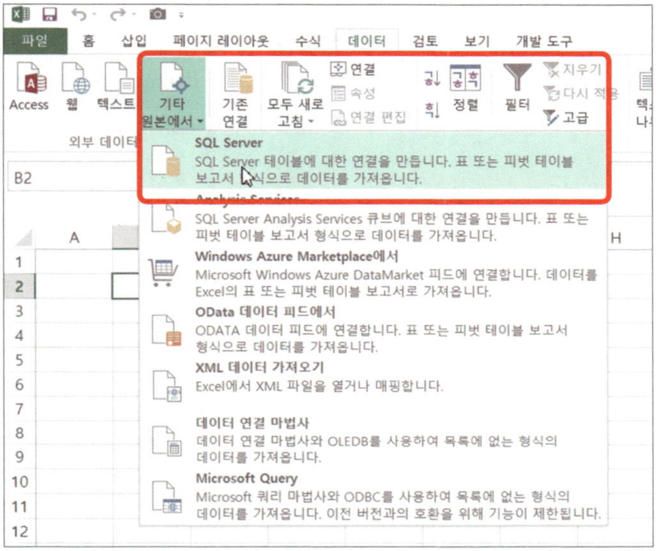

⑤ 데이터베이스 서버에 연결하는 팝업 창이 보여지며 서버 이름, 사용자, 암호 등을 입력합니다.

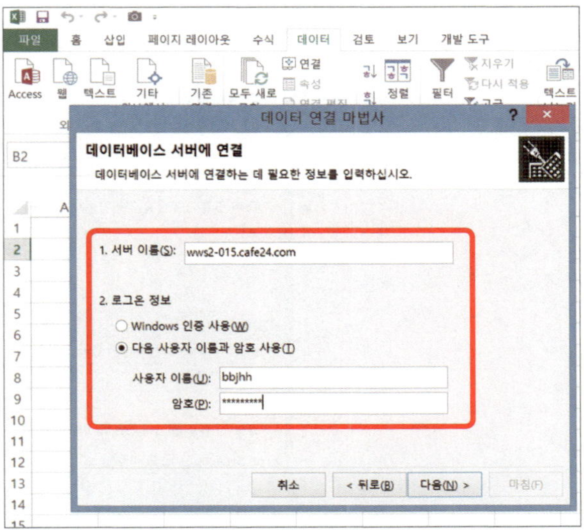

⑥ 권한 설정 bbjhh 그룹의 테이블/뷰 정보 중에서 한 개를 선택한 후, [다음]을 클릭합니다.

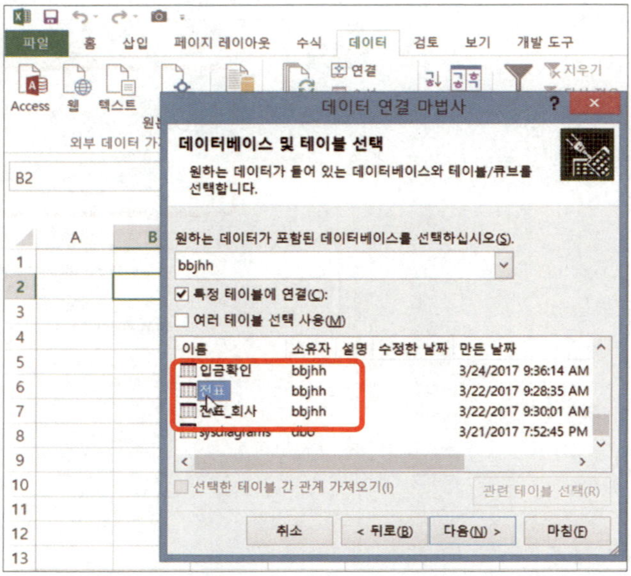

⑦ 파일에 암호저장 체크한 후, [마침]을 클릭합니다.

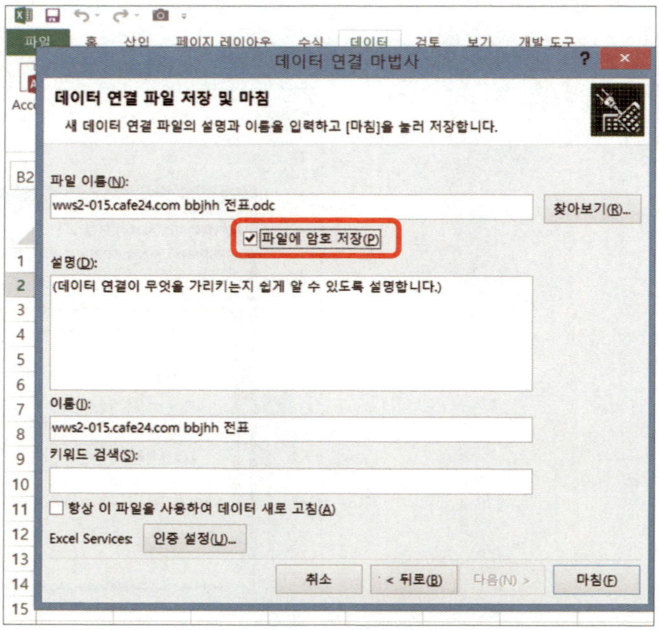

⑧ 데이터 가져오기 창으로 이동하면 "표", "피벗", "피벗 차트", "연결 만들기" 등을 할 수가 있습니다. 하나씩 따라서 학습하길 바랍니다.

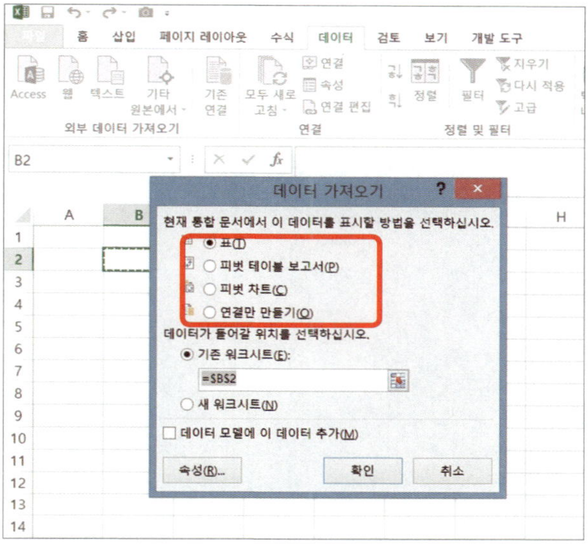

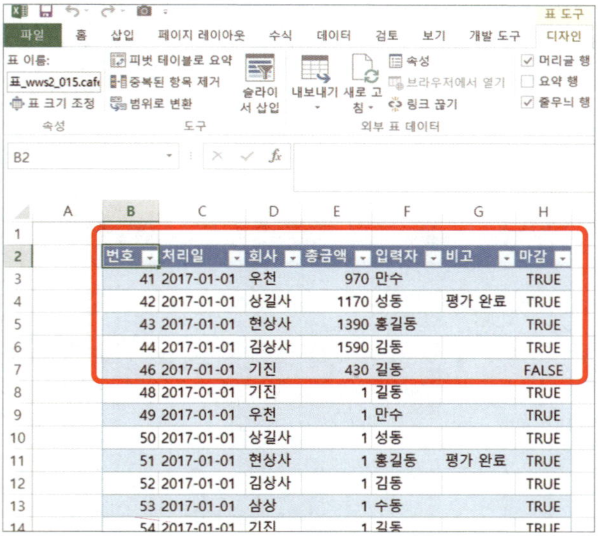

⑨ 표 형식을 선택합니다.

지금까지는 엑셀 VBA를 사용하지 않고 서버 SQL 데이터를 접속해서 가져오기 하는 과정을 학습하였습니다. 다음 장에서는 엑셀 VBA 매크로를 통해서 엑셀 데이터를 컨트롤하는 과정을 학습합니다.

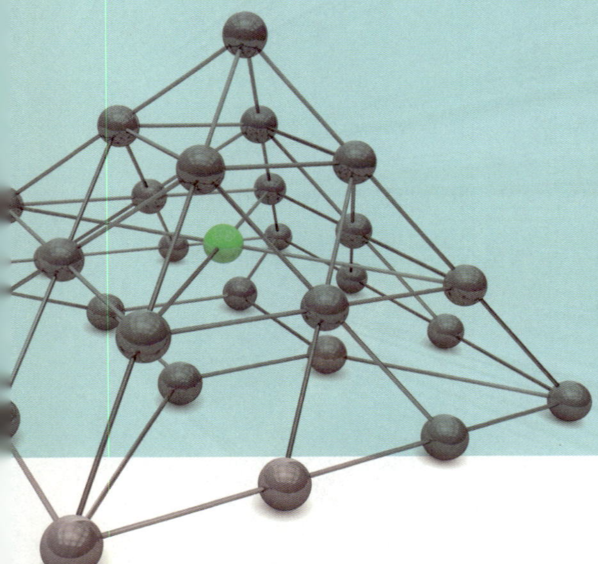

제4장

엑셀 VBA로 MS SQL 데이터 다루기

1. VBA 기초/offset, loop, Copy, Paste 30여 개 소개
2. 엑셀 VBA로 MS SQL 서버 연결
3. 엑셀 VBA ADO/선택, 추가, 삭제, 수정
4. 엑셀 VBA SQL Procedure/선택, 추가, 삭제, 수정
5. 엑셀 VBA 응용

1 VBA 기초/offset, loop, Copy, Paste 30여 개 소개

먼저 엑셀에서 VBA는 "Visual Basic for Application"이라 합니다.

엑셀 초보의 입장에서 엑셀 매크로(Macro)를 접하는 순간, 개발자가 된 기분이 들 것입니다.

기초 매크로(Macro)부터 학습하도록 하겠습니다.

> 엑셀 파일을 매크로가 실행하도록 하기 위해서 확장자를 "XLSM" 파일로 저장합니다.

"Excel 매크로 사용 통합 문서"로 저장합니다.

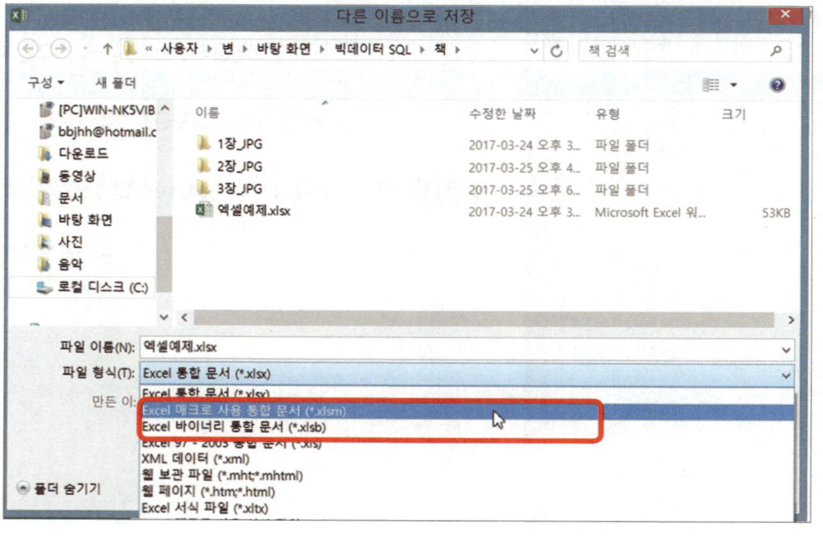

엑셀 옵션에서 '보안 센터'에서 매크로가 실행하도록 '매크로 포함' 하도록 변경합니다.[1]

Excel 매크로 사용할 수 있는 조건을 만듭니다.

엑셀 옵션 도구 창에서 [보안센터]를 클릭한 후, 좌측 매크로 설정 탭의 '모든 매크로 포함'을 체크하고 버튼 [확인]을 클릭합니다.

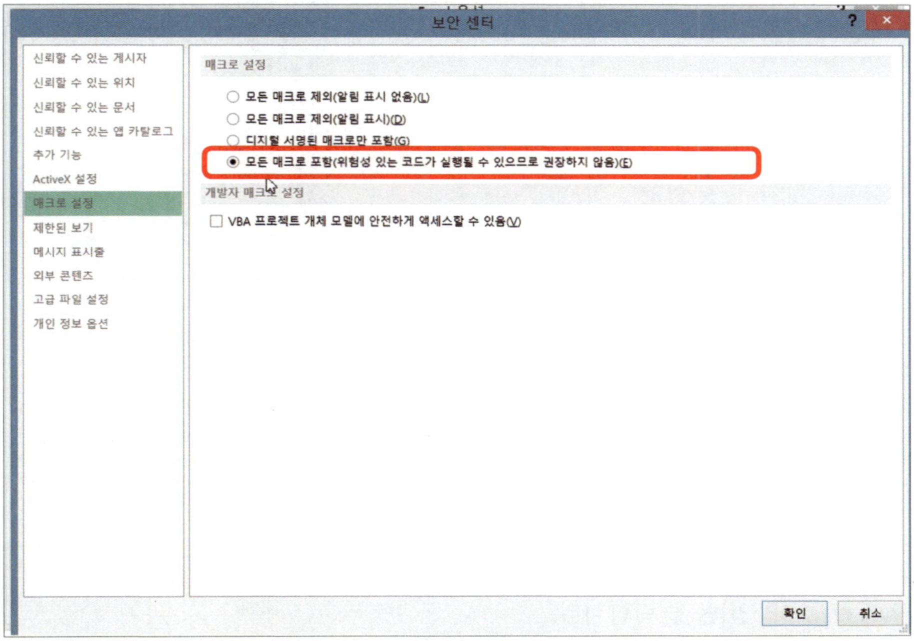

1) 수십 명이 동일한 XLSM 파일을 사용한다면 각자의 PC 조건에 해당 설명서를 작성해야 하나, 혹은 실행 창에 "regedit" 클릭한 후에 Current User에 Excel보안 쪽을 찾아서 레지스터 파일을 보안 해지 "1"을 변경한 후, 텍스트 파일로 내보내기 한 후에 파일을 배포하여 각 PC 클릭하면 오피스 엑셀 VBA 매크로 해지 보안을 자동으로 만들어 줍니다.

엑셀 리본메뉴에 매크로 개발 도구가 보이도록 '개발도구'를 표시합니다.

Excel 매크로를 실행시킬 도구를 리본 메뉴로 보여주기 합니다.

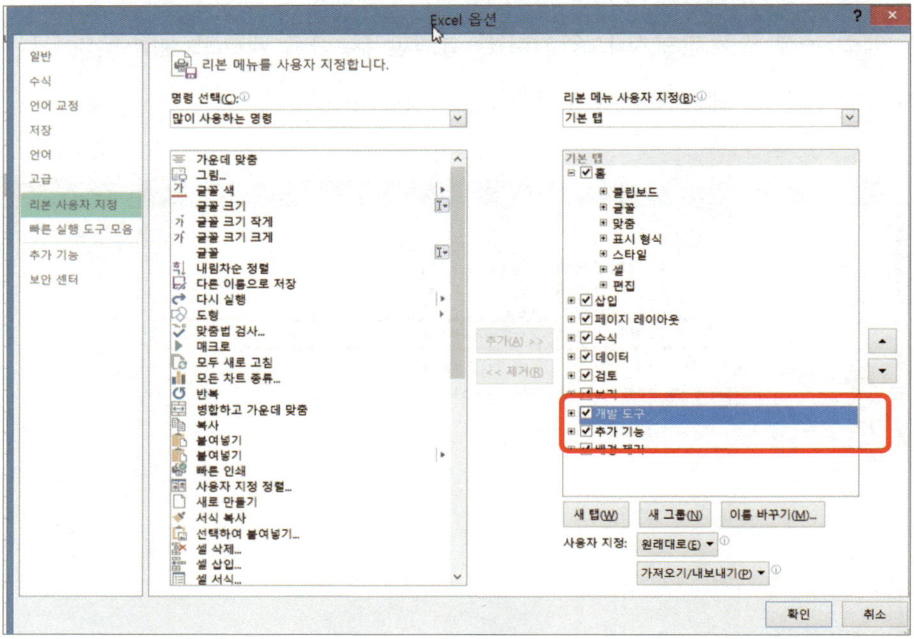

엑셀 옵션 창에서 [리본 사용자 지정]을 한 후, 우측 [개발 도구 상자]를 선택한 후에 버튼 [확인]을 클릭합니다.

리본 메뉴에 [개발도구] 그룹 메뉴가 추가되면서 다양한 매크로 및 VBA 사용 기능을 사용합니다.

해당 저서는 기초 매크로에 초점을 맞추었기 때문에 기본적인 VBA 내용만 학습하도록 합니다.

초보 시절에 본인은 매크로가 무엇인지도 모르고 매크로 중심으로 학습을 하다가, 응용 가능단계로 성장하여 VBA로 발전하였던 경험이 있습니다.

① 개발도구 리본 메뉴를 선택하고 [매크로 기록]을 클릭합니다.

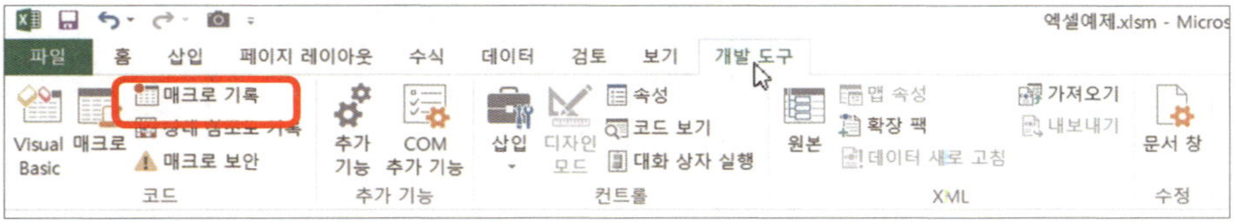

② [매크로 기록] 버튼을 클릭하는 순간부터 마우스 이동 및 기타 셀 변경 내용까지 기록됩니다.

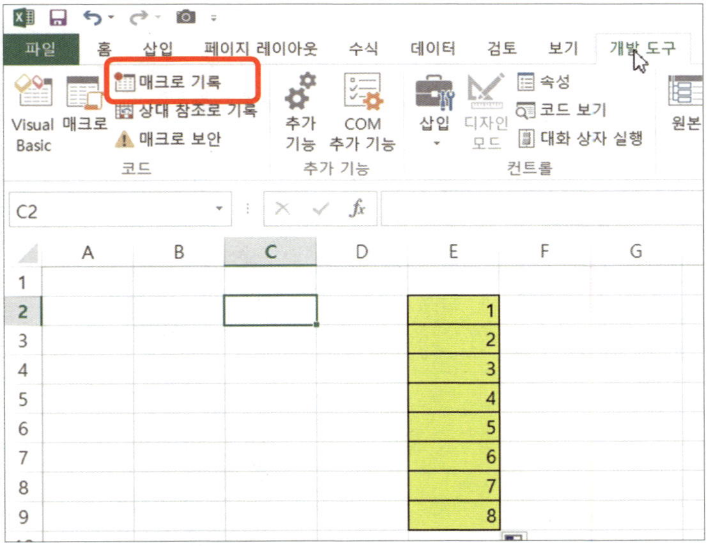

③ 매크로 이름을 지정합니다.

원하는 이름 혹은 바로 가기 단축키들을 설정할 수가 있습니다.

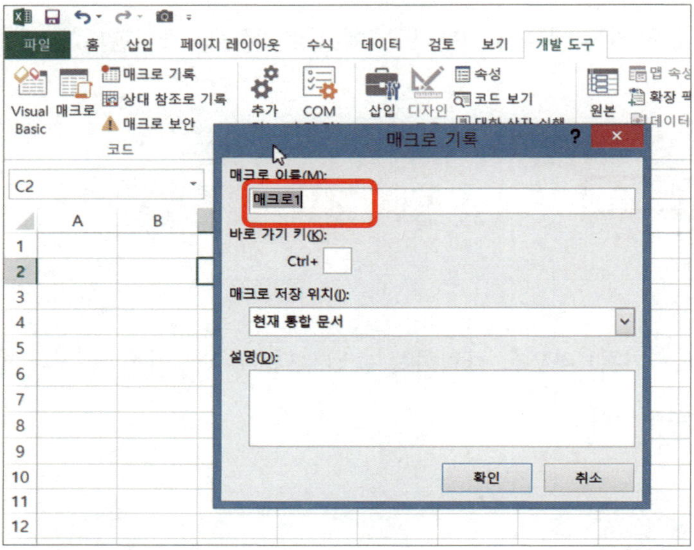

④ E열의 노란색 부분만 마우스로 블록을 선택한 후,

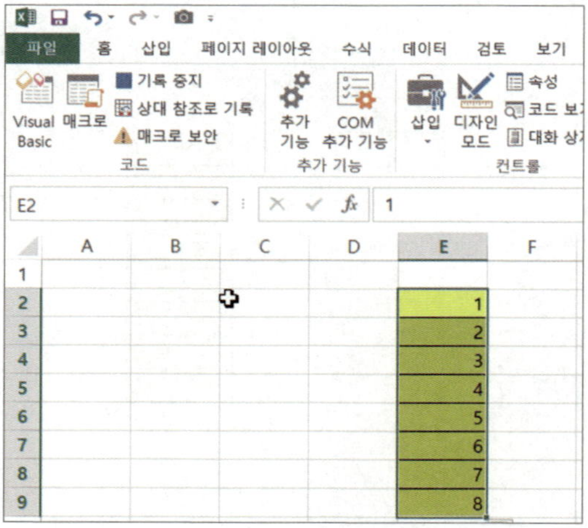

해당 삭제 키를 누르면 블록 지정된 데이터가 삭제됩니다.

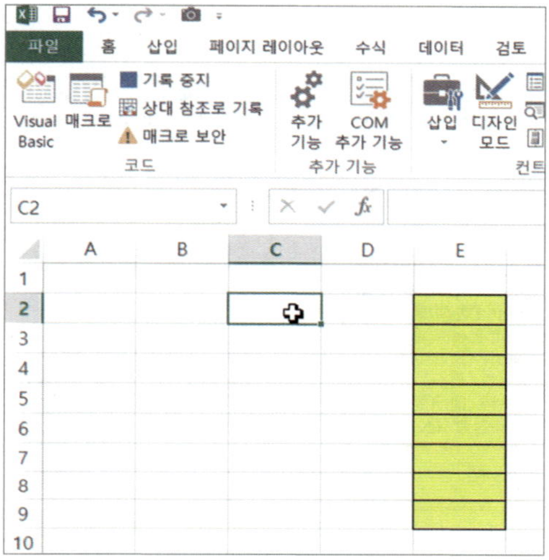

⑤ 매크로 [기록 중지]를 합니다.

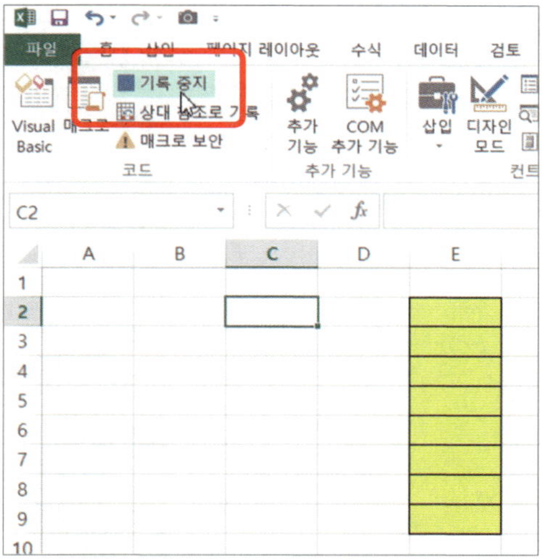

⑥ "Alt +F11"를 선택한 후, 모듈을 클릭해서 매크로 이름이 "매크로1"로 되어 있는지 확인합니다.

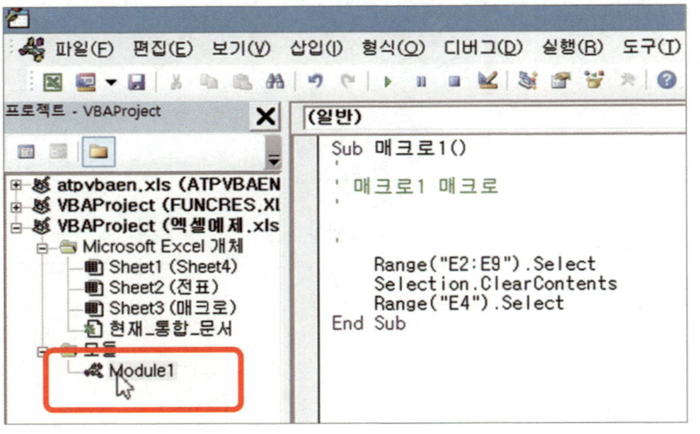

⑦ 다시 엑셀 화면으로 이동하여 양식 컨트롤 버튼을 추가합니다.

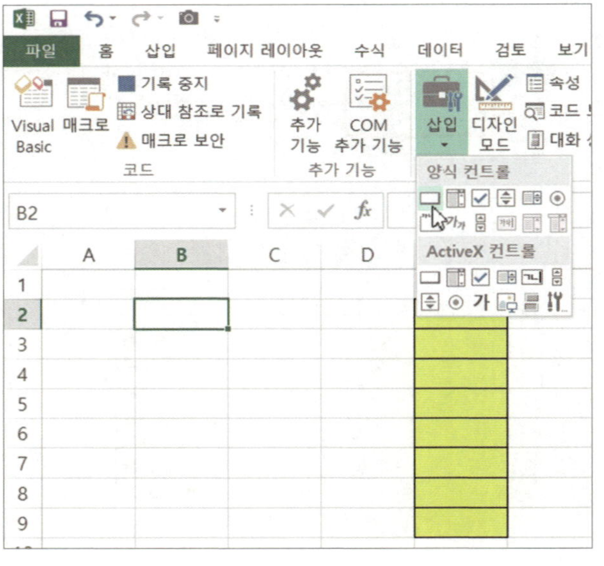

⑧ [매크로1]를 선택한 후, 버튼 [확인]을 클릭합니다.

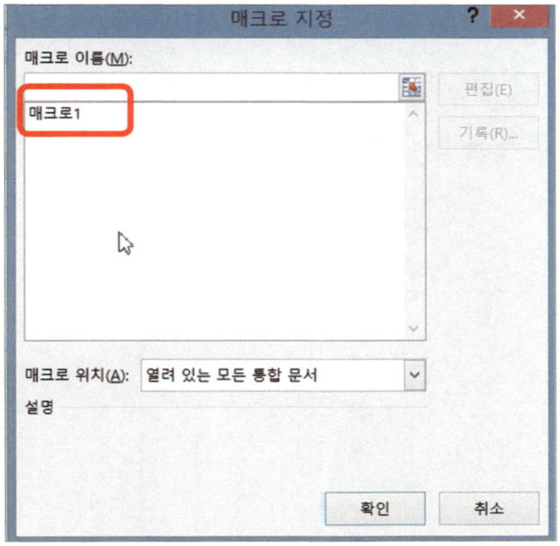

⑨ 다른 매크로를 지정하려면 버튼 마우스 우측 클릭해서 매크로 지정으로 변경합니다.

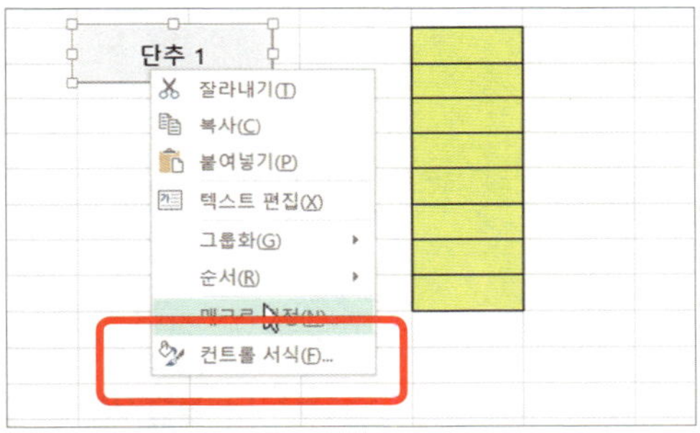

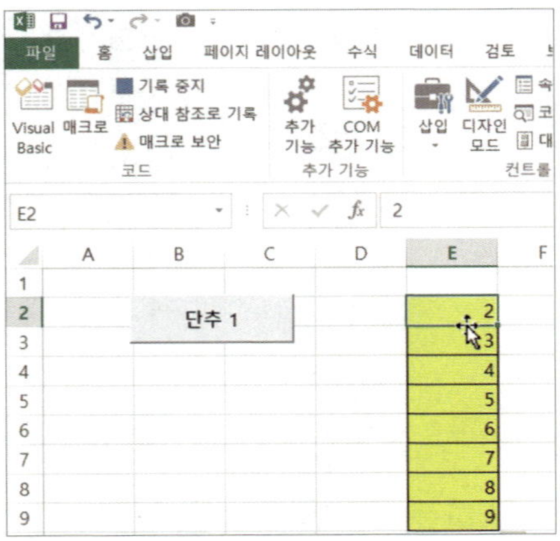

⑩ 숫자를 입력한 후에 버튼 [단추 1]를 클릭합니다.

⑪ 마우스 우측 버튼 클릭 후에 매크로 지정의 [편집]을 누르면 화면이 [매크로1]의 VBA 화면으로 이동되며, VBA 코드 확인 및 [매크로1]의 내용을 변경할 수가 있습니다.

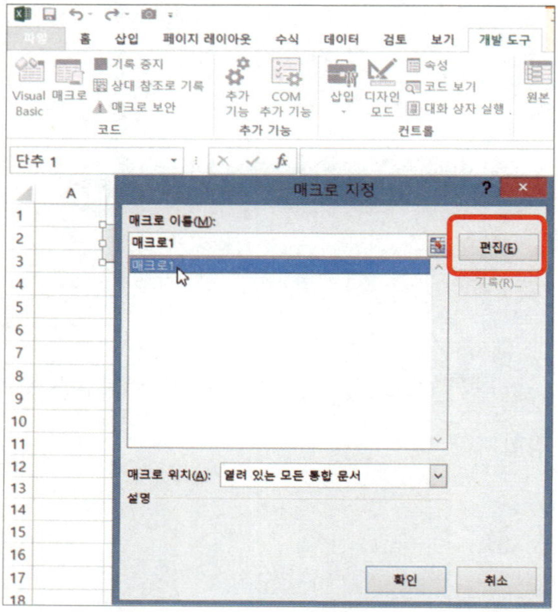

처음부터 엑셀 VBA를 잘할 수가 없습니다.

매크로 반복 학습, 작성된 매크로 수정을 통해서 자신의 매크로 실력을 높일 수 있으며, 그 이후에는 작성된 매크로 및 VBA를 참조하여 새롭게 매크로 수정 작성 및 VBA 실력을 향상시킬 수가 있습니다. 즉, 매크로 반복과 매크로 수정 학습만이 매크로 사용 수준을 높이는 지름길입니다.

이제부터는 기본 VBA를 학습합니다.

첨부된 예제 파일을 자주 반복 학습하기를 바라며, 모르는 부문에 집착하지 마시고 일단 넘어가면서 '이렇게 처리가 되는구나'하는 정도만 학습합니다.

1. 크로스 loop [엑셀예제.XLSM]

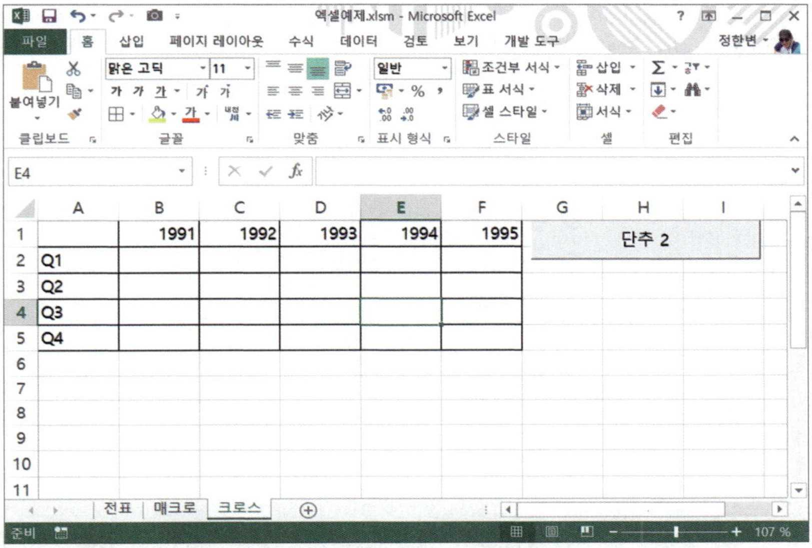


```
Sub vba()
For TheYear = 1 To 5
    Cells(1, TheYear + 1).Value = 1990 + TheYear
Next TheYear
For TheQuarter = 1 To 4
    Cells(TheQuarter + 1, 1).Value = "Q" & TheQuarter
Next TheQuarter
End Sub
```

열에는 '년도'를 순차적으로 증가하도록 하며, '분기'를 행으로 네 개까지 증가하도록 하는 매크로

2. 엑셀 수식를 VBA에다 추가하기 [엑셀예제.XLSM]

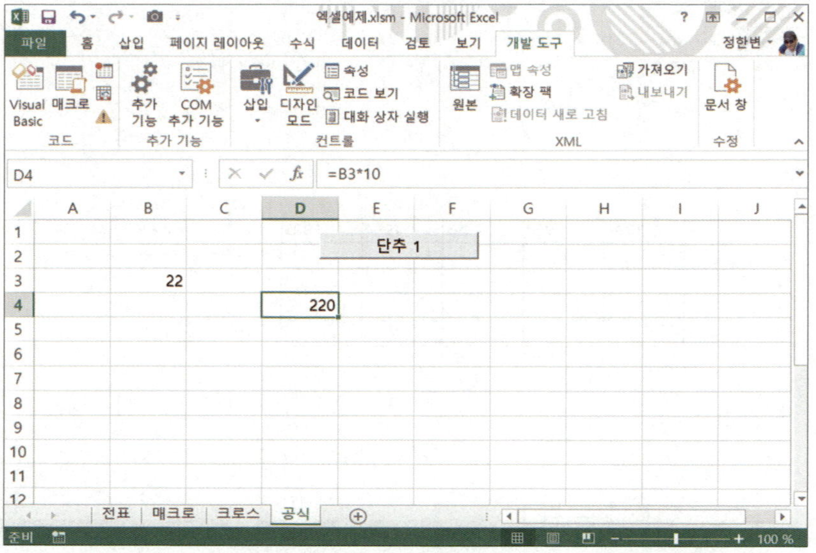

```
Sub 공식()
Range("D4").Formula = "=B3*10"
'Range("D4").FormulaR1C1 = "=R3C2*10"
'Range("D4").FormulaR1C1 = "=R[-1]C[-2]*10"
End Sub
```

셀 B3 곱하기 10을 하는 경우이며, 상대 번지 셀의 데이터를 계산하면 선택된 데이터 형식이 퍼센트로 변경됨.

Selection.NumberFormat = "0.00%"

셀의 색상 변경할 때,

Cells.Interior.ColorIndex = 28

3. 파일닫기 [01_파일닫기.xls]

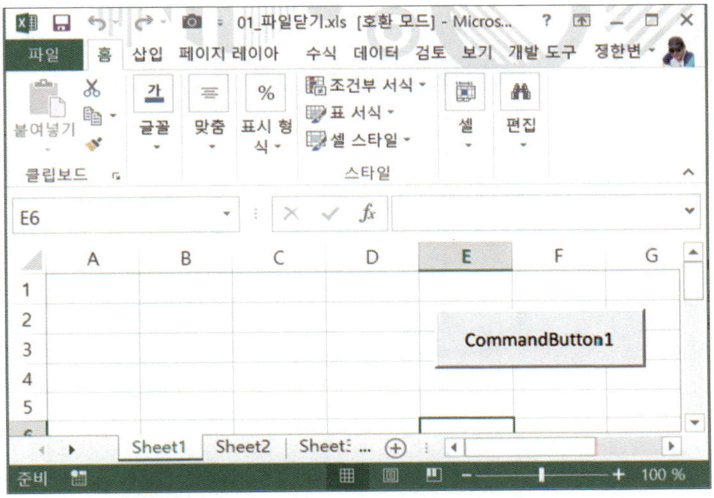


```
Dim MyFile As String

Workbooks("01_파일닫기.xls ").Close
'Workbooks(1).Close
'ActiveWorkbook.Close
'Workbooks.Close

'Workbooks.Open ("sales.xls")

'MyFile = Application.GetOpenFilename()
'Workbooks.Open (MyFile)
```

열려진 [01_파일닫기.xls] 파일 닫기를 실행합니다.

워크 시트를 닫을 때, 혹은 특정 파일을 열기할 때 사용합니다.

4. 팝업창으로 시트이름 보여주기 [02_시트이름보여주기.xls]

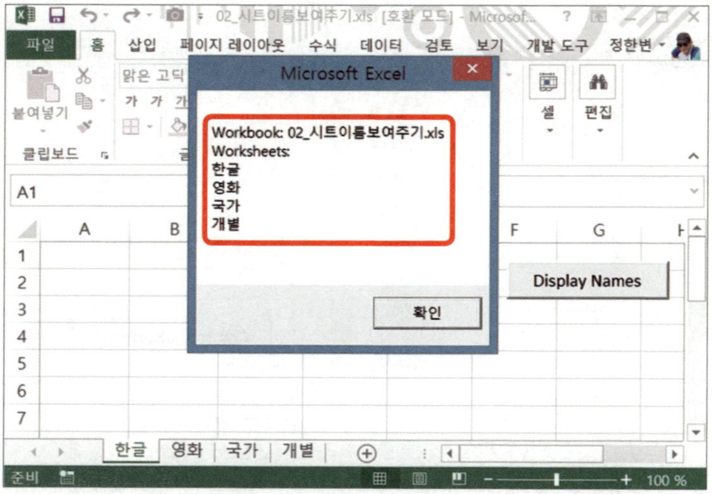


```
Dim book As Workbook, sheet As Worksheet, text As String
For Each book In Workbooks
    text = text & "Workbook: " & book.Name & vbNewLine & "Worksheets: " &
vbNewLine
    For Each sheet In book.Worksheets
    text = text & sheet.Name & vbNewLine
    Next sheet
    text = text & vbNewLine
Next book
MsgBox text
```

각 시트를 찾기 위해서 Loop를 통해서 각 시트 이름을 팝업 창에 보여줍니다.

5. 시트내의 데이터를 삭제하기 [03_시트 데이터 삭제.xls]

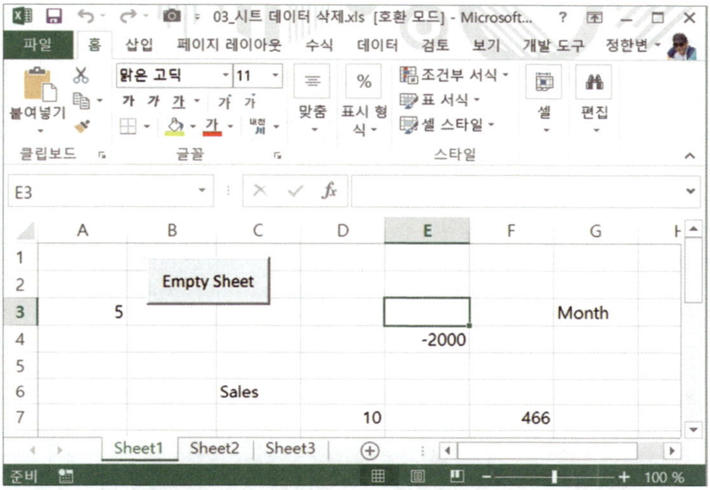


```
Dim answer As Integer
answer = MsgBox("Are you sure you want to empty the sheet?", vbYesNo +
vbQuestion, "Empty Sheet")
If answer = vbYes Then
    Cells.ClearContents
Else
    'do nothing
End If
```

시트1의 전체 데이터를 삭제하는데 메시지 박스를 이용하는 방법 소개.

6. 해당 파일경로명 보여주기[04_파일경로 및 파일명.xls]

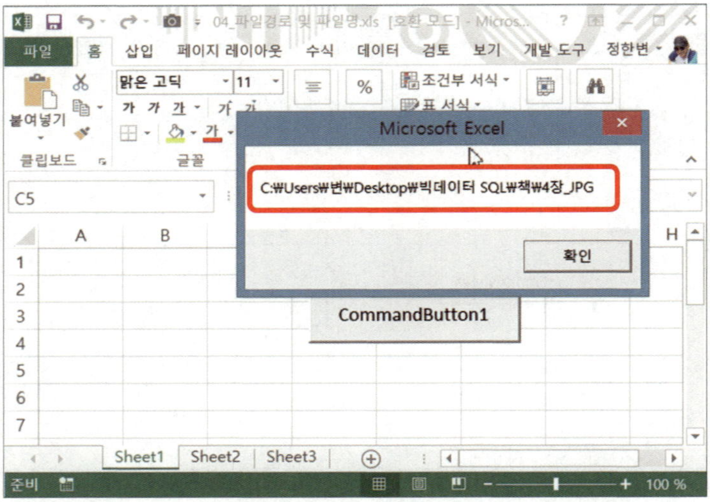

MsgBox Workbooks("04_파일경로 및 파일명.xls").Path

MsgBox ActiveWorkbook.FullName

파일 경로 및 이름을 보여줍니다.

7. 특정 셀의 색상 변경하기 [05_셀 색상관리 xls]

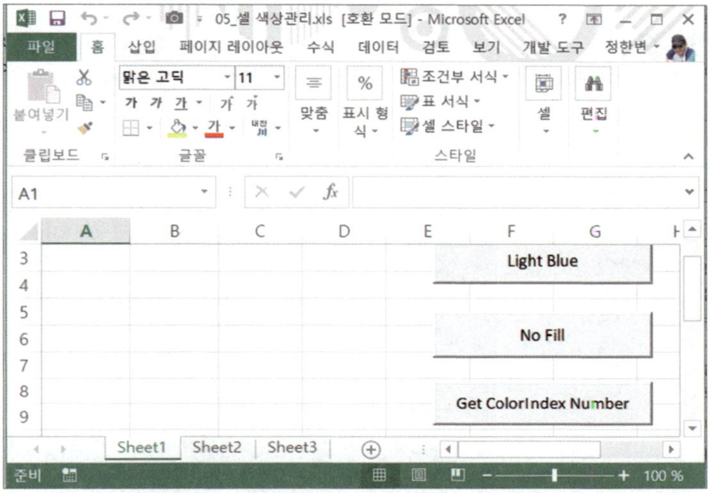


```
Range("A1").Interior.ColorIndex = 37

Range("A1").Interior.ColorIndex = 0
```

MsgBox Selection.Interior.ColorIndex

셀에다 색상 값으로 색 표시

8. 시트 내에서 큰 숫자 찾기 [06_큰값찾기.xls]

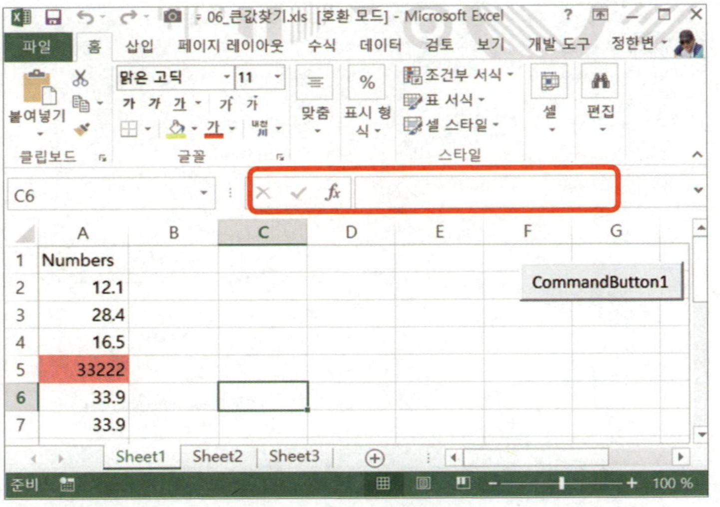

```
Dim maximum As Double, rng As Range, cell As Range
Cells.Interior.ColorIndex = 0
Set rng = Range("A1").CurrentRegion
maximum = WorksheetFunction.Max(rng)
For Each cell In rng
If cell.Value = maximum Then
cell.Interior.ColorIndex = 22
Next cell
```

데이터 범위 내에서 제일 큰 셀 값을 색상 값 22로 표시하기

9. 셀 위치 이동하기 [07_offset.xls]

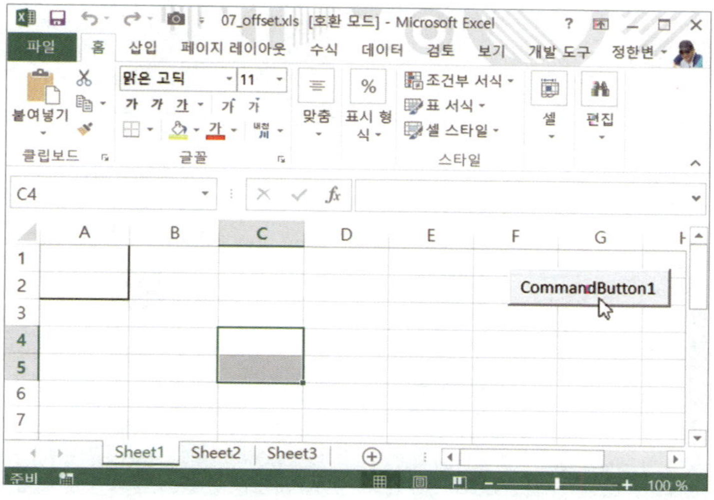

```
Dim example As Range
Set example = Range("A1:A2")
example.Offset(3, 2).Select
```

셀 "A1:A2"의 범위를 Offset(행, 열), 즉 세로로 3칸, 우측으로 2칸 이동.

10. 셀 영역 선택하기 [08_영역선택.xls]

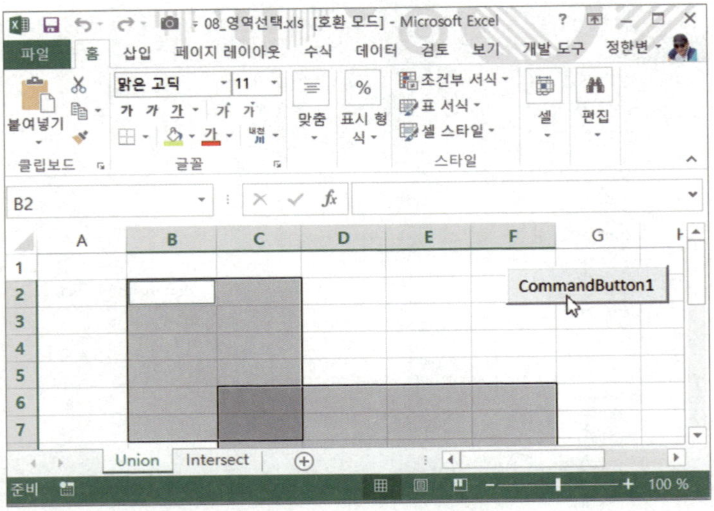

```
Intersect(Range("B2:C7"), Range("C6:F8")).Select
```

각 선택영역이 중복이 되도록 선택 가능.

11. Case 문 설명하기 [09_Select.xls]

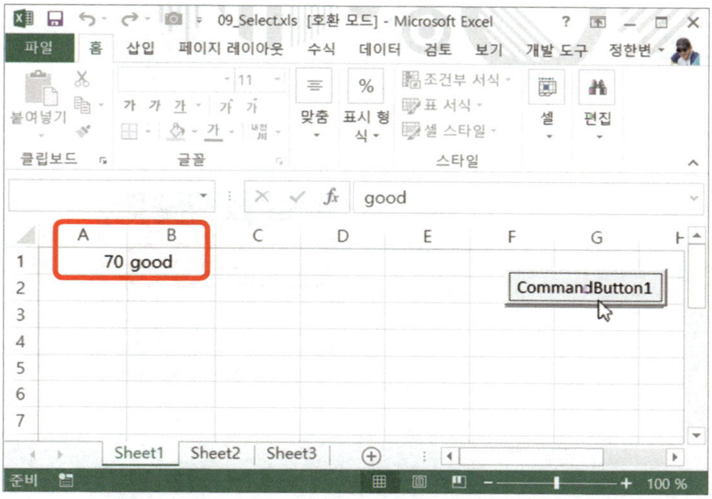

```
Dim score As Integer, result As String
score = Range("A1").Value
Select Case score
    Case Is >= 80
        result = "very good"
    Case Is >= 70
        result = "good"
    Case Is >= 60
        result = "sufficient"
    Case Else
        result = "insufficient"
End Select
Range("B1").Value = result
```

데이터의 값의 범위 내 "수, 우, 미, 양, 가" 평가할 때 사용.

12. 특정 셀 색상 값만 합하기 [10_색상값 합계.xls]

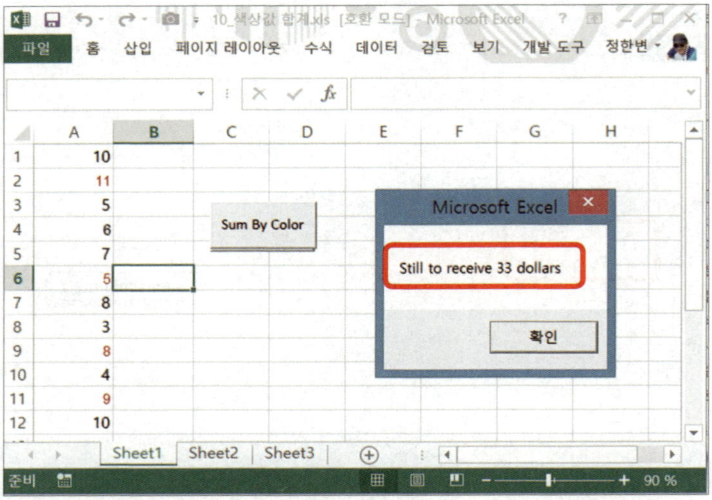


```
Dim toReceive As Integer, i As Integer
toReceive = 0
For i = 1 To 12
   If Cells(i, 1).Font.Color = vbRed Then
         toReceive = toReceive + Cells(i, 1).Value
   End If
Next i
MsgBox "Still to receive " & toReceive & " dollars"
```

데이터 시작 범위 A1 행 기준으로, 빨간색 데이터만 합계

13. 숫자를 조건부 Case 문 사용하기 [11_숫자_Case.xls]

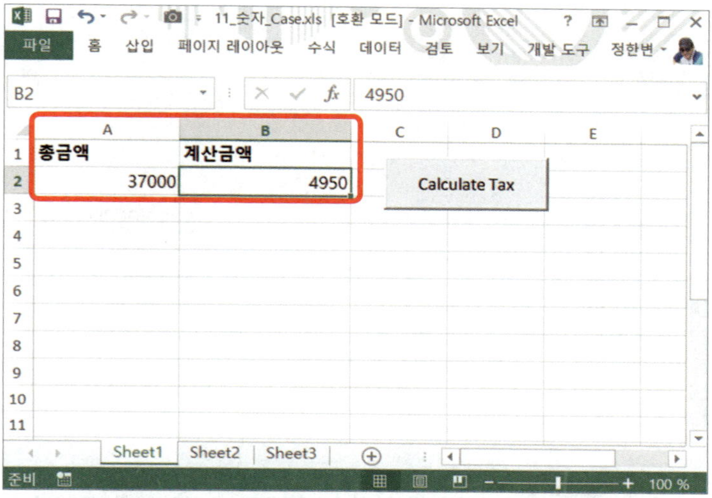


```
Dim income As Double
Dim tax As Double
income = Round(Range("A2").Value)
Range("A2").Value = income
Select Case income
    Case Is >= 180001
        tax = 55850 + 0.45 * (income - 180000)
    Case Is >= 80001
        tax = 17850 + 0.38 * (income - 80000)
    Case Is >= 35001
        tax = 4350 + 0.3 * (income - 35000)
    Case Is >= 6001
        tax = 0.15 * (income - 6000)
    Case Else
        tax = 0
End Select
Range("B2").Value = tax
```

각 구간 금액을 Case 문 이용하여 ("*" , "+") 곱하기, 더하기 계산식을 이용한 셀 값 계산.

14. Loop 배우기 [12_loop.xls]

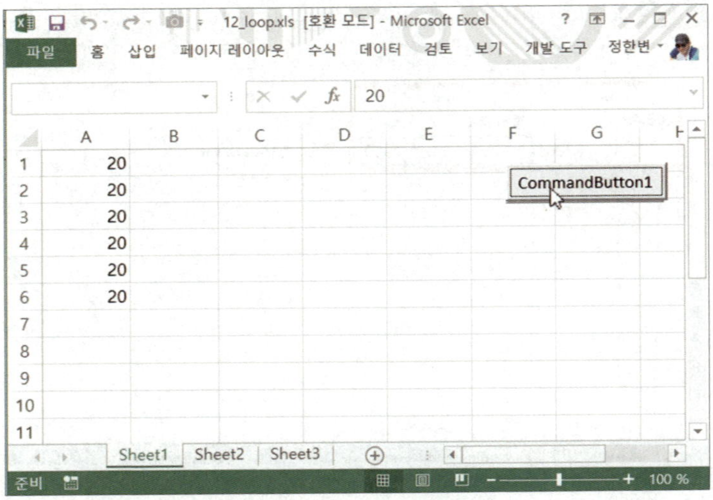


```
Dim i As Integer
i = 1

Do Until i > 6
    Cells(i, 1).Value = 20
    i = i + 1
Loop
```

각 셀 값 “20”을 행으로 연속 6회까지 실행하면서 값 채우기

15. 셀 범위의 데이터를 LOOP로 계산하기 [13_셀범위_Loop.xls]

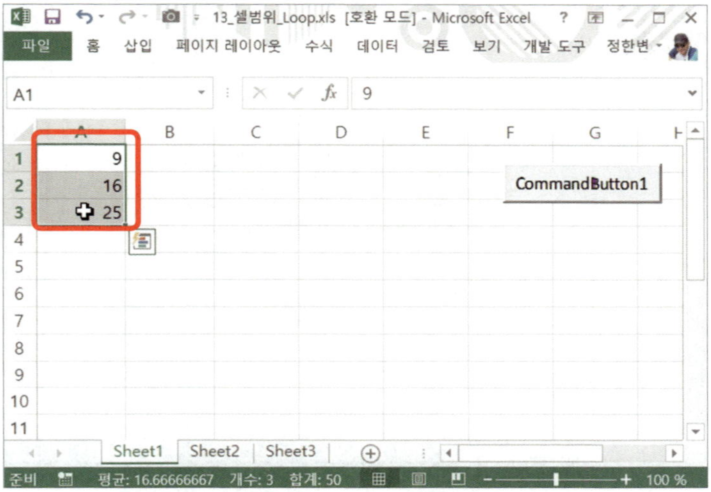

```
Dim rng As Range, cell As Range
Set rng = Range("A1:A3")
'Set rng = Selection

For Each cell In rng
    cell.Value = cell.Value * cell.Value
Next cell
```

셀의 범위 내의 데이터를 Loop를 이용해서 배수로 증가.

16. 셀 조건 값보다 적은 숫자 컨트롤 Loop [14_loop_조건.xls]

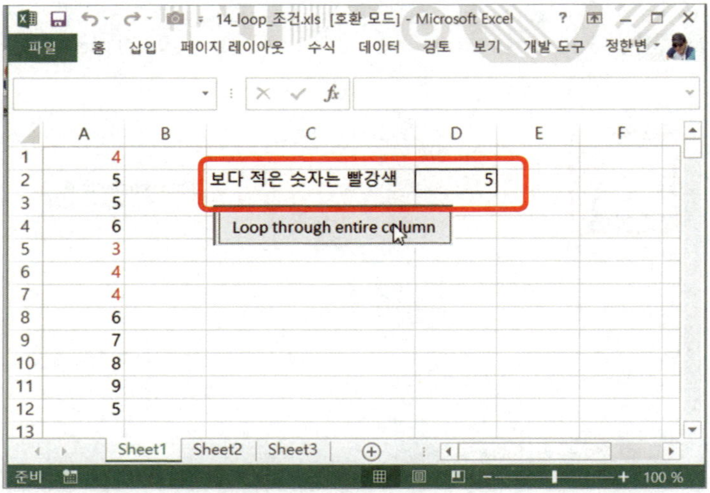

```
Dim i As Long
Columns(1).Font.Color = vbBlack
For i = 1 To Rows.Count
    If Cells(i, 1).Value < Range("D2").Value And Not IsEmpty(Cells(i, 1).Value) Then
    Cells(i, 1).Font.Color = vbRed
     End If
Next i
```

A 열의 데이터를 검색해서 5보다 작은 값은 빨간색으로 표시.

17. 행의 중복 값 제거 Loop[15_유일값 만들기.xls]

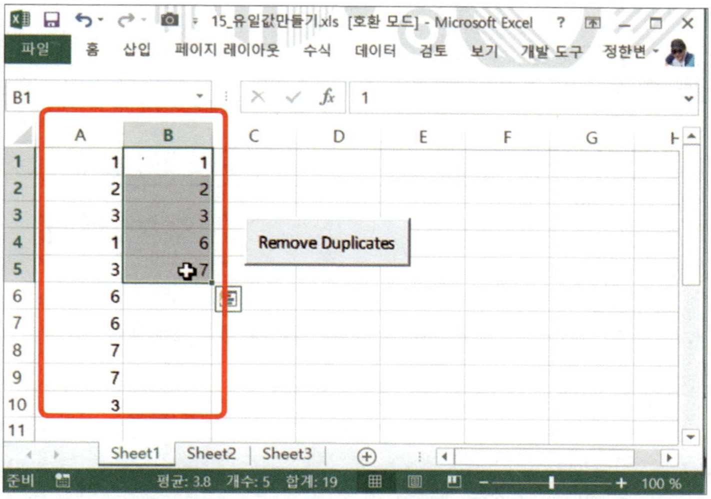

```
Dim toAdd As Boolean, uniqueNumbers As Integer, i As Integer, j As Integer
Cells(1, 2).Value = Cells(1, 1).Value
uniqueNumbers = 1
toAdd = True
For i = 2 To 10
   For j = 1 To uniqueNumbers
      If Cells(i, 1).Value = Cells(j, 2).Value Then
         toAdd = False
      End If
   Next j

   If toAdd = True Then
      Cells(uniqueNumbers + 1, 2).Value = Cells(i, 1).Value
      uniqueNumbers = uniqueNumbers + 1
   End If

   toAdd = True

Next i
```

"A" 열의 데이터 전체를 중복 값 제거하여 "B" 열에 표시.

18. Loop를 이용한 간격 [16_간격.xLS]

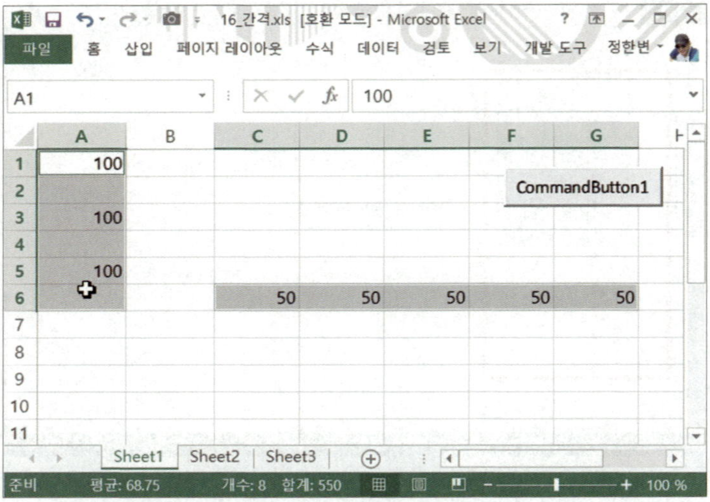

```
Dim i As Integer, j As Integer

For i = 1 To 6 Step 2
   Cells(i, 1).Value = 100
Next i

For j = 8 To 3 Step -1
    Cells(6, j).Value = 50
Next j
```

100은 "A"열 기준 행으로 2 칸씩, 50은 6행 기준으로 "G" 부터 -1씩 "C" 열(3)까지.

19. 셀 데이터를 나누기[17_셀분할.xls]

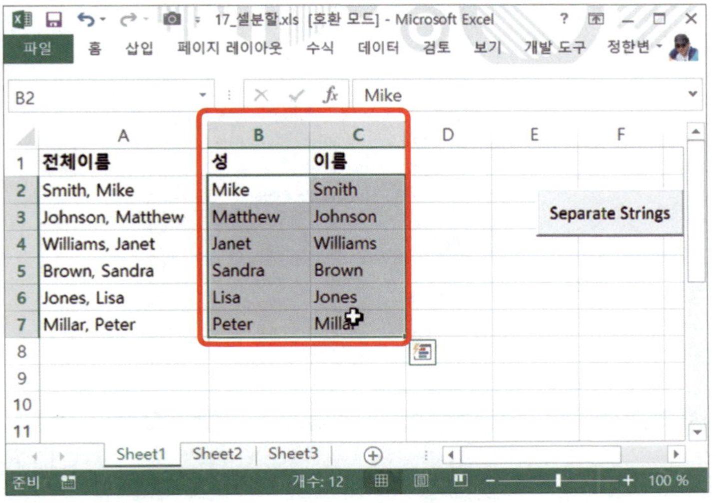


```
Dim fullname As String, commaposition As Integer, i As Integer
For i = 2 To 7
    fullname = Cells(i, 1).Value
    commaposition = InStr(fullname, ",")
    Cells(i, 2).Value = Mid(fullname, commaposition + 2)
    Cells(i, 3).Value = Left(fullname, commaposition - 1)
Next i
```

셀 "A" 열 전체 이름을 " , " 기준으로 성과 이름으로 셀 분할하기.

20. 마우스 포인트 행렬 색상 만들기[18_실행위치.xls]

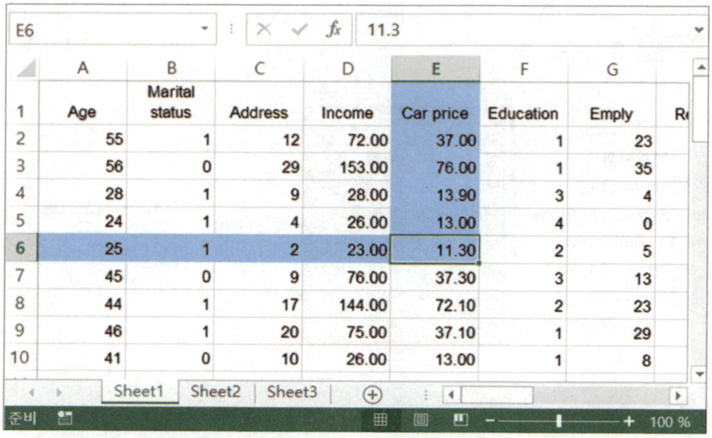

	Age	Marital status	Address	Income	Car price	Education	Emply
2	55	1	12	72.00	37.00	1	23
3	56	0	29	153.00	76.00	1	35
4	28	1	9	28.00	13.90	3	4
5	24	1	4	26.00	13.00	4	0
6	25	1	2	23.00	11.30	2	5
7	45	0	9	76.00	37.30	3	13
8	44	1	17	144.00	72.10	2	23
9	46	1	20	75.00	37.10	1	29
10	41	0	10	26.00	13.00	1	8

```
Private Sub Worksheet_SelectionChange(ByVal Target As Range)
Dim rowNumberValue As Integer, columnNumberValue As Integer, i As Integer,
j As Integer
Cells.Interior.ColorIndex = 0
rowNumberValue = ActiveCell.row
columnNumberValue = ActiveCell.column
For i = 1 To rowNumberValue
    Cells(i, columnNumberValue).Interior.ColorIndex = 37
Next i
For j = 1 To columnNumberValue
    Cells(rowNumberValue, j).Interior.ColorIndex = 37
Next j
End Sub
```

마우스 선택된 위치 기준으로 셀 좌우 행렬로 색상 만들기.

지금부터는 엑셀 개발도구의 ActiveX 도구상자 이용 방법을 학습합니다.

① 개발 메뉴의 양식 컨트롤 ActiveX의 버튼을 선택합니다.

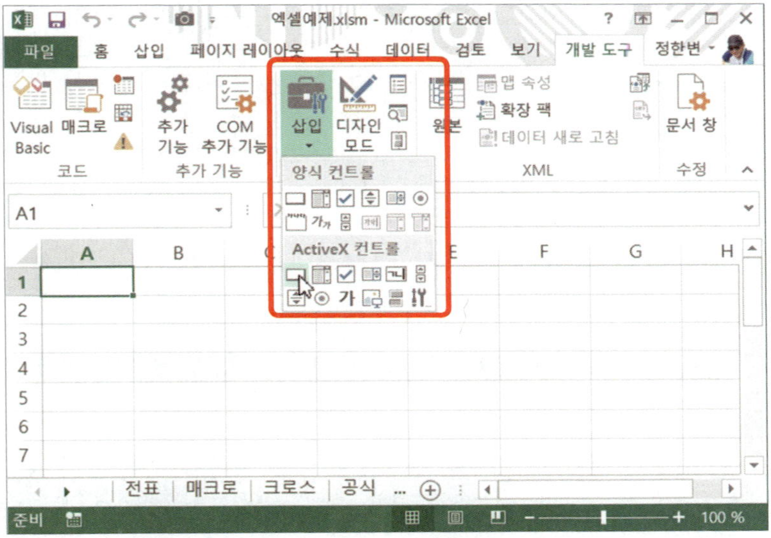

주로 처음에는 양식 컨트롤 버튼을 이용해서 매크로를 연결해서 사용하십시오!

② 버튼을 마우스 드래그로 사이즈 조정해서 버튼을 만듭니다.

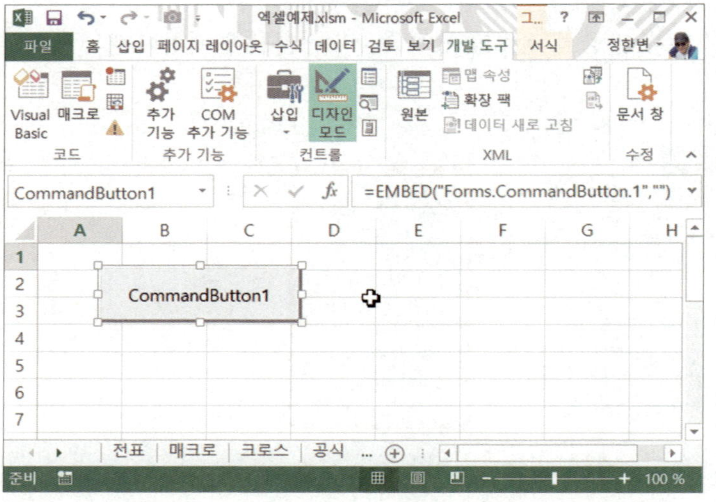

③ 디자인 모드 상태일 때만 버튼 사이즈 크기 및 이동/삭제를 할 수 있습니다.

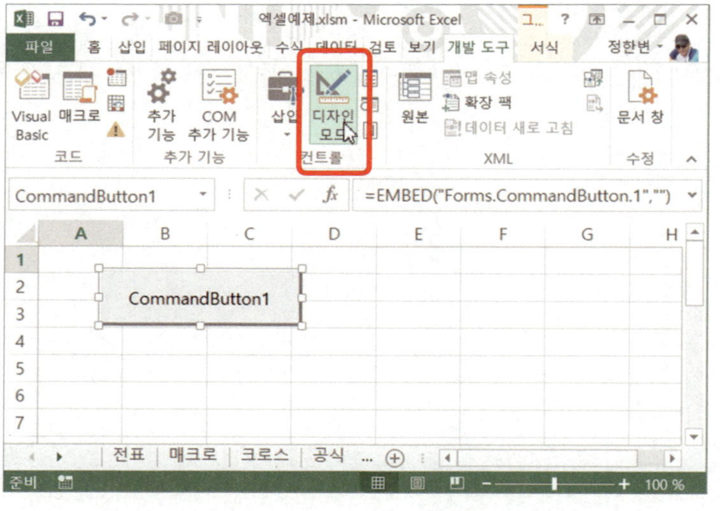

버튼을 더블 클릭한 후, 다음과 같이 VBA를 작성합니다.

```
Private Sub CommandButton1_Click( )
Range("B1").Value = 23
End Sub
```

일반 실행 모드에서는 버튼을 삭제할 수가 없으며, 디자인 모드 상태에서만 수정 및 삭제 등이 가능합니다.

④ 버튼을 클릭하면 B1 셀에 "23"이라고 표시가 됩니다.

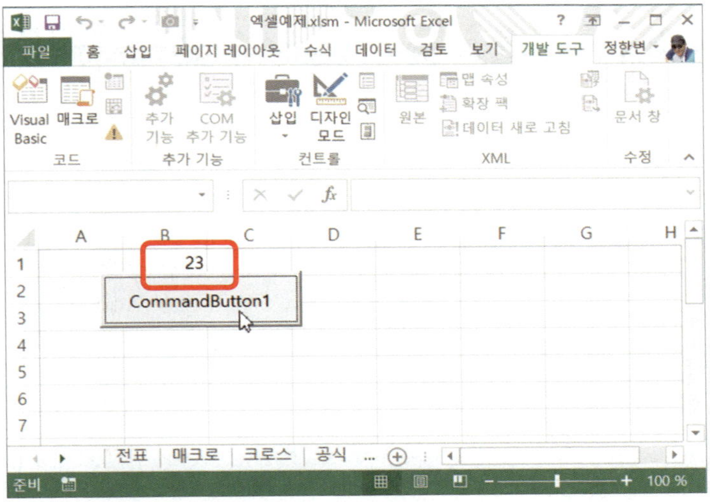

21. msgbox 학습 [19_msgbox.xls]

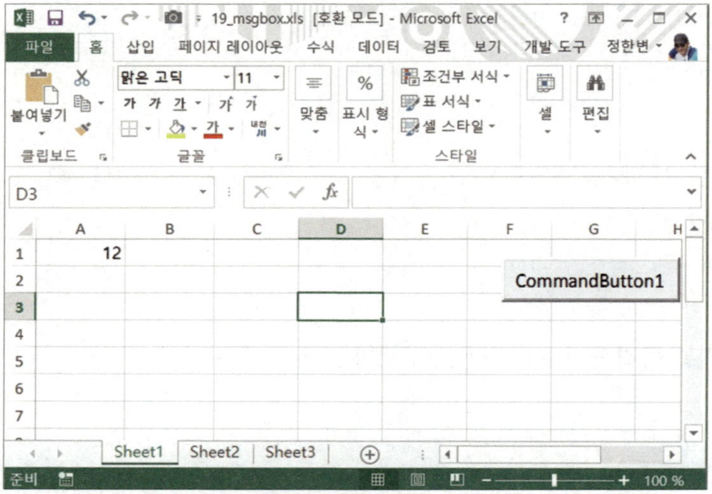

```
MsgBox "오사모"
MsgBox "A!의 값은 is " & Range("A1").Value
MsgBox "라인 1" & vbNewLine & "라인 2"
```

MsgBox로 다양한 결과를 박스로 보여주기

22. 워드시트 다루기[20_worksheet.xls]

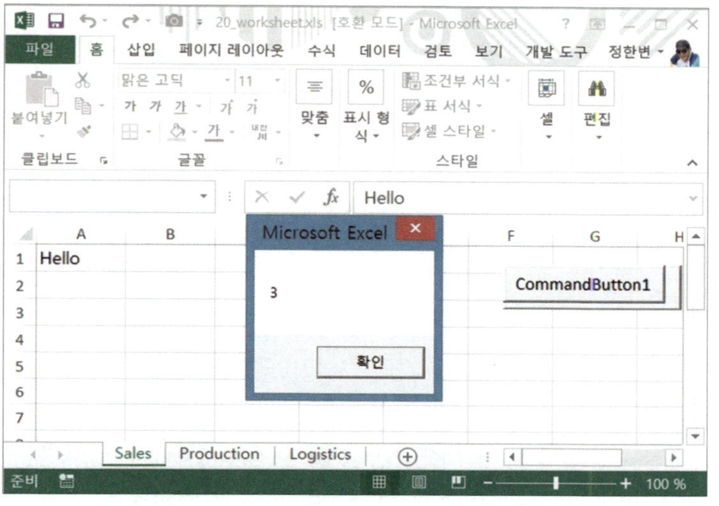

```
Worksheets("Sales").Range("A1").Value = "Hello"
'Worksheets(1).Range("A1").Value = "Hello"
'Sheet1.Range("A1").Value = "Hello"

MsgBox Worksheets.Count
Workbooks.Add
```

워크시트의 셀에 텍스트 추가하기 및 신규 워크시트 추가하기

23. 셀 범위 다루기[21_셀범위.xls]

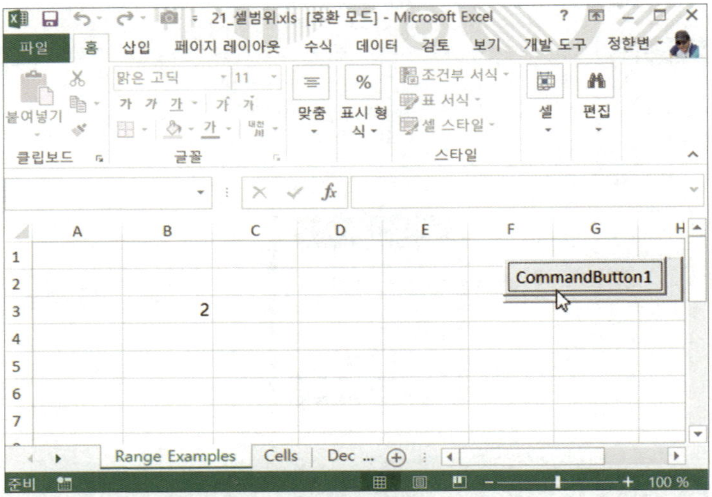


```
Dim example As Range
Set example = Range("A1:C4")
MsgBox example.Count

Cells(3, 2).Value = 2

Range("A1").ClearContents
'Range("A1").Value = ""
'Range("A1").Clear
'Range("A1").ClearFormats
```

다양한 셀 지우기 및 다루기

24. IF 가정문 다루기[22_가정문_IF.xls]

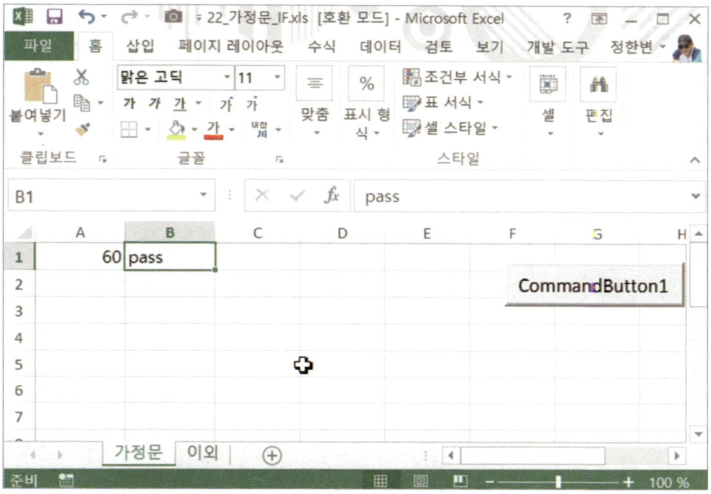


```
Dim score As Integer, result As String
score = Range("A1").Value
If score >= 60 Then
    result = "pass"
Else
    result = "fail"
End If
Range("B1").Value = result
/3개 예시 소개
```

가정문 IF를 이용하여 pass/fail 표시하기

25. Loop문For를 배우기[23_다양한_loop.xls]

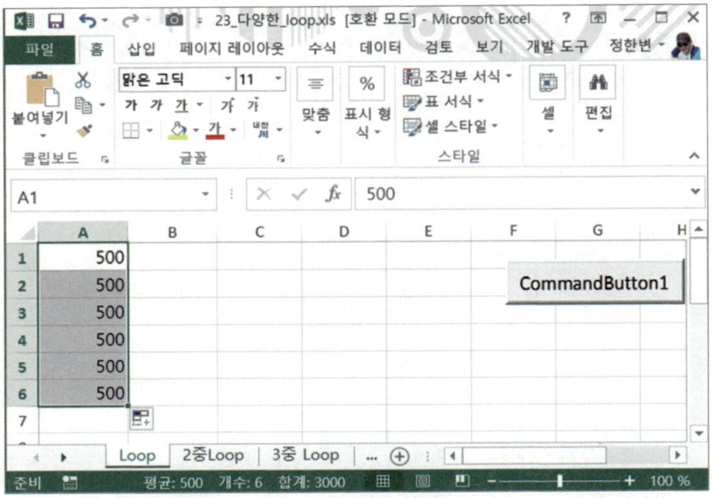

```
Dim i As Integer
For i = 1 To 6
   Cells(i, 1).Value = 500
Next i
```

/4개 예시 소개.

Loop의 반복 실행의 다양한 FOR 예시 제공

• 매크로 실행 후에 에러 처리 방법

다음과 같은 과정으로 에러를 처리합니다[24_매크로에러.xls].

① 즉, 버튼 [commandButton1]을 클릭합니다.

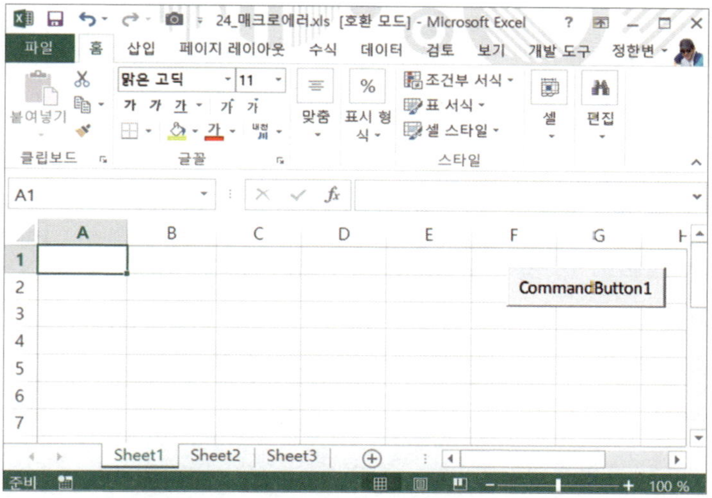

② 에러 창이 오픈되면 확인을 클릭합니다.

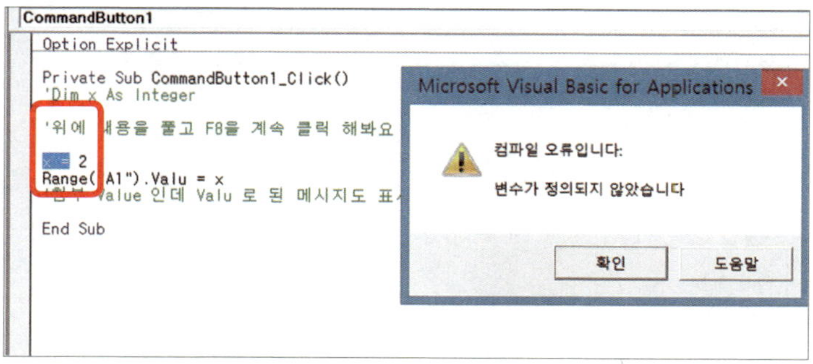

③ 에러난 이벤트를 노란색으로 보여줍니다. 에러를 중간에 메뉴 중지 "■" 클릭하면 에러가 중지됩니다. 그러면 노란색 라인의 색상이 제거됩니다.

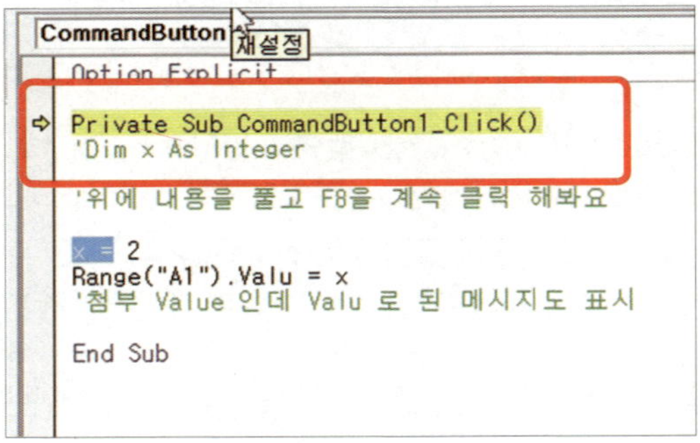

④ 에러를 중지한 후에 에러난 매크로 내용을 수정합니다.

불필요한 부문은 '주석 처리' 혹은 '주석 처리 해지'합니다.

'주석 처리'하는 이유는 해당 매크로로 실행되지 않도록 하기 위한 것입니다.
해당 메뉴 찾기가 어렵습니다. '보기' 메뉴의 도구 모음에서 [편집]을 선택하면 메뉴 상단에 주석처리 메뉴가 보여집니다.

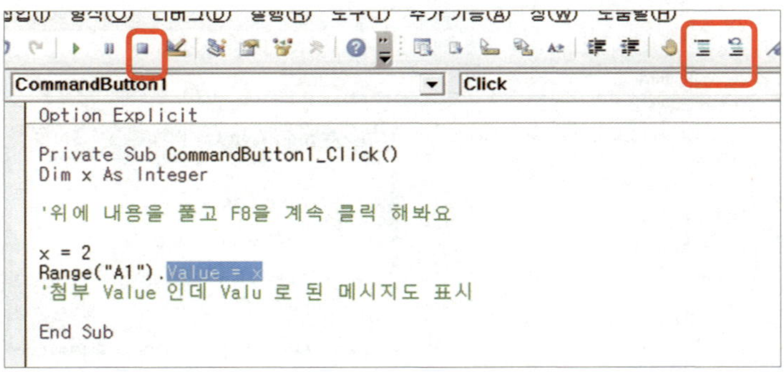

```
'Dim x As Integer = 〉 Dim x As Integer
⇒ 앞에 주석 처리 " ' " 제거합니다.

x = 2
Range("A1").Valu = x
⇒ '첨부 Value 인데 Valu 로 된 메시지를 참조하여Valu = 〉 Value 변경합니다.
```

특정한 매크로 약속어를 입력하지 않는다면 에러로 표시가 되어 매크로가 실행되지 않습니다.

따라서 매크로 반복 연습만이 에러를 최소화할 수 있는 방법이며, 처음부터 어려운 VBA 보다 단순한 매크로 작성부터 학습할 것을 권합니다.

마지막으로 엑셀에서 제일 많이 사용하는 Vlookup 함수를 VBA로 만들어서 배워 봅시다.

```
VBA에서 Vlookup 사용하기

Dim i As Integer
Dim H, HR As String
Dim Lookup_Range As Range
Set Lookup_Range = Sheets("필드").Range("S1:U11")
S = Range("C1") ' 기준일

Lookup_Range를 아래처럼 시트 "필드"를 참조합니다.
번호   호기     셀 위치
1      1번      B4
```

```
2    2번    H4
3    3번    N4
5    4번    T4
6    5번    B24
7    6번    H24
8    7번    N24
9    8번    T24

For i = 1 To 10 '반복되는 전체 호기를 정해주고
    H = i & "번"
    HR = Application.WorksheetFunction.VLookup(i, Lookup_Range, 3, False)
    처리 과정
Next i
```

기타 다양한 VBA를 배워야 하지만 이 정도 매크로를 직접 작성을 못하더라도, 해석하고 가져다 변경해서 사용할 수 있다면 MS SQL 서버를 다루는데 전혀 지장이 없습니다.

앞에서 오피스 2007부터 매크로를 포함하여 사용할 수 있는 엑셀 "XLSM" 만드는 과정을 설명하였습니다.

2 엑셀 VBA로 MS SQL 서버 연결

이번 장에는 엑셀 VBA를 이용해서 어떻게 웹 서버의 MS SQL에 접속하는지에 관하여 학습합니다.

인터넷을 통해서 엑셀 VBA의 ADO(ActiveX Data Object) 방식으로 서버 MS SQL에 접속하는 방법 소개합니다.

데이터베이스 연결

1. ODBC

M/S사는 다양한 목적을 가지고 데이터베이스를 연결할 수 있는 솔루션을 개발하였으며, 그 중 하나가 앞에서 소개한 ODBC(Open DataBase Connectivity)이 있습니다.

2. OLEDB(Object Linking Embeddingand Database)

ODBC는 SQL쿼리를 이용해서 관계형 DB 처리를 위한 규칙이며, 데이터의 종류와 연결만 되면 처리 되는 M/S사의 데이터 처리 방법입니다.

관계형 DB (RDBMS)가 아니더라도 메일 CAD같은 데이터도 데이터베이스로 활용할 수 있으며, ODBC는 C언어에 기반을 둔 API지만 OLEDB는 COM기술에 기반을 둔 객체지향형의 API이며 컴포넌트 기반으로 속도 면에서 빠릅니다.

① 엑셀 매크로 포함 통합문서인 "ADO.xlsm"라고 저장합니다.

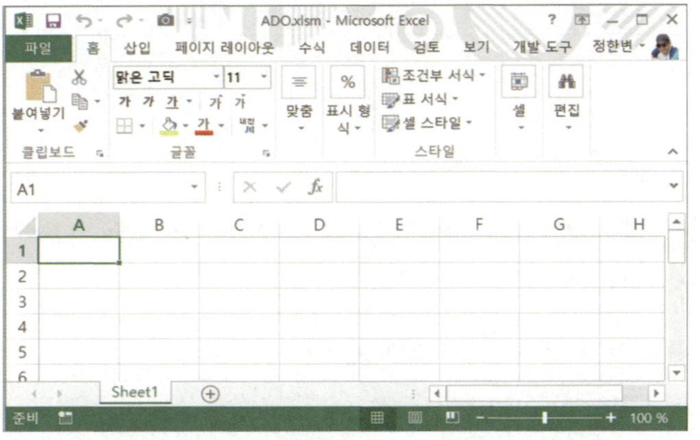

② ADO가 정상적으로 서버로 데이터가 접속하기 위해서는 다음과 같이 설치합니다. Alt + F11을 눌러 VBA 창으로 이동하여, 도구 메뉴의 참조를 선택 클릭 한 후, 그 다음으로 "Microsoft ActiveX Data Object 6.1 Libery" 선택 체크하고 버튼 [확인]을 클릭합니다.

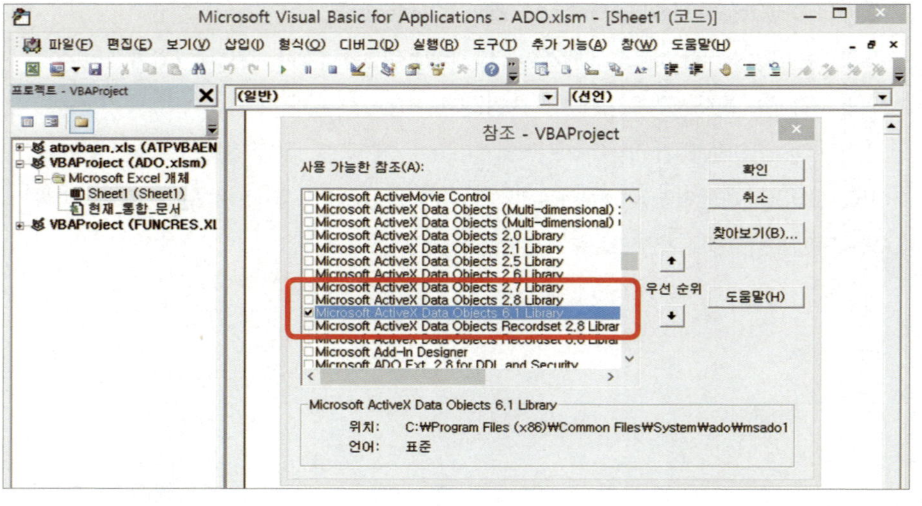

③ 도구 메뉴에서 참조를 선택합니다. 여기에서 “Microsoft ActiveX Data Object 6.1 Library” 체크가 되어 있어야 합니다. 만약 엑셀 참조가 5개가 체크 되어 있지 않는다면 문제가 발생하여 SQL 서버에 접속할 수가 없습니다.

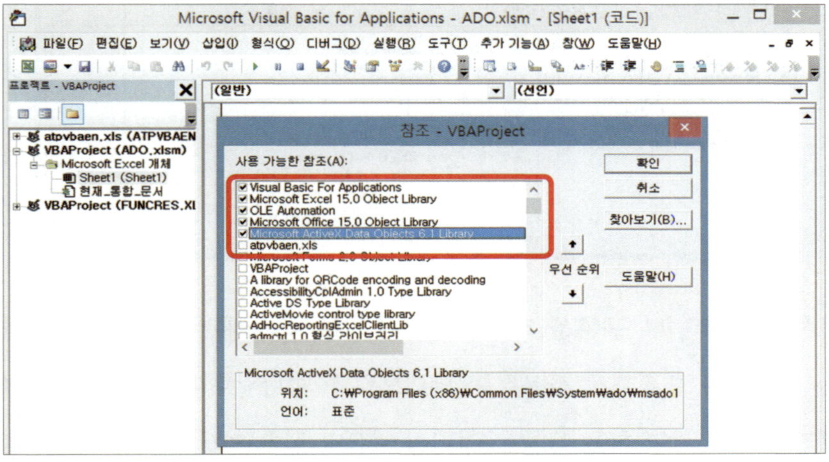

④ 예시처럼 데이터를 SQL 서버 연결 조건 검색합니다.

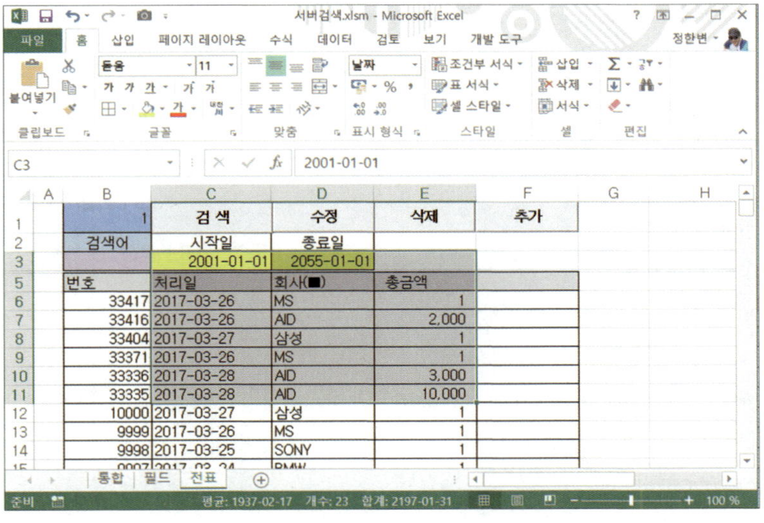

⑤ 모듈처럼 VBA를 입력합니다.

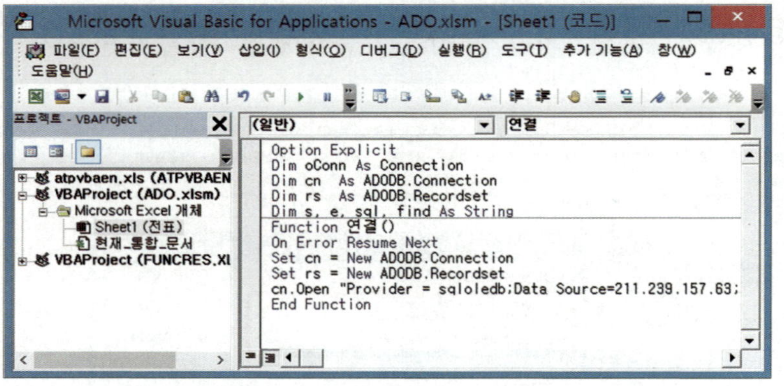

작성된 해당 VBA 구문을 직접 작성하기 보다, 복사해서 자신의 서버에 접속하는 내용으로 변경해서 사용하는 방법으로 학습바랍니다. 단순히 외워서 될 문제가 아니며, 접속하는 모듈은 정해져 있으며 접속번호 및 계정 등만 변경하면 됩니다. 저자 또한 이것을 외울 수가 없습니다. 접속관련 VBA를 학습합니다

```
Option Explicit
Dim cn As ADODB.Connection
Dim rs As ADODB.Recordset
Dim s, e, sql, find As String

Function 연결()
On Error Resume Next
Set cn = New ADODB.Connection
Set rs = New ADODB.Recordset
cn.Open “Provider = sqloledb;Data Source=211.239.XXX.XX;Initial Catalog=XX016064;User ID=XXXXX;Password=XXXXX;”
End Function
```

ⓐ Dim cn As ADODB.Connection ⇒ ADO로 서버 연결 컨넥트 정의

ⓑ Dim rs As ADODB.Recordset ⇒ ADO로 서버 연결 데이터 정의

ⓒ Dim s, e, sql, find As String ⇒ 시트내 공통으로 사용을 위한 문자 변수 4개 지정

ⓓ Function 연결( )

On Error Resume Next

내용

End Function

Function으로 정의하면, 해당 시트에서만 사용할 수 있는 지역 매크로이며, 엑셀 메뉴 팝업 [매크로 창]에서는 보이지 않습니다.

ⓔ Set cn = New ADODB.Connection

Set rs = New ADODB.Recordset

각자 개체 이름을 "cn"은 접속 연결로 정의하고, "rs"는 접속된 서버 레코드로 정의합니다.

ⓕ cn.Open "Provider = sqloledb;Data Source=211.239.XXX.XX;Initial Catalog=XX016064;User ID=XXXXX;Password=XXXXX;"

cn.Open "Provider ~내용 ~;" cn.Open는 서버 접속해서 열기하는 것은 텍스트로 처리합니다.

- Data Source=211.239.XXX.XX는 데이터 접속 서버의 IP 혹은 도메인
- Initial Catalog=DB016064 은 데이터베이스 이름
- User ID=XXXXX 는 접속 유저
- Password=XXXXX 는 비밀번호

- OLE DB(Object Linking and Embedding, Database) 또는 객체 연결 삽입 데이터베이스는 마이크로소프트사가 개발한 API로, 통일된 방식으로 저장된 여러 종류의 데이터에 접근하기 위해 만들어졌다. 컴포넌트 오브젝트 모델 (COM)을 사용하여 추가된 인터페이스 집합이며 객체 연결 삽입과는 관련이 없다. ODBC를 높은 수준으로 대체하면서도 그 뒤를 잇도록 설계되었으며 오브젝트 데이터베이스와 SQL 추가가 필수적이지 않은 스프레드시트 같이 더 다양한 범위의 비관계형 데이터베이스를 지원하기 위해 기능을 확장하였다.
- OLE DB는 데이터 저장을 데이터소스, 세션, 명령어, 열 집합을 포함한 추상 집합을 통해 접근해야 하는 응용 프로그램과 따로 떼어 놓는다. 그 까닭은 다른 응용 프로그램들이 여러 종류와 원천의 데이터에 접근해야 하며 기술적인 측면에서 어떻게 동작하는지를 알 필요는 없기 때문이다. OLE DB는 개념적으로 소비자(consumer)와 제공자(provider)로 구분되어 있다. 소비자는 데이터에 접근해야 하는 응용 프로그램이며 제공자는 인터페이스를 추가하는 소프트웨어 구성 요소이다. 이로써 데이터는 소비자에게 전달된다. OLE DB는 마이크로소프트 데이터 액세스 구성 요소(MDAC) 스택의 일부이다. MDAC는 마이크로소프트 기술들을 한데 모아 놓은 것으로, 프로그래머가 거의 모든 데이터 저장소에 접근하는 통일되고 포괄적인 방법을 허용해 주는 프레임워크로서 함께 상호작용을 할 수 있게 도와준다. 텍스트 파일과 스프레드시트로 오라클 SQL 서버, Sybase ASE와 같은 복잡한 데이터베이스를 통하여 이러한 단순한 데이터 저장소를 접근할 수 있게 OLE DB 제공자를 만들 수 있다. 또, 전자 우편 시스템과 같은 계층 데이터저장소로의 접근을 제공할 수 있다.
- 그러나 서로 다른 저장 기술은 각기 다른 수행 기능을 보이므로 OLE DB 제공자는 OLE DB에 이용할 수 있는 가능한 모든 인터페이스를 추가하지 않을 수 있다. 사용할 수 있는 수행 기능은 COM 오브젝트를 사용함으로써 추가할 수 있다. OLE DB 제공자는 데이터 저장 기술 기능을 특정한 COM 인터페이스에 매핑할 것이다. 마이크로소프트는 제공자 정의(provider-specific)로 인터페이스를 사용할 수 있다고 설명한다. 이는 이에 수반되는 데이터베이스 기술에 의지하여 적용하지 못할 수도 있음을 말한다. 다만 제공자들이 데이터 저장 수행 기능을 늘릴 수 있으며 이러한 수행 기능들은 마이크로소프트 환경에서 서비스(services)로 알려져 있다.

참조: 네이버 위키백과 사전

해당 조건 VBA 만으로 서버 SQL 데이터 접속 상태이며 SQL서버 접속 VBA 코드가 간단합니다.

⑥ 이제 서버 접속 상태에서 테이블 [전표]에 접속하는 VBA를 추가합니다.

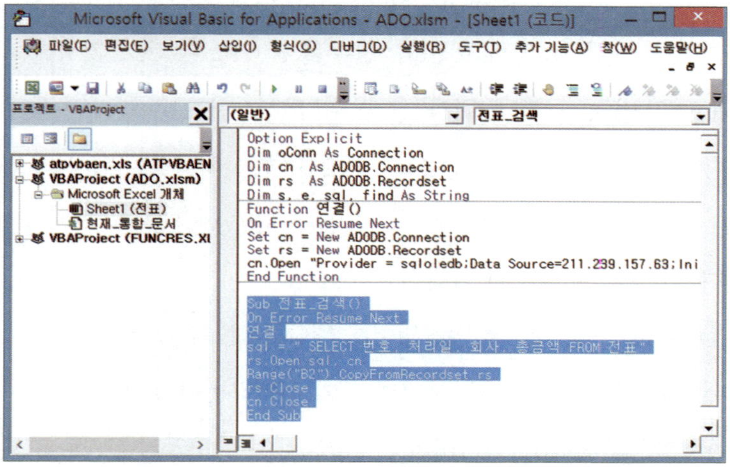

다음과 같이 매크로 이름 "전표_검색" 이라고 지정한 후, VBA를 작성합니다.

```
Sub 전표_검색()
On Error Resume Next
연결
sql = " SELECT 번호, 처리일, 회사, 총금액 FROM 전표"
rs.Open sql, cn
Range("B2").CopyFromRecordset rs
rs.Close
cn.Close
End Sub
```

ⓐ "On Error Resume Next"는 에러가 나면 다음 단계로 넘어가라는 명령어입니다.

ⓑ "연결" 매크로를 실행합니다. 전표_검색( ) 매크로 클릭하면 서버에 접속/연결됩니다.

ⓒ 앞에서 배운 SQL 쿼리문인 sql = "SELECT 번호, 처리일, 회사, 총금액 FROM 전표"는 앞에서 SQL 변수를 String 문자로 지정한 것입니다. "SELECT 번호, 처리일, 회사, 총금액 FROM 전표"은 앞에서 SQL 학습할 때의 배운 것으로 테이블 [전표]의 필드 [번호], [처리일], [회사], [총금액] 필드만 선택한 것입니다. 만약 " SELECT * FROM 전표"는 "*" 전체 필드를 선택한다는 것은 앞에서 학습하였습니다.

ⓓ "rs.Open sql, rs" 는 서버를 열어서 해당 "sql" 문을 실행합니다. 즉, 데이터 테이블 [전표]에 접속된 상태에서 해당 쿼리문이 실행됩니다.

ⓔ "Range("B2").CopyFromRecordset rs"는 셀 B2 기준으로 SQL 구문의 실행 데이터의 결과를 셀 "B2" 기준으로 복사해서 가져오기를 합니다. 획기적인 부문으로 기존에는 Loop를 이용해서 데이터 가져오기를 하였기 때문에 처리 속도가 매우 느렸지만, 이 기능을 이용하면 해당 소스를 통해서 데이터 전체를 바로 복사해서 붙여 넣기 개념으로 데이터를 가져와서 처리 속도가 빨라집니다.

ⓕ "rs.Close 먼저 데이터인 레코드를 닫고, cn.Close" 서버 접속을 닫습니다.

레코드를 접속한 상태에서 수 많은 유저가 있다면 SQL서버가 과부하가 걸리기 때문에, 가능한 데이터 처리 완료 후에는 접속을 차단하시기 바랍니다.

이제 엑셀 화면에서 테이블 [전표]를 불러옵니다.

⑦ 개발 도구에서 삽입에서 양식 컨트롤 버튼을 추가합니다.

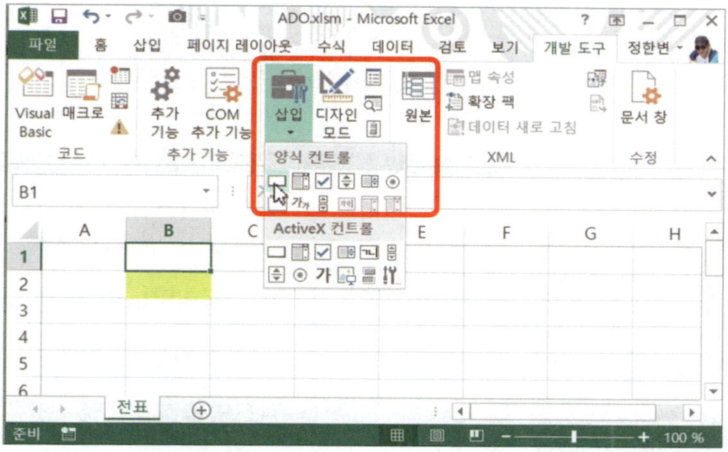

⑧ 매크로 지정 팝업 창에서 [전표_검색] 매크로를 선택한 후에 버튼 [확인]을 클릭합니다.

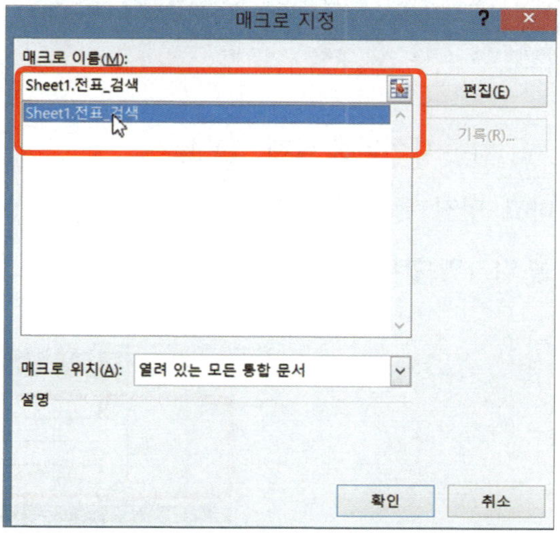

⑨ 버튼 [단추1]를 클릭하면 셀 "B2" 기준으로 데이터가 서버로부터 가져옵니다.

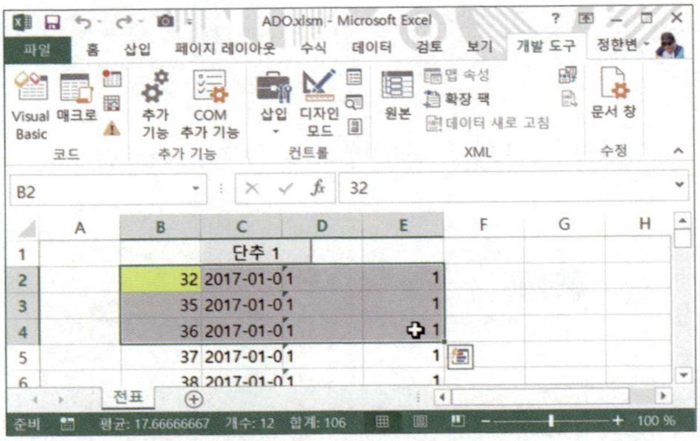

⑩ "B1" 열 기준으로, 필드 [번호], [처리일], [회사], [총금액] 필드명의 이름을 셀에 입력합니다. 필드명을 가져오는 것은 뒷부분에서 별도로 소개합니다.

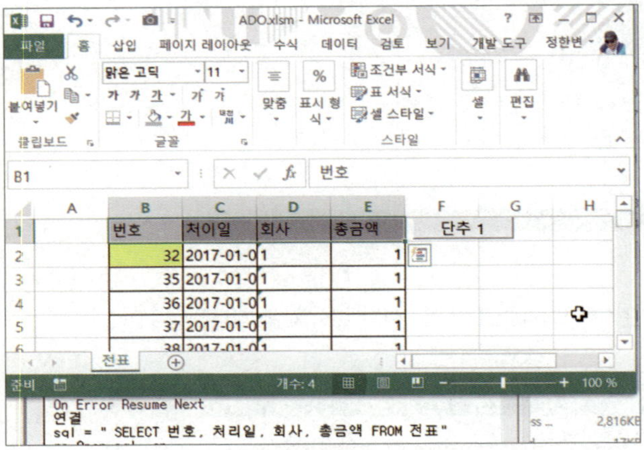

⑪ 기존 데이터를 삭제하고 멋진 폼으로 양식을 디자인 합니다.

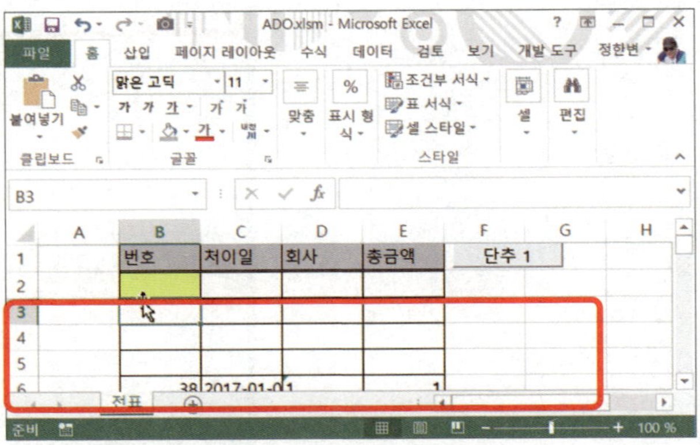

⑫ 버튼 [단추1]을 클릭하면 셀 "B1" 기준으로 데이터가 가져옵니다.

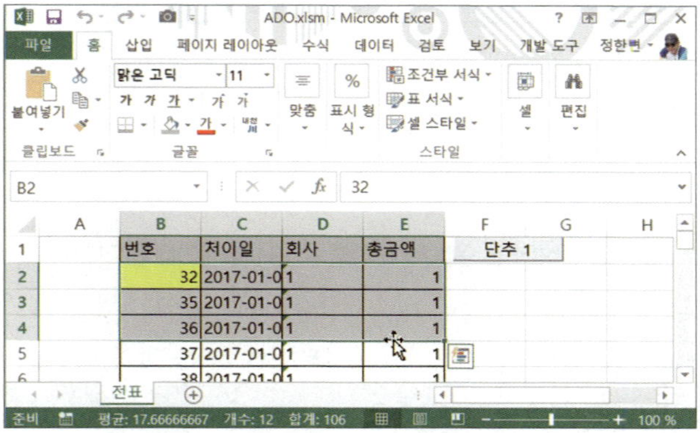

⑬ MS SQL 관리 도구를 이용해서 엑셀 데이터와 같다는 것을 확인합니다.

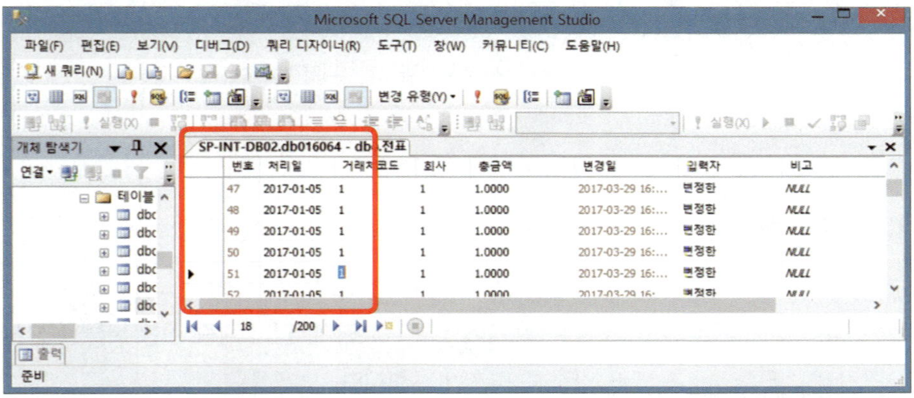

3 엑셀 VBA ADO/선택, 추가, 삭제, 수정

지금까지 엑셀 ADO로 서버에 접속해서 테이블 [전표]의 데이터를 가져오기의 기본 과정을 학습하였습니다.
이제부터 빅데이터로 저장된 MS SQL 테이블 [전표]의 데이터를 ADO로 검색, 삭제, 추가 방식을 학습합니다.
엑셀 유저가 웹 서버의 SQL에 접속하기 위해서는 다음과 같은 주의사항이 있습니다.

1. 엑셀 파일을 "XLSM" 형식으로 만들기
2. 엑셀 Macro 보안을 해지 변경
3. 도구의 참조에 "Microsoft ActiveX Data Object 6.1 Library" 체크

1. 검색 과정

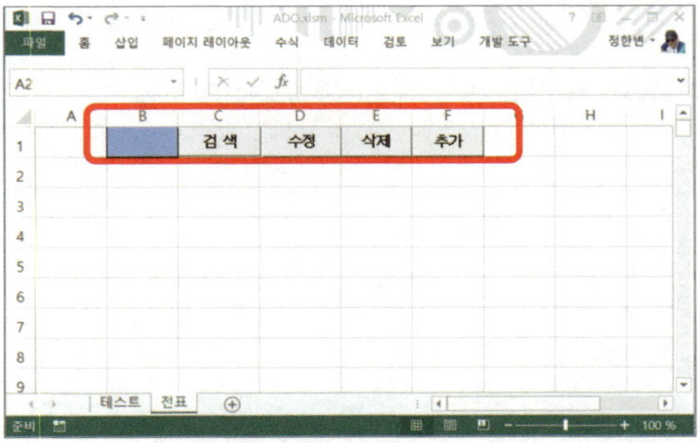

1-1 단계: 먼저 각종 실행 버튼을 생성합니다.

테이블 전표를 검색하기 위해서, 버튼 [검색], [수정], [삭제], [추가]를 개발도구에서 추가합니다.

1-2 단계: 테이블 정보를 검색하기 위해서, 필드 [회사]를 셀 B3과 연결해서 검색하고, 시작일 및 종료일은 필드 [처리일] 조건으로 From To 구간을 지정해서 검색합니다.

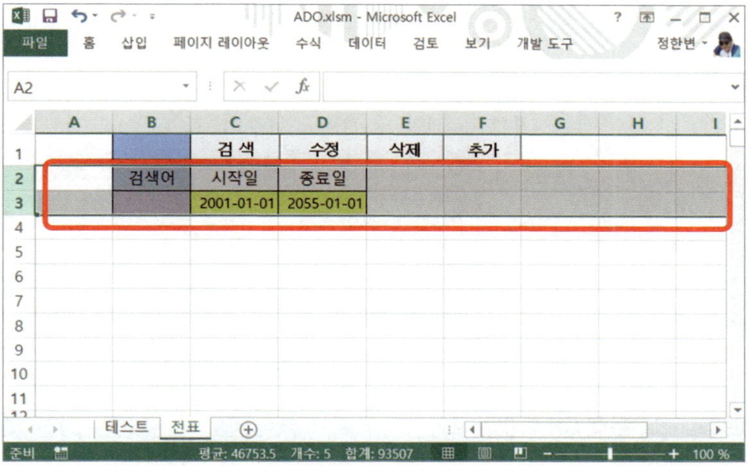

1-3 단계: 셀 6 행부터 데이터 검색되며, 각 5행에 필드의 이름을 순서에 맞추어 작성합니다.

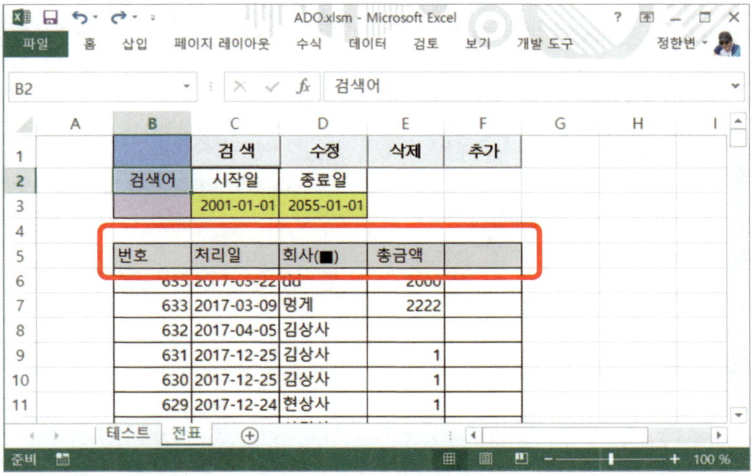

1-4 단계: 버튼 [검색]은 [매크로 설정]에서 기존에 만들어 놓은 [전표_검색]을 선택 확인합니다.

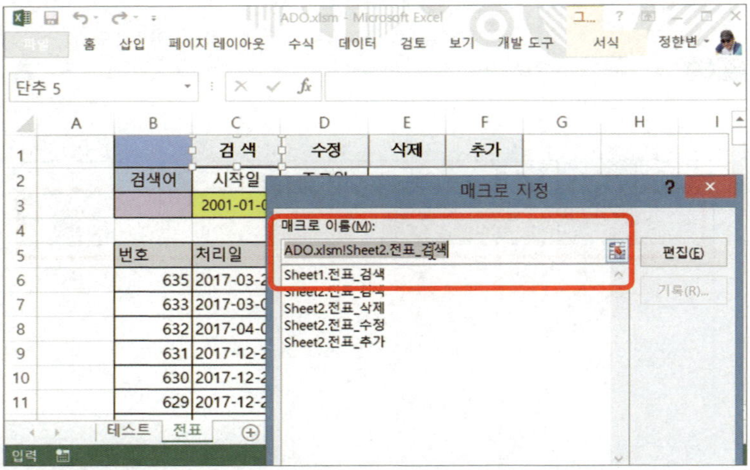

1-5 단계: 실행 버튼 [검색]에 대한 매크로 [전표_검색]을 작성합니다.

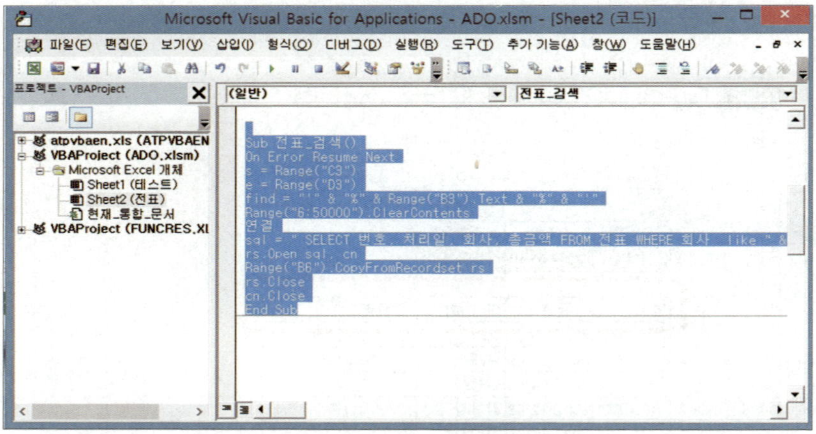

```
Sub 전표_검색()
On Error Resume Next
s = Range("C3")
e = Range("D3")
find = "'" & "%" & Range("B3").Text & "%" & "'"
Range("6:50000").ClearContents
연결
sql = " SELECT 번호, 처리일, 회사, 총금액 FROM 전표 WHERE 회사 like " & find & "
and (처리일 between '" & s & "' and '" & e & "') ORDER BY 번호 DESC"
rs.Open sql, cn
Range("B6").CopyFromRecordset rs
rs.Close
cn.Close
End Sub
```

① s = Range("C3"), e = Range("D3") 는 해당 매크로 상단에 변수로 지정합니다.

② find = "'" & "%" & Range("B3").Text& "%" & "'" 셀 B3 기준으로 좌우에 "%" 는 Like 검색과 같은 "*" 전체 검색하는 것으로 좌우 끝에 텍스트 표시로 " ' "로 표시합니다.

③ Range("6:50000").ClearContents 데이터를 검색하기 전에 기존 데이터를 전체 삭제합니다. 6행부터 5만행까지 데이터 내용을 삭제합니다.

④ "연결" 앞에서 소개한 모듈 "연결"로 데이터를 ADO로 접속합니다.

⑤ 가져오고자 하는 데이터 SQL 구문을 작성합니다. 단, 텍스트 SQL 구문 좌우 처리 즉, 양쪽으로 " ' ' " 와 같이 쌍 따옴표로 정의하며, 필드 [번호] 기준으

로 " Order By [번호] " 내림차순을 합니다.

sql = " SELECT 번호, 처리일, 회사, 총금액 FROM 전표 WHERE 회사 like " & find & " and (처리일 between '" & s & "' and '" & e & "') ORDER BY 번호 DESC"

⑥ SQL 조건문을 데이터베이스로부터 호출하고 실행합니다.

rs.Open sql, cn

⑦ 셀 "B6"을 기준으로 데이터를 가져옵니다.

Range("B6").CopyFromRecordset rs

⑧ 작성이 완료되어, 데이터 닫고 & 서버 연결을 해지합니다.

rs.Close/cn.Close

1-6 단계: 검색어에 "상사"로 즉 필드 [회사]에 "% 상사 %" 데이터 검색

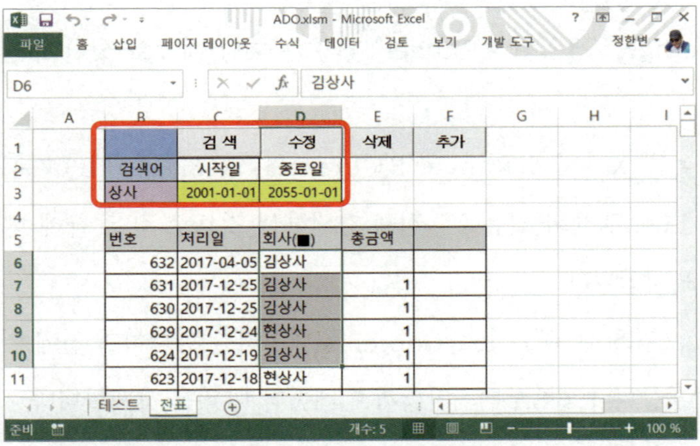

데이터 필드 [회사]에서 "상사"의 글이 포함된 데이터만 추출하기 위해, 버튼 [검색]을 클릭하면, % 상사 %가 포함된 데이터가 추출됩니다.

2. 수정 과정

입력된 데이터를 변경/수정합니다. 데이터를 수정한다는 것은 항상 기본값을 기준으로 데이터를 수정할 수가 있습니다. 기본값을 지정하지 않는다면 전체 테이블의 내용이 수정됩니다.

2-1 단계: 버튼 [수정] 마우스 오른쪽 매크로 [전표_수정]을 선택합니다.

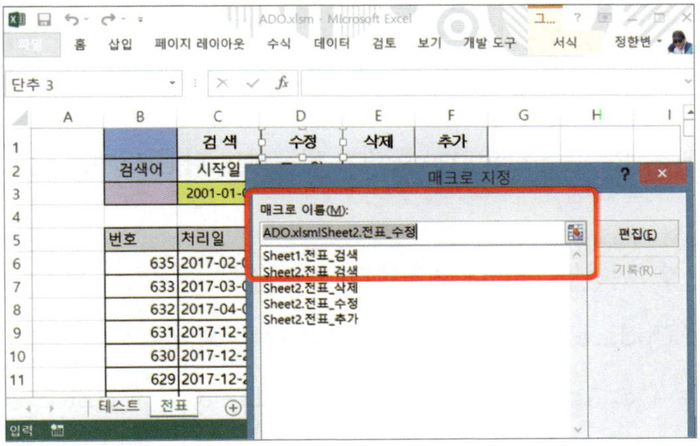

2-2 단계: 매크로 [전표_수정]을 VBA 모듈 창에서 작성합니다.

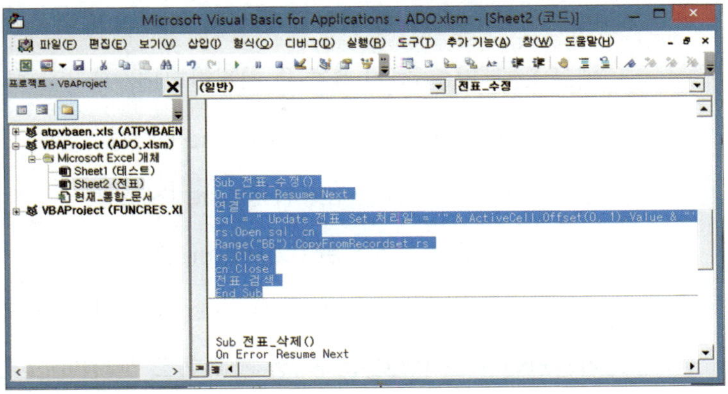

```
Sub 전표_수정()
On Error Resume Next
연결
sql = " Update 전표 Set 처리일 = '" &ActiveCell.Offset(0, 1).Value & "', 총금액 =
'" & ActiveCell.Offset(0, 3).Value & "' WHERE 번호 = '" & ActiveCell.Value & "'"
rs.Open sql, cn
Range("B6").CopyFromRecordset rs
rs.Close
cn.Close
전표_검색
End Sub
```

① On Error Resume Next는 에러가 발생하면 다음 단계로 넘어가라는 메시지입니다.

② 다음으로 "연결"은 서버에 연결합니다.

③ sql = " Update 전표 Set 처리일 = '" &ActiveCell.Offset(0, 1).Value & "', 총금액 = '" & ActiveCell.Offset(0, 3).Value & "' WHERE 번호 = '" & ActiveCell.Value & "'"

마우스로 선택된 셀 위치를 번호로 하나의 레코드만 선택합니다.

예로 B6부터 F6까지 블록을 지정한다면,

B6은 Activecell.offset(0,0).value [번호]

C6은 Activecell.offset(0,1).value [처리일]

D6은 Activecell.offset(0,2).value [회사]

E6은 Activecell.offset(0,3).value [총금액] 위치 값입니다.

기본키인 필드 [번호]는 B6셀 기준으로 "Activecell.offset(0,0).value" 같은

조건문(Where)을 기준으로 필드 [처리일], [총금액] 만 업데이트하는 SQL의 수정 구문입니다.

처리일은 처리일 = '" &ActiveCell.Offset(0, 1).Value & "'

총금액은 총금액 = '" & ActiveCell.Offset(0, 3).Value & "'

데이터 수정되도록 만든 구문입니다.

④ SQL 구문을 실행합니다.

rs.Open sql

⑤ 실행을 한 후에 "Range("B6").CopyFromRecordset rs" 셀 "B6" 기준으로 SQL문의 데이터를 가져오라는 것입니다. 다음 "Range("B6").CopyFromRecordset rs"는 업데이트, 추가, 삭제 등에서는 주석 혹은 삭제해도 무방합니다. 그리고 레코드를 닫고 서버 접속도 닫습니다.

Range("B6").CopyFromRecordset rs

rs.Close

cn.Close

⑥ 마지막으로, 데이터 수정 이후에 데이터 수정 확인하고자, 작성한 매크로 [전표_검색]를 다시 실행합니다.

처리일이 3월 3일로 총금액이 200으로 변경됩니다.

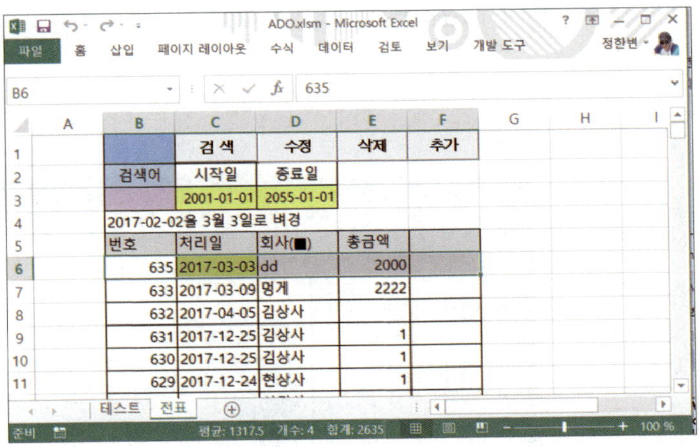

3. 삭제 과정

기본키 필드 [번호]를 선택한 후에 버튼 [삭제]를 클릭하면 선택된 필드 [번호]의 전체 데이터가 삭제가 됩니다. 한번 만들어 봅시다.

3-1 단계: 버튼 [삭제] 마우스 오른쪽 매크로 [전표_삭제]를 선택합니다.

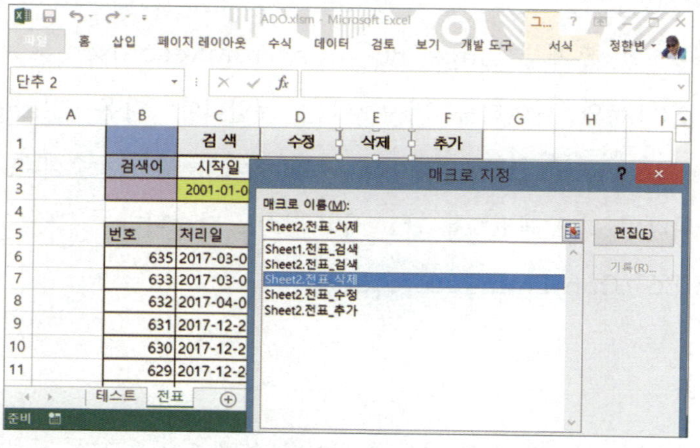

3-2 단계: 매크로 [전표_수정]을 VBA 모듈을 작성합니다.

필드 레코드 삭제하는 VBA 매크로는 다음과 같습니다.

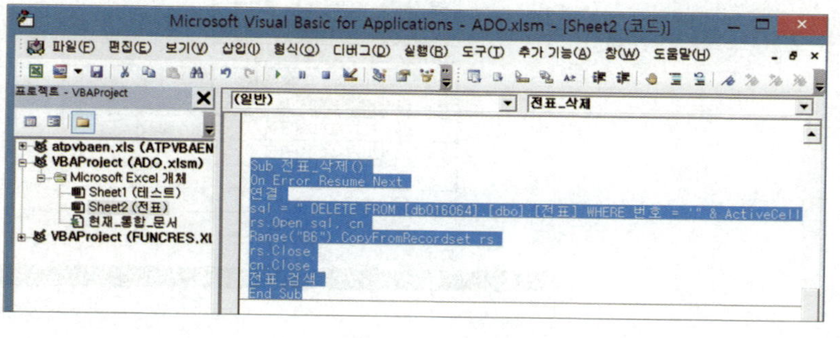

```
On Error Resume Next
연결
Sub 전표_삭제()
On Error Resume Next
연결
sql = " DELETE FROM [전표] WHERE 번호 = '" &ActiveCell.Value& "'"
rs.Open sql, cn
rs.Close
cn.Close
전표_검색
End Sub
```

① On Error Resume Next, 및 “연결”은 앞과 같습니다.

② SQL 구문을 보면, sql = “ DELETE FROM [전표] WHERE 번호 = ‘” &ActiveCell.Value& “’”

마우스로 선택한 기본키 필드 [번호]는 ActiveCell.Value과 같은 데이터를 삭제합니다.

③ 해당 “SQL” 삭제 구문을 실행하고, 닫기 합니다.

rs.Open sql, cn

rs.Close

cn.Close

④ 삭제 실행 이후에 다시 데이터 확인하기 위해, 검색 실행 매크로 [전표_검색]을 실행합니다.

예를들어 필드 [번호]인 셀 B6을 선택한 후, 버튼 [삭제]를 클릭하면 번호 “635”의 행 데이터가 삭제가 됩니다.

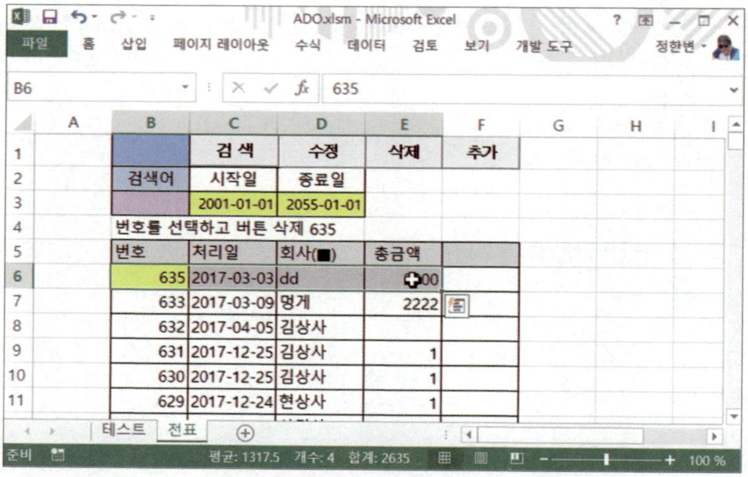

4. 추가 과정

기본키 필드 [번호]는 추가할 수 없는 일련번호 형식을 갖고 있습니다.

필드는 [처리일], [회사], [총금액]에다 데이터를 각자 맞추어서 테이블 [전표]에 추가합니다.

4-1 단계: 버튼 [삭제]의 옵션 속성 창에서 매크로 [전표_삭제]를 선택합니다.

기존 데이터를 필드 [번호] "635"에 해당하는 새로운 데이터를 추가하기 위해서는 셀 C6부터 셀 F6까지 마우스로 선택한 후, 버튼 [추가]를 클릭하면 새롭게 필드 [번호] "636"이 추가되면서 각 필드의 데이터가 추가됩니다.

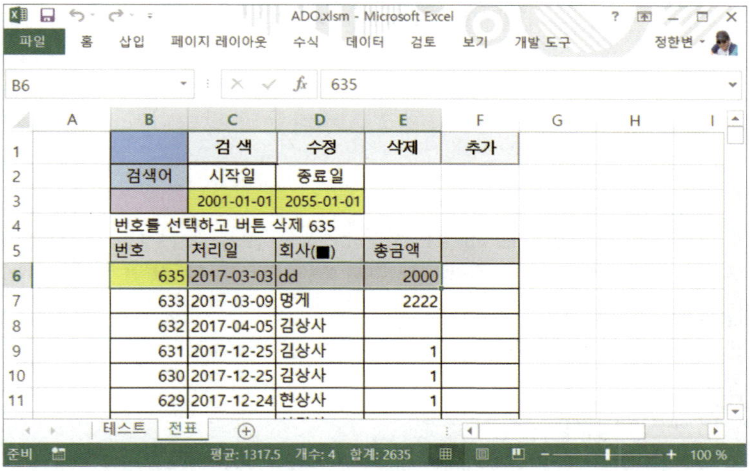

4-2 단계: 버튼 [추가] 마우스 오른쪽 매크로 [전표_추가]를 선택합니다.

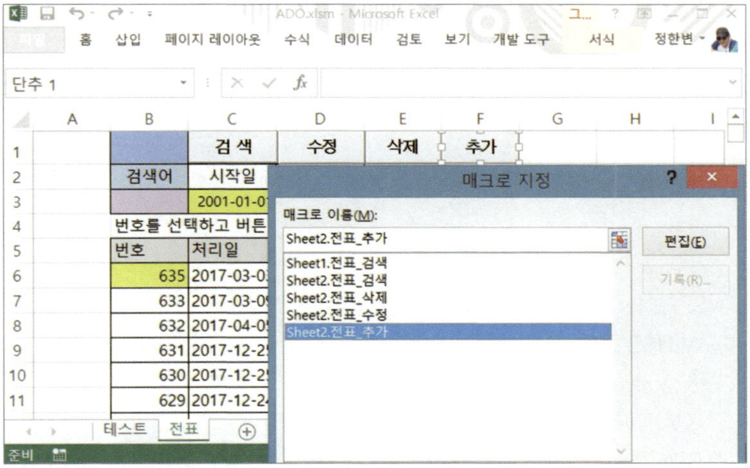

4-3 단계: 매크로 [전표_추가]을 VBA 모듈 창처럼 작성합니다.

필드의 레코드를 추가하는 VBA 매크로는 다음과 같습니다.

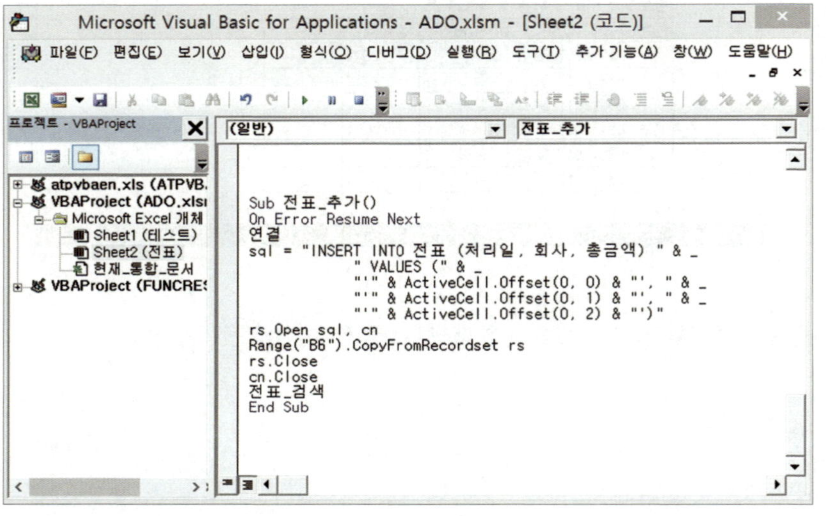


```
Sub 전표_추가()
On Error Resume Next
연결
sql = “INSERT INTO 전표 (처리일, 회사, 총금액) “ & _
        “ VALUES (“ & _
        “’” & ActiveCell.Offset(0, 0) & “’, ” & _
        “’” & ActiveCell.Offset(0, 1) & “’, ” & _
        “’” & ActiveCell.Offset(0, 2) & “’)”
rs.Open sql, cn
rs.Close
cn.Close
전표_검색
End Sub
```

① "On Error Resume Next"는 에러가 발생하면 무조건 다음 단계로 넘어가라는 메지며, "연결"은 앞에서 만든 서버 SQL에 연결 매크로를 실행합니다.

On Error Resume Next

연결

② 추가 SQL 구문으로 필드 "[처리일], [회사], [총금액]"의 데이터를 추가합니다.

즉 마우스 선택된 데이터

필드 [처리일] 기준으로 ActiveCell.Offset(0, 0) ⇒ 셀 C6

필드 [회사] 기준으로 ActiveCell.Offset(0, 1) ⇒ 셀 D6

필드 [총금액] 기준으로 ActiveCell.Offset(0, 2) ⇒ 셀 E6

의 데이터를 각 필드 순으로 추가합니다.

```
sql = "INSERT INTO 전표 (처리일, 회사, 총금액) " & _
" VALUES (" & _
        "'" &ActiveCell.Offset(0, 0) & "', " & _
        "'" &ActiveCell.Offset(0, 1) & "', " & _
        "'" &ActiveCell.Offset(0, 2) & "')"
```

INSERT INTO 테이블명 (필드명) VALUES (소스 필드명)으로 항상 필드명과 소스 필드명의 개수는 같아야 합니다.

③ SQL 구문을 실행하고 닫습니다.

```
rs.Open sql, cn
rs.Close
cn.Close
```

④ 추가 쿼리의 결과를 확인하고자 매크로 [전표_검색]를 실행합니다.

4-4 단계: 매크로 [전표_추가]의 결과를 확인합니다.

엑셀 파일을 보면 필드 [번호] "638" 추가된 것을 확인할 수 있습니다.

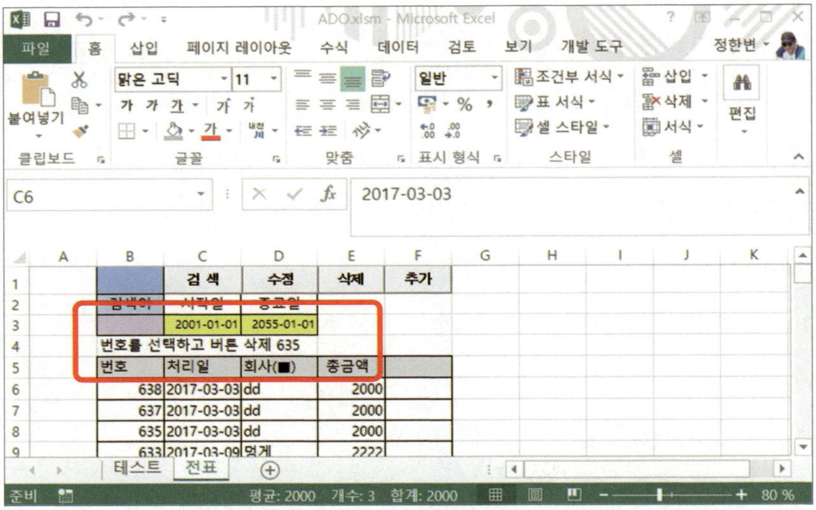

엑셀 유저가 SQL 구문 작성할 때 주의 사항은 필드 좌우로 콤마 " ' "& 셀 & " ' " 처리를 해줘야 하며, 특히 SQL의 Like 검색은 "*"가 아니라 "%" 라는 것입니다.

SQL 구문은 전체 텍스트 형태로 구성되어 있으며 좌우로 " " 쌍 따옴표 구성되어 있으며, 필드 [날짜] 서식이라도 텍스트 형식처럼 좌우로 따옴표 " ' " 처리를 합니다.

엑셀 유저가 VBA 따옴표(" ' ") 처리 해결 미숙으로 SQL 서버 접속을 실패하는 사례가 많아서 포기하는 경우가 많습니다.

엑셀 유저가 SQL 구문 중, VBA 따옴표 처리만 마스터 한다면 엑셀 기반으로 대형 빅데이터 다루기가 쉽습니다.

4 엑셀 VBA SQL Procedure/선택, 추가, 삭제, 수정

지금까지 엑셀 ADO로 이용하여 검색, 추가, 삭제, 수정 등을 학습하였습니다.
이번 절에서는 SQL 프로시저를 이용하여 ADO 방식과 처리 과정을 비교합니다.

앞에서 프로시저 및 ADO 차이점을 자세히 소개하였기 때문에 VBA를 이용해서 SQL저장 프로시저를 사용하는 방법 위주로 설명합니다.

1. 검색 과정

1-1 단계: 매크로 [SQL_추가]의 결과를 확인합니다.

MS SQL의 프로시저를 통해서 데이터를 검색하고자 합니다.

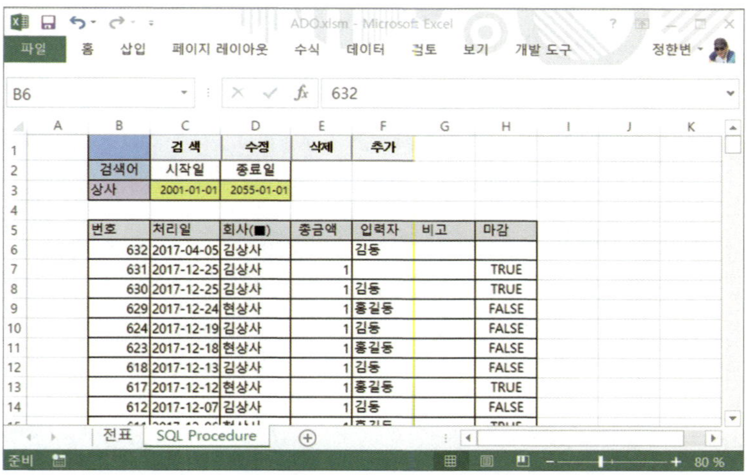

작성된 SQL 프로시저는 다음과 같습니다.

```
USE[bbjhh]
GO
/****** Object: StoredProcedure [bbjhh].[UPS_전표] Script Date: 03/30/2017
17:19:07 ******/
SET ANSI_NULLS ON
GO
SET QUOTED_IDENTIFIER ON
GO
ALTER PROCEDURE [bbjhh].[UPS_전표]
(
@회사 nvarchar(50),
@시작일 date,
@종료일 date
)
AS

BEGIN
SELECT*FROM전표
WHERE (회사like'%' + IsNull(@회사, 회사)+'%') and (처리일between @시작일 and @
종료일) ORDER BY 번호 DESC
END

EXEC USP_전표
```

SQL 프로시저 만들 때, 자세히 SQL 구문을 소개한 관계도 엑셀 VBA로 연결되는 부문만 학습합니다.

① @회사, @시작일, @종료일는 매개변수입니다. 즉, 엑셀데서 SQL 서버로 조건부 데이터를 보낼때, 순차적으로 1번을 @회사, 2번을 @시작일, 3번을 @종료일순으로 SQL 서버로 매개변수의 문자형식에 맞추어서 서버로 보냅니다.

@회사 nvarchar(50),

@시작일 date,

@종료일 date

② 이제 테이블 전표 레코드를 선택합니다.

SELECT*FROM전표

③ 각 조건부에 맞도록 데이터를 작성하고 번호를 내림차순으로 정렬합니다.

WHERE (회사like'%' + IsNull(@회사, 회사) + '%') and (처리일between @시작일 and @종료일) ORDER BY 번호 DESC

④ 이름을 USP_전표라고 이름 정의하고 실행합니다. 마지막 줄에 프로시저 EXEC usp_전표는 꼭 실행할 필요는 없습니다. 저장프로시저를 실행할 때 "EXEC usp_전표"라고 사용합니다.

EXEC USP_전표

따라서 엑셀에서 VBA로 SQL 프로시저를 호출하기 위해서는 SQL 프로시저를 만들어 놓아야 합니다.

사전 작업으로 서버에 SQL에다 프로시저 "usp_전표"를 작성해야 합니다.

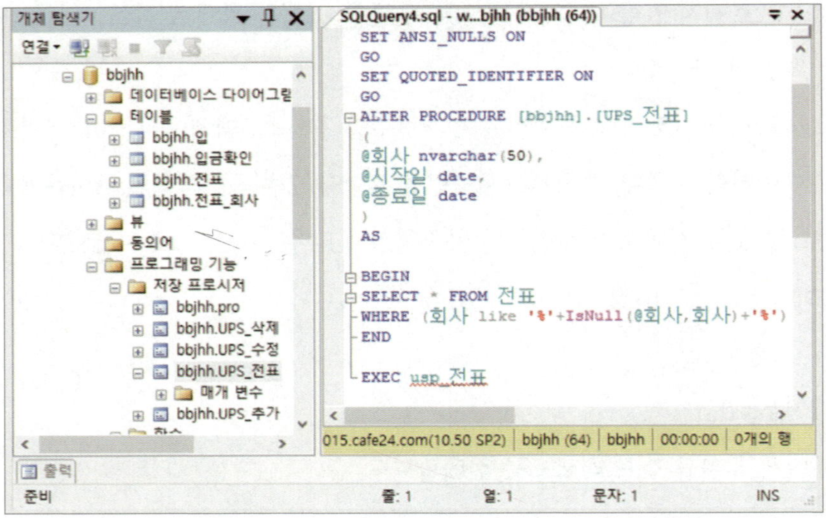

⑤ 엑셀 버튼 [검색]을 클릭해서 편집 창으로 이동합니다.

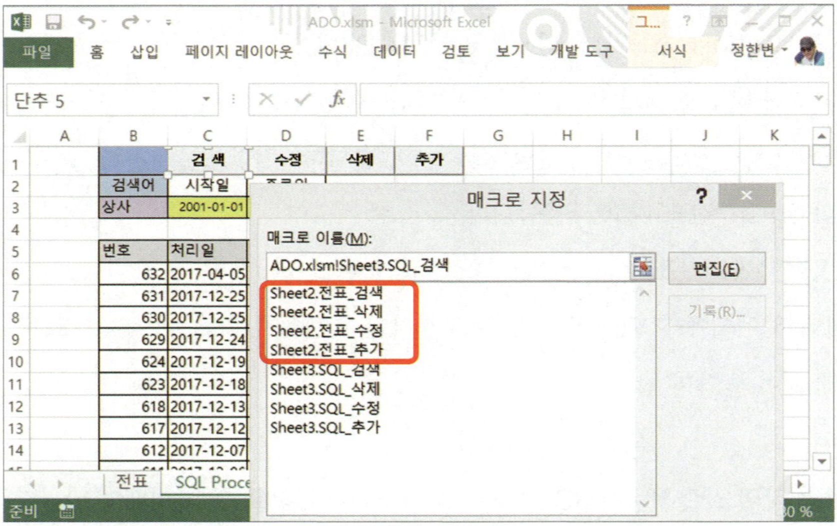

1-2 단계: 연결 ADO를 작성합니다.

MS SQL을 접속하기 위해 접속 ADO 저장 프로시저를 통해서 데이터를 검색합니다.

앞에서 소개한 내용과 같은 내용으로 통과합니다.

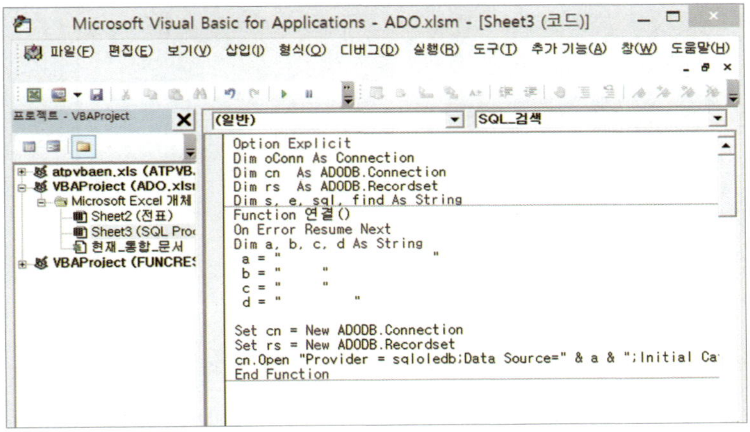

VBA는 다음과 같습니다. 별 차이점은 없지만, SQL 구문은 다릅니다.

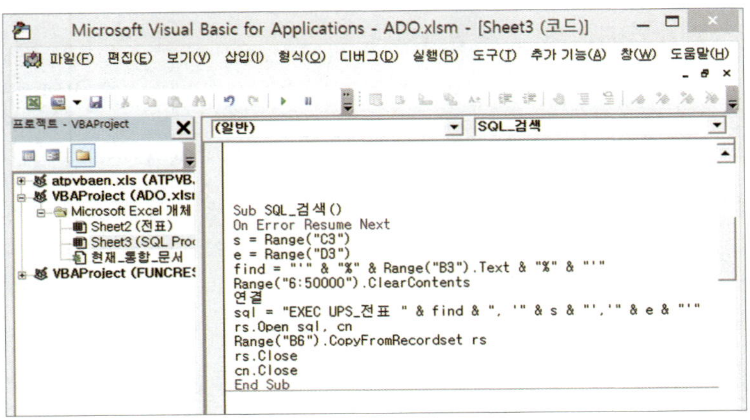

```
Sub SQL_검색()
On Error Resume Next
s = Range("C3")
e = Range("D3")
find = "'" & "%" & Range("B3").Text & "%" & "'"
Range("6:50000").ClearContents
연결
sql = "EXEC UPS_전표 " & find & ", '" & s & "','" & e & "'" ' 선택 쿼리
rs.Open sql, cn
Range("B6").CopyFromRecordset rs
rs.Close
cn.Close
End Sub
```

ADO와 차이가 나는 부문은 회색 색상 칠한 부문만 차이가 있습니다.

엑셀 VBA에서 MS SQL 프로시저를 실행하기 위한 조건은 다음과 습니다.

sql = "EXEC UPS_전표" & find & ", '" & s & "','" & e & "'" ' 선택 쿼리

Sql = 프로시저명 '매개변수1', '매개변수2', '매개변수2'와 같이 처리, 즉 양쪽으로 " ' @매개변수 ' "와 같이 만듭니다.

SQL 프로시저를 보면, UPS_전표 '@회사', '@시작일', '@종료일'과 같으며,

SQL 프로시저를 보면, "(처리일between @시작일 and @종료일)"같이 필드 [처리일]에 조건을 준 매개변수며, 회사는 "(회사like'%' + IsNull(@회사, 회사) + '%')" 조건 Like 문을 사용합니다.

"EXEC UPS_전표 " & find & ", ' " & s & "','" & e & "'"문은 "EXEC UPS_전표 " & @회사 & ", '" & @시작일 & "','" & @종료일 & "'"과 같습니다.

주의 할 것은 매개변수 처리 순을 SQL 프로시저 [UPS_전표] '@회사', '@시작일', '@종료일' 에 맞추어서 VBA를 작성합니다.
매개변수 처리 순을 UPS_전표 '@종료일', '@시작일', '@회사'로 입력하면, SQL 프로시저 변수 지정 순과 위배되어 데이터 처리가 안됩니다.
SQL 프로시저를 만드는 것도 중요하지만, VBA로 SQL 프로시저를 호출하기 위해서 매개변수 순서에 맞추어서 VBA를 작성하는 것도 중요합니다.

2. 수정 과정

2-1 단계: 매크로 [SQL_수정]의 결과를 확인합니다.

MS SQL의 프로시저를 통해서 데이터를 수정합니다.

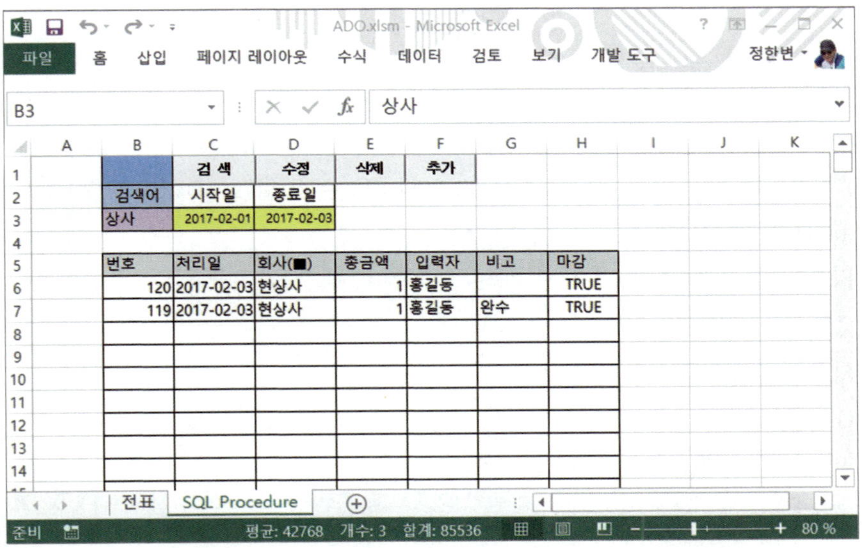

엑셀에서 SQL 프로시저를 호출하기 위해서 SQL로 수정하는 프로시저를 만들어야 합니다.

앞에서 소개한 프로시저를 참조합니다.

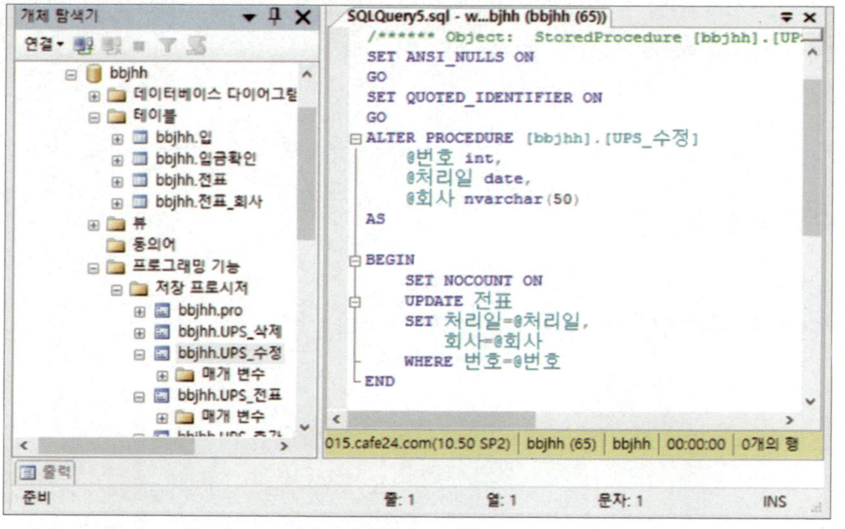

```
USE[bbjhh]
GO
/****** Object: StoredProcedure [bbjhh].[UPS_수정] Script Date: 03/30/2017
18:37:13 ******/
SET ANSI_NULLS ON
GO
SET QUOTED_IDENTIFIER ON
GO
ALTER PROCEDURE [bbjhh].[UPS_수정]
@번호 int,
@처리일 date,
```

```
@회사 nvarchar(50)
AS

BEGIN
SET NOCOUNT ON
UPDATE 전표
SET 처리일 = @처리일,
회사= @회사
WHERE 번호= @번호
END
```

앞에서 소개한 내용과 똑 같으며, 회색 색상 SQL만 다릅니다.

① 매개 변수를 @번호, @처리일, @회사순으로지정합니다

@번호 int,

@처리일 date,

@회사 nvarchar(50)

② 매개 변수 =@번호와 필드 [번호]와 같은 것을 찾아서 필드 [처리일]은 매개 변수=@처리일로 필드 [회사]는 매개변수=@회사로 업데이트하는 수정 SQL 구문입니다.

UPDATE 전표

SET 처리일 = @처리일,

회사= @회사

WHERE 번호= @번호

2-2 단계: 버튼 [수정]을 오른쪽 클릭한 후에, 매크로 [SQL_수정] 선택합니다.

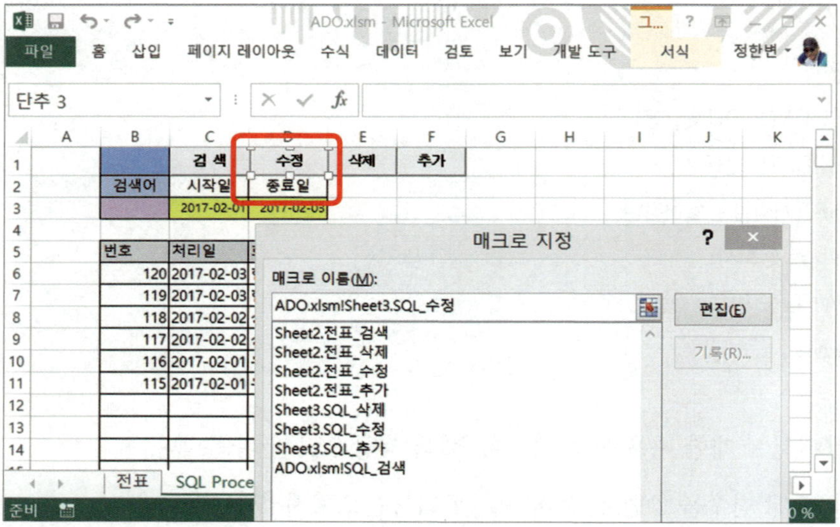

작성된 VBA 매크로는 다음과 같습니다.

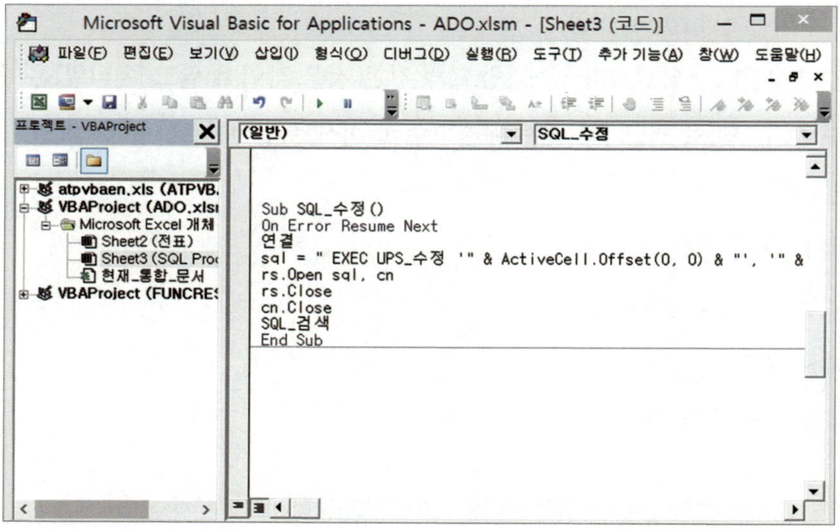

```
Sub SQL_수정()
On Error Resume Next
연결
sql = " EXEC UPS_수정 '" &ActiveCell.Offset(0, 0) & "', '" & ActiveCell.Offset(0,
1) & "', '" & ActiveCell.Offset(0, 2) & "'"
rs.Open sql, cn
rs.Close
cn.Close
SQL_검색
End Sub
```

다른 것은 모두 같고 단지 SQL 구문만 프로시저로 처리한 것만 다릅니다.

① Update 쿼리문을 SQL 프로시저에 정의를 내렸기 때문에 매개변수 순서만 맞추어서 지정합니다

sql = " EXEC UPS_수정 '" &ActiveCell.Offset(0, 0) & "', '" & ActiveCell.Offset(0, 1) & "', '" & ActiveCell.Offset(0, 2) & "'"

EXEC는 실행하는 SQL 구문이며 이름을 "UPS_수정"을 호출합니다.

"EXEC UPS_수정 @번호, @처리일, @회사" 순으로 매개변수가 정의되어 있습니다.

엑셀에서 필드[처리일] 및 [회사]의 데이터를 수정한 후, 예로필드 [처리일]을 "2017-02-01"에서 "2017-02-03"으로, 필드 [회사]는 "우천"을 "현상사"로 변경합니다.

마우스로 필드 [번호] "120"을 시작으로 필드셀 "B6"부터 "D6"까지 블럭 선택한후, 버튼 [수정]을 클릭합니다.

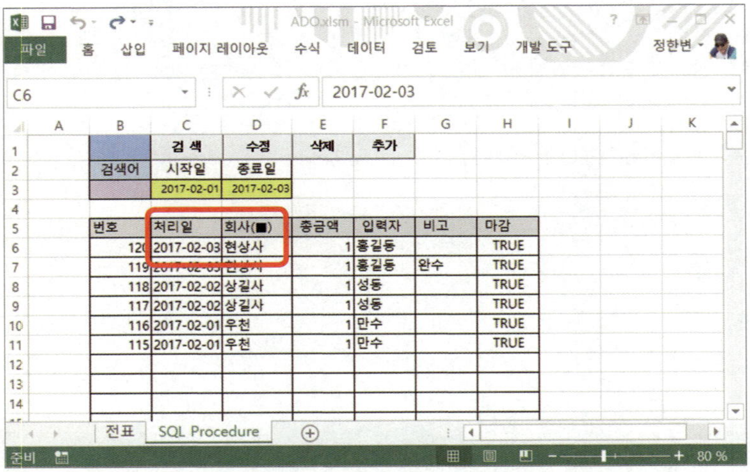

처리일은 "2017-02-03", 필드 [회사]는 "현상사"로 변경됩니다.

3. 삭제 과정

3-1 단계: 매크로로 [SQL_삭제]의 결과를 확인합니다.

MS SQL의 프로시저를 통해서 데이터를 삭제합니다.

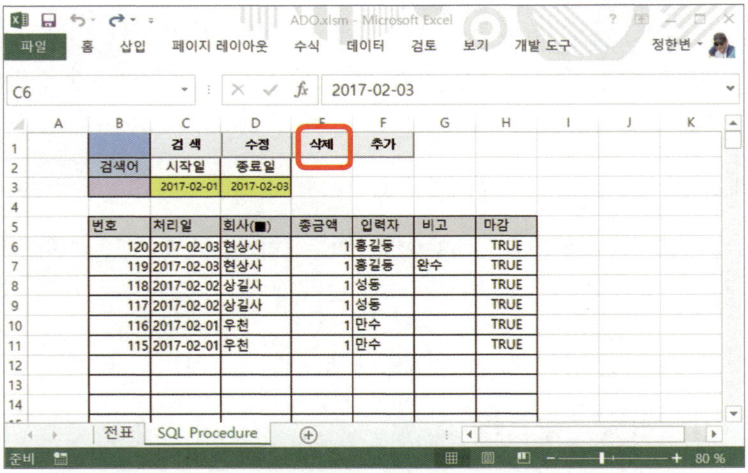

엑셀에서 SQL 저장 프로시저를 호출하기 위해서 SQL로 삭제 프로시저를 만들어야 합니다.

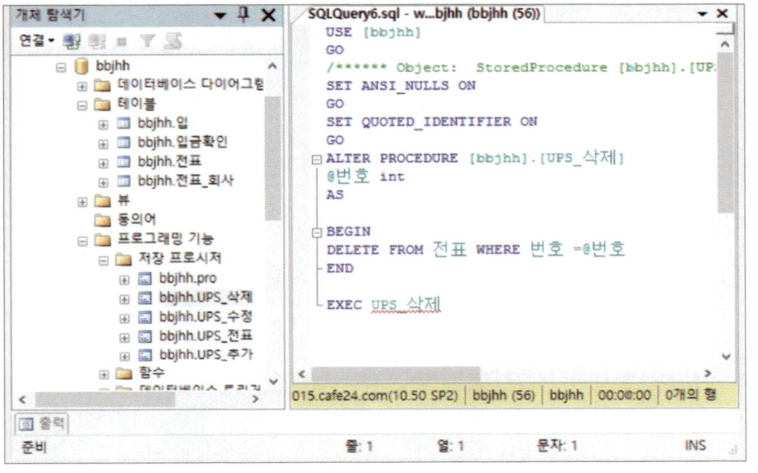


```
USE[bbjhh]
GO
/****** Object: StoredProcedure [bbjhh].[UPS_삭제] Script Date: 03/30/2017
18:56:49 ******/
SET ANSI_NULLS ON
GO
SET QUOTED_IDENTIFIER ON
GO
ALTER PROCEDURE [bbjhh].[UPS_삭제]
@번호 int
AS

BEGIN
DELETE FROM 전표 WHERE 번호 = @번호
END

EXEC UPS_삭제
```

앞에서 설명한 것과 동일하고, ① 매개변수는 기본 [번호]만 삭제하면 다른 데이터도 삭제가 되며, 매개변수는 @번호입니다.

@번호 int

삭제 프로시저인 UPS_삭제를 호출한 후에 매개변수 @번호 입력하면, 필드 [번호]와 같은 데이터는 삭제가 됩니다.

② 삭제 프로시저의 @변수를 SQL 프로시저 넣어서 호출합니다.

DELETE FROM 전표 WHERE 번호 = @번호

MS SQL의 프로시저를 통해서 데이터를 삭제합니다

3-2 단계: 이제 엑셀 버튼 [삭제]를 매크로 지정 창에서 [SQL_삭제]를 선택합니다.

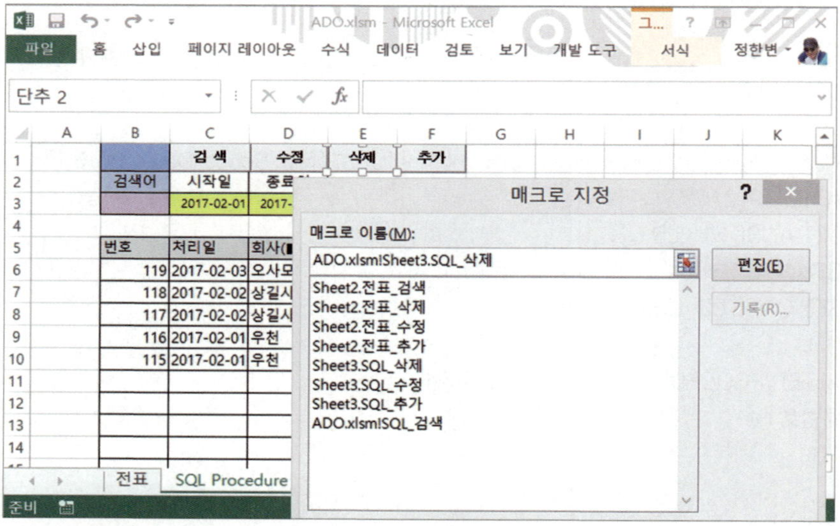

삭제 SQL 구문만 다르고 나머지 엑셀 삭제 VBA와는 같습니다.

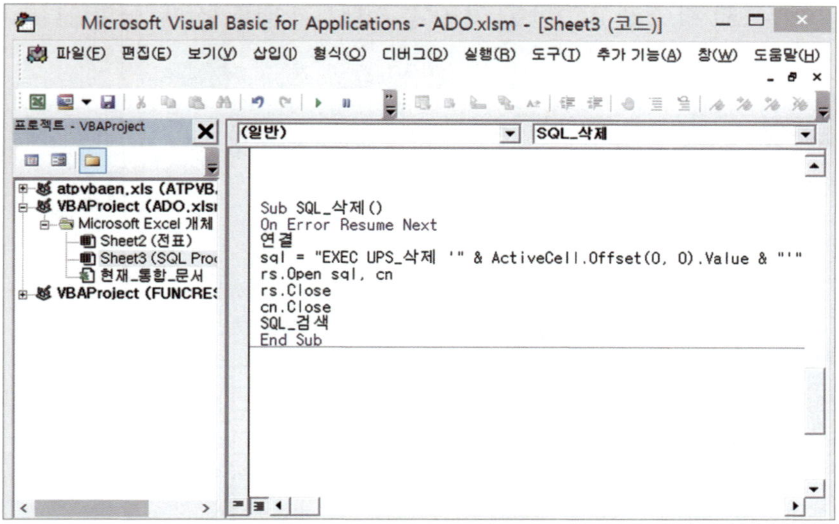


```
엑셀 삭제 VBA와는 같습니다
Sub SQL_삭제()
On Error Resume Next
연결
sql = "EXEC UPS_삭제 '" &ActiveCell.Offset(0, 0).Value & "'"
rs.Open sql, cn
rs.Close
cn.Close
SQL_검색
End Sub
```

SQL 구문에서 ActiveCell.Offset(0, 0).Value의 선택된 셀이 필드 [번호]와 같다면 데이터가 삭제가 됩니다. 만약 마우스로 [거래처]던가 [처리일]을 선택하고 버튼 [삭제]를 실행하면, 해당 매개변수 @[번호]가 필드 [번호]와 없거나 번호가 다른 것이어서 데이터를 삭제할 수 없습니다.

① 마우스로 필드 셀 B6 [번호] "119"를 선택하고 버튼 [삭제] 클릭합니다.

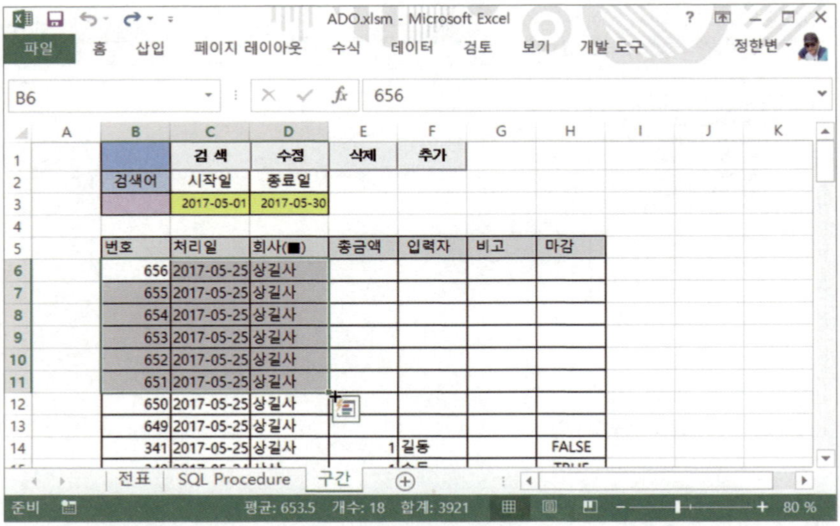

② 필드 [번호] "119" 행 데이터가 전부 삭제 되였습니다.

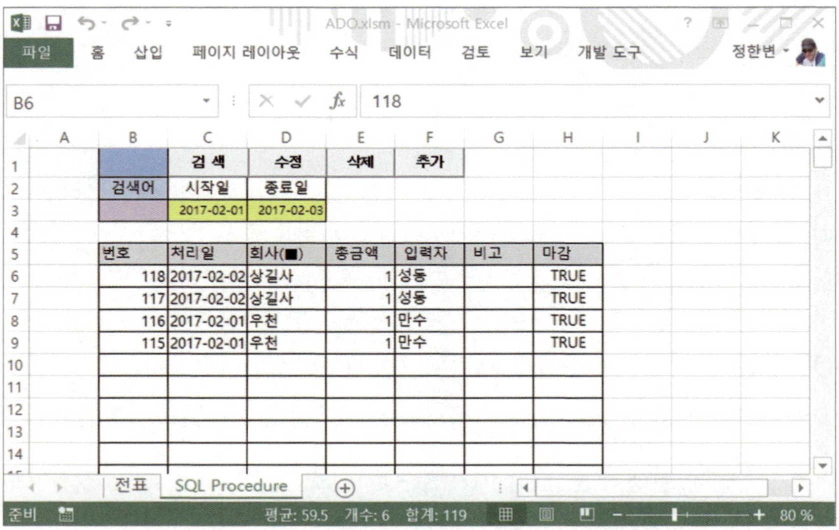

4. 추가 과정

4-1 단계: 매크로 [SQL_추가]의 결과를 확인합니다.

MS SQL의 프로시저를 통해서 데이터를 추가합니다

앞에 동일한 화면으로 버튼 [추가]에 대해서 소개합니다.

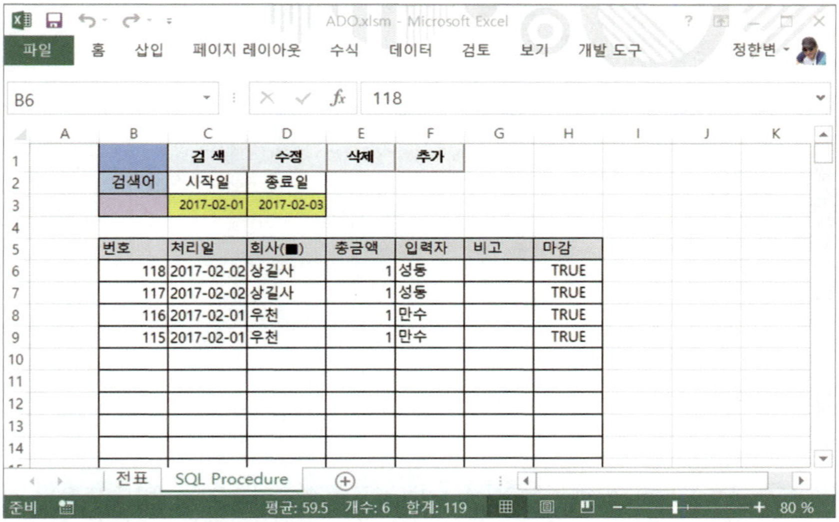

다음 같이 SQL 프로시저 "UPS_추가"를 작성합니다.

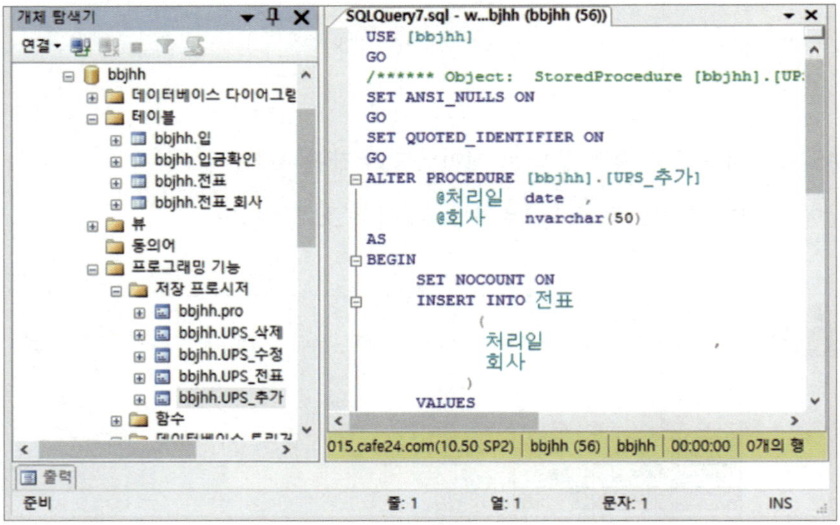

다음과 같이 프로시저를 작성합니다.

```
USE[bbjhh]
GO
/****** Object: StoredProcedure [bbjhh].[UPS_추가] Script Date: 03/30/2017
19:16:38 ******/
SET ANSI_NULLS ON
GO
SET QUOTED_IDENTIFIER ON
GO
ALTER PROCEDURE [bbjhh].[UPS_추가]
@처리일 date,
@회사 nvarchar(50)
```

```
AS
BEGIN
SET NOCOUNT ON
INSERT INTO 전표(처리일, 회사)
VALUES(@처리일, @회사)

END

EXEC USP_추가
```

① [UPS_추가] 프로시저의 추가 매개 변수는 현재 2개만 지정합니다.

@처리일 date,

@회사 nvarchar(50)

> ADO로 추가 쿼리를 작성하면 추가한계로 필드가 약 23개 정도로 제약이 된 것을 확인할 수 가 있지만, 프로시저는 상관없이 매개변수를 지정해서 데이터를 추가합니다.

② 추가하고자 하는 대상 테이블 [전표]에 필드 매개변수 @처리일, @회사 순서 기준으로 필드 [처리일], [[회사]로 데이터를 추가합니다.

INSERT INTO 전표(처리일, 회사)

VALUES(@처리일, @회사)

와 같이 작성합니다.

③ 그리고 실행합니다.

EXEC USP_추가 @처리일, @회사으로 추가가 실행됩니다.

4-2 단계: 매크로 [SQL_추가]의 결과를 확인합니다.

MS SQL의 프로시저를 통해서 데이터를 추가합니다

버튼 [추가]에 대해서 소개합니다.

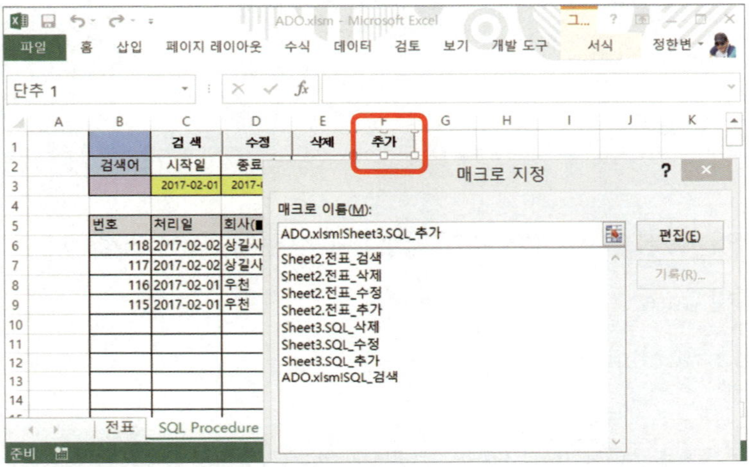

SQL_추가 프로시저 VBA를 학습합니다.

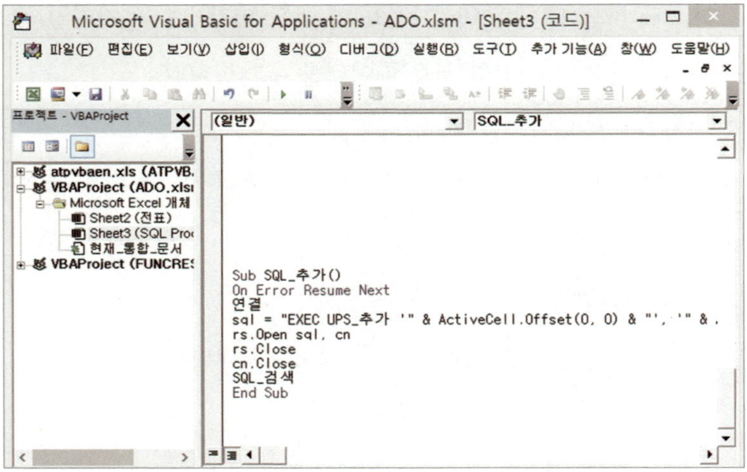

```
Sub SQL_추가()
On Error Resume Next
연결
sql = "EXEC UPS_추가 '" &ActiveCell.Offset(0, 0) & "', '" & ActiveCell.Offset(0,
1) & "'"
rs.Open sql, cn
rs.Close
cn.Close
SQL_검색
End Sub
```

SQL 프로시저 [UPS_추가]는 데이터를 추가 하는 프로시저로, 매개변수 2개인 @처리일, @회사 순으로 지정합니다. "EXEC [UPS_추가] @처리일, @회사"로 2개의 매개변수 정보가 SQL 프로시저를 통해서 서버에 저장됩니다.

① 마우스로 셀 "C6:D6"을 선택하고 처리일 및 회사 선택한 후, 버튼 [추가]를 클릭합니다.

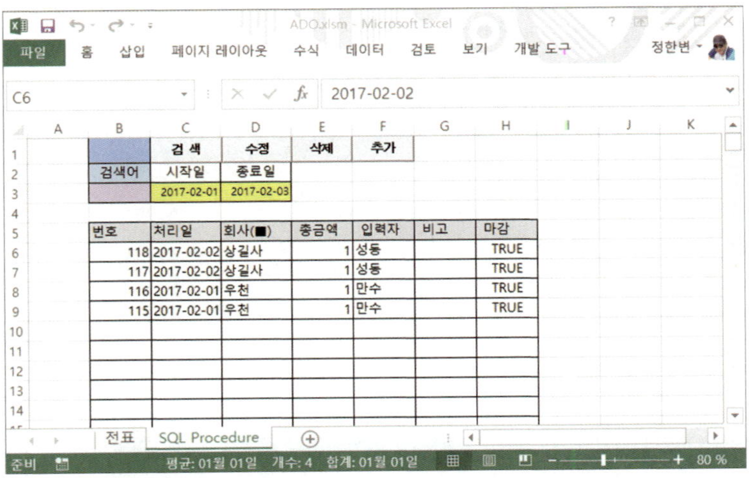

② 필드 [번호] "611"이 필드 "118"의 처리일 및 회사의 정보와 같게 추가됩니다.

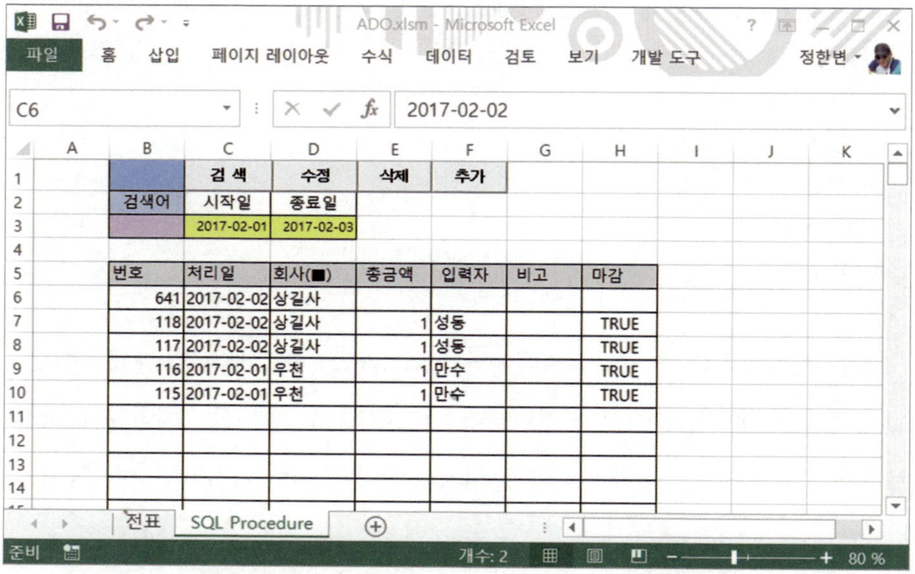

ADO 방식과 SQL 프로시저 방식의 차이점은 있지만, 양쪽 처리 방식을 적정하게 잘 혼합해서 사용하는 것을 권합니다.
특히 데이터 필드 추가가 많다면, ADO의 필드 제약[필드 23개] 대신 SQL 프로시저로 추가 쿼리를 사용합니다. 1회성 데이터 추출을 위해서 복잡한 SQL 프로시저를 만들기보다는 ADO로 처리를 권합니다.

5 엑셀 VBA 응용

지금까지 엑셀 ADO & SQL 프로시저를 이용하여 추가, 삭제, 수정, 검색 등을 자세히 알아보았습니다. 한 단계 더 나아가서 응용 모델을 만들어서 소개합니다.

1. 셀 구간 영역 데이터 다루기

마우스로 드래그 선택된 셀 데이터만 MS SQL 프로시저를 이용해서 데이터를 추가, 삭제, 수정하는 과정을 소개합니다.

1-1 단계: 데이터 범위를 선택한 후에 버튼 [수정]을 클릭합니다.

① 마우스로 데이터를 B6부터 B11까지 선택합니다. 즉, 선택된 셀 범위내의 데이터만 MS SQL에 영향을 줄 수가 있습니다.

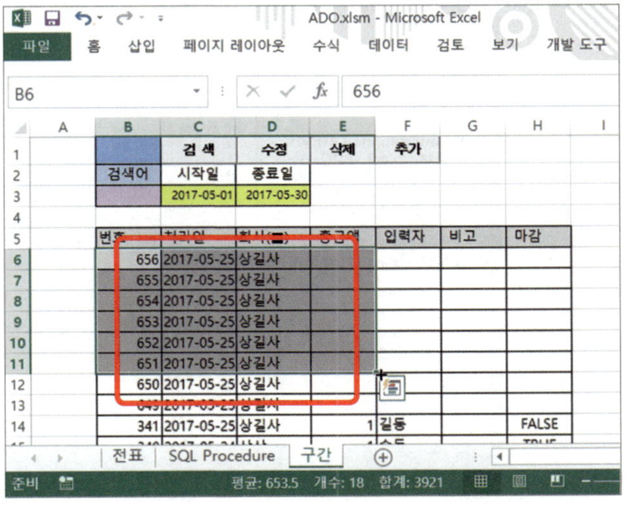

② 수정 매크로 [구간_수정]을 선택합니다.

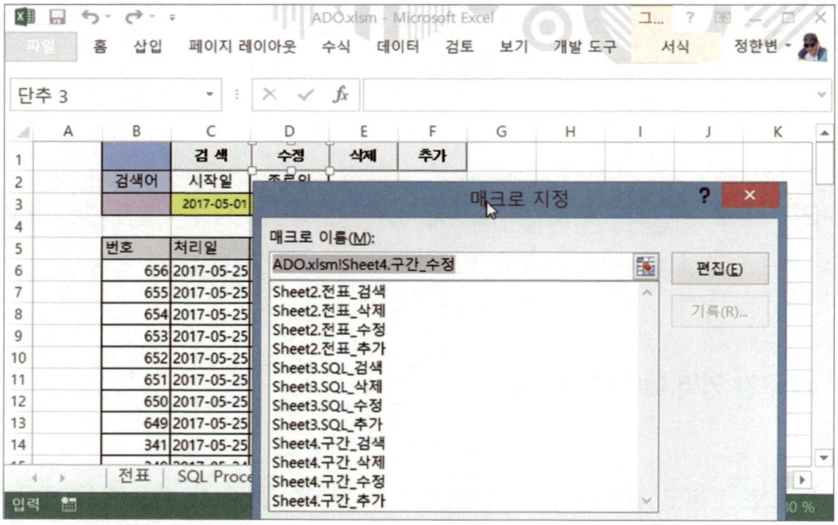

③ VBA 모듈을 작성합니다.

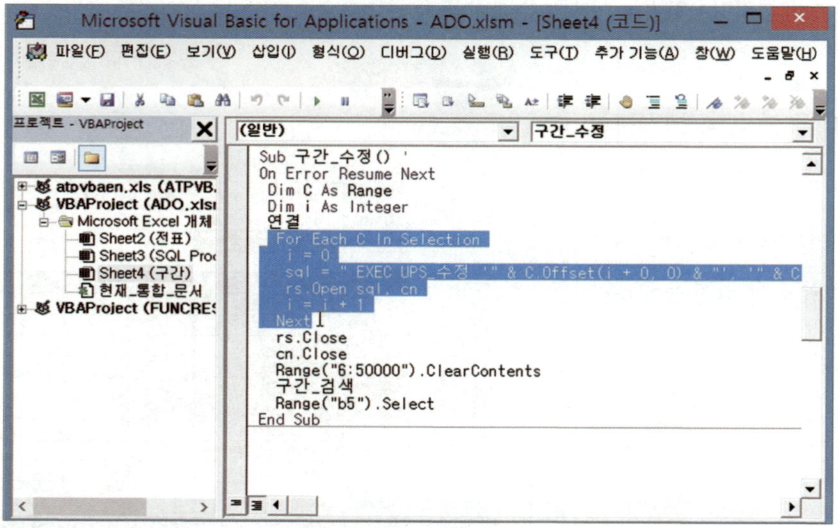

```
Sub 구간_수정() '
On Error Resume Next
 Dim C As Range
연결
 For Each C In Selection
sql = " EXEC UPS_수정 '" & C.Offset(0, 0) & "', '" & C.Offset(0, 1) & "', '" &
C.Offset(0, 2) & "'"
 rs.Open sql, cn
Next
 rs.Close
 cn.Close
 Range("6:50000").ClearContents
 구간_검색
 Range("b5").Select
End Sub
```

ⓐ 셀 범위를 지정하는 VBA 모듈을 Range로 지정합니다.

```
On Error Resume Next
Dim C As Range
```

ⓑ 선택된 영역만 적용되도록 Loop로 지정합니다.

그리고 해당되는 셀은 "Activecell.Value"가 아니고, 셀 범위로 지정한 "C.Value"로 변경합니다.

```
For Each C In Selection
sql = " EXEC UPS_수정 '" & C.Offset(0, 0) & "', '" & C.Offset(0, 1) &
"', '" & C.Offset(0, 2) & "'"
```

```
rs.Open sql, cn
Next
```

나머지는 앞에서 소개한 내용과 반복적으로 들어가기 때문에 생략합니다

셀의 반복 영역을 실행하지 않으려면 행의 레코드만 적용하려면

C.Offset(i + 0, 0) ⇒ C.Offset(0,0)으로 변경해야 합니다.

예제의 확장성 셀 범위가 선택된 것 C.Offset(i + 0, 0) 모두, 전체 개별 필드로 인식됩니다.

선택 행만 1회 적용하기 위해서는

i = i + 1관련된 것을 삭제하고 비교하여 보길 바랍니다.

특히 앞에서는 데이터를 종료할 때,

rs.Close

cn.Close 만 지정하였습니다.

만약, 처리된 데이터를 메모리 상에서 완전히 삭제하고자 한다면,

Set rs = Nothing

Set cn = Nothing를 추가합니다.

경우에 따라 Set 처리 과정을 하는 것이 좋으나, 단순 처리를 한다면 그 과정을 하지 않아도 무방합니다.

엑셀 파일을 닫으면서 자동으로 "Set"이 지원합니다.

④ 다음과 같이 데이터를 선택합니다.

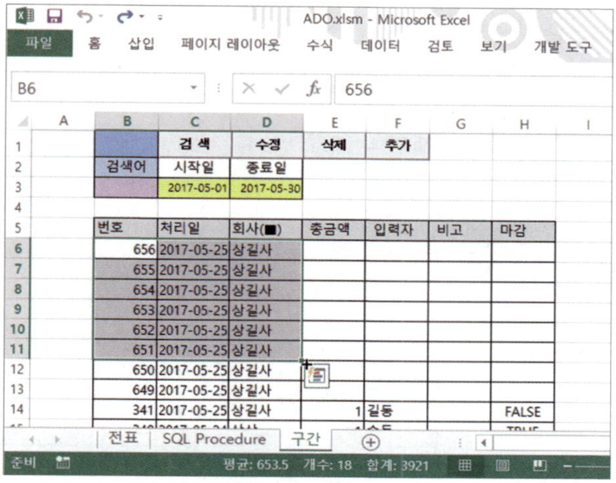

⑤ 수정하고자 하는 필드 내의 범위 필히 기본키인 [번호]을 포함해서 [처리일], [회사]의 데이터를 선택하고, 버튼 [수정]을 클릭하면 기본키 [번호] 기준으로 필드 [처리일], [회사]의 데이터가 변경됩니다. 프로시저 방식이기 때문에 매개 변수인 @[처리일], @[회사]를 SQL 서버로 내보내기 한 후, 서버에서 계산된 결과 값만 '가져오기'하는 과정입니다.

ADO 방식은 해당 테이블 [전표]를 모두 내려 받은 후에 데이터 조건문에 맞는 기본키 필드 [번호]에 맞추어 조건 검색한 후, 수정될 데이터를 서버로 보냅니다.

2가지 처리 방법에는 모두 장단점이 있습니다. 즉, SQL 프로시저 방식은 처리속도가 빠르지만 사전에 매개변수 관련 서버에 계산되도록 SQL 구문을 별도로 만들어서 전문적으로 지속적 변경/수정이 요구합니다. 반면에 ADO 방식은 VBA 모듈로 수정만으로 바로 적용합니다.

2장에서는 개별 1개씩만 레코드 수정을 배웠지만, 구간 영역을 지정하면 범위 내의 데이터를 수정할 수가 있습니다.

1-2 단계: 데이터 범위를 선택한 후에 버튼 [삭제]을 클릭합니다.

① 마우스로 셀 [번호] 열의 B6부터 D9까지 선택한 후에 번호 "656~653"까지 데이터를 삭제하고자 합니다.

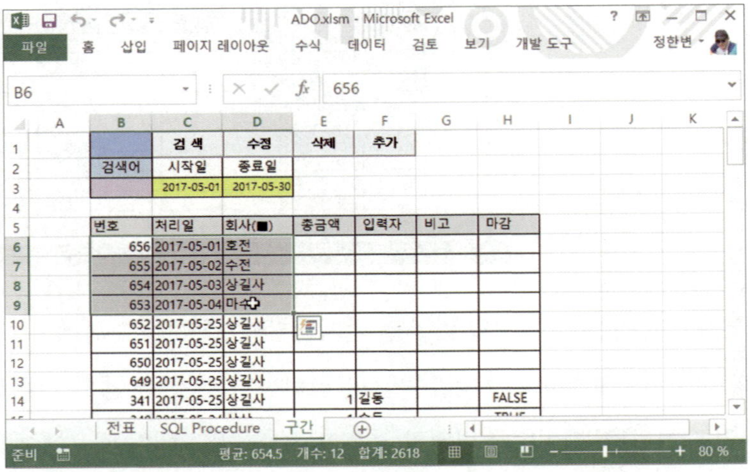

② 버튼 [삭제]를 선택하고 마우스 우측을 클릭합니다.

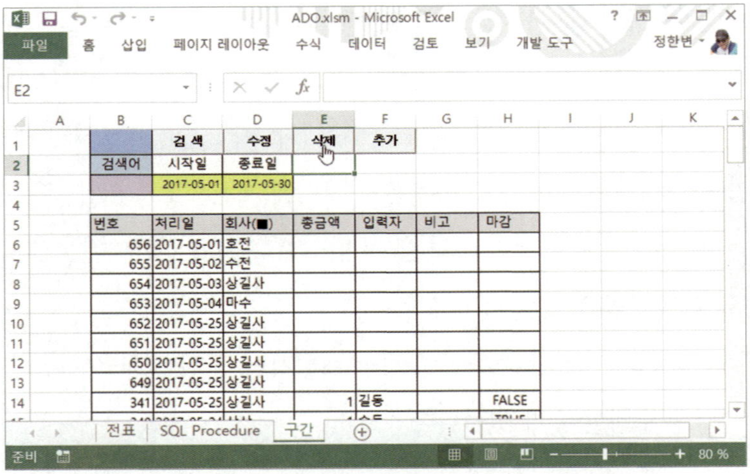

③ 매크로 지정에서 [구간_삭제] 매크로를 지정 혹은 버튼 [편집]을 클릭하면 해당 VBA 매크로를 확인할 수 있습니다.

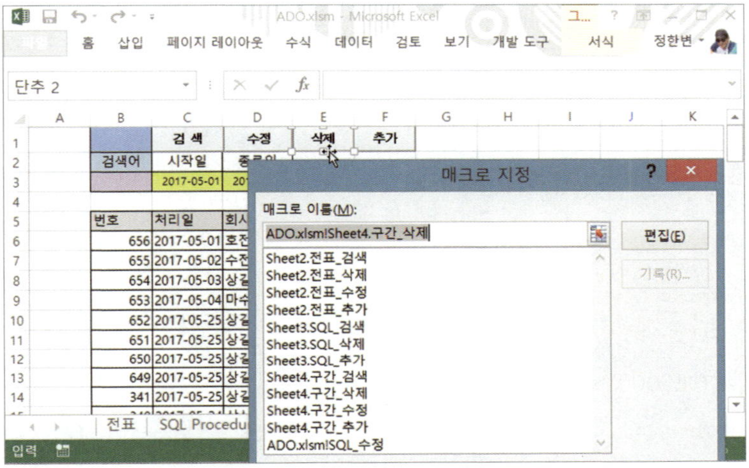

④ 매크로 [구간_삭제]를 작성합니다.

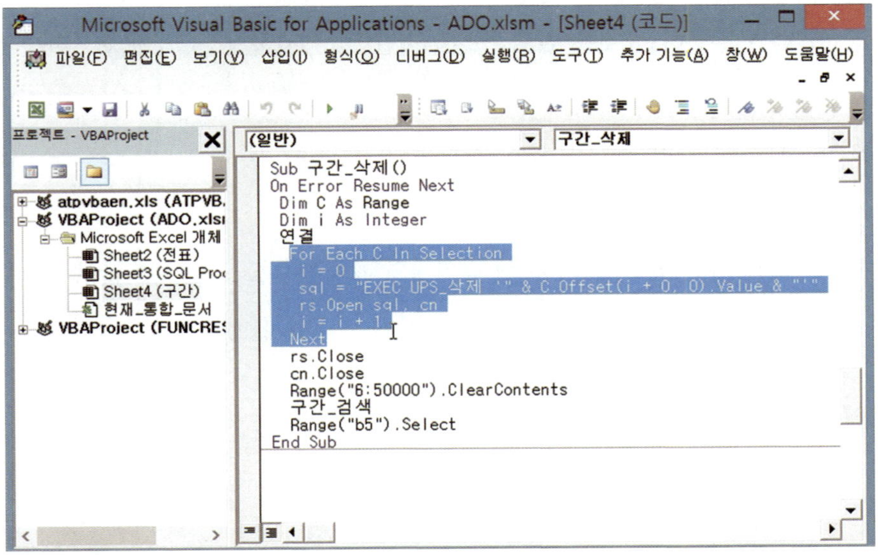

```
Sub 구간_삭제()
On Error Resume Next
 Dim C As Range
 Dim i As Integer
 연결
 For Each C In Selection
  sql = "EXEC UPS_삭제 '" & C.Offset(0, 0).Value & "'"
 rs.Open sql, cn
Next
 rs.Close
 cn.Close
 Range("6:50000").ClearContents
 구간_검색
 Range("b5").Select
End Sub
```

ⓐ 셀 범위 지정하는 것은 앞과 동일하지만 셀 삭제하는 SQL 프로시저를 참조합니다.

sql = "EXEC UPS_삭제 '" & C.Offset(0, 0).Value& "'"

와 같이 SQL 프로시저 "UPS_삭제"를 실행합니다.

ⓑ "C.Offset(0, 0).Value" 는 셀 범위내의 매개변수 필드 @[번호], 즉 B열 기준으로 선택된 필드가 서버로 호출된 후, 삭제 쿼리가 실행합니다.

⑤ 필드 [번호] 의 "656~653"의 데이터를 삭제하기 위해 설 범위를 "B6:B8" 까지 지정합니다.

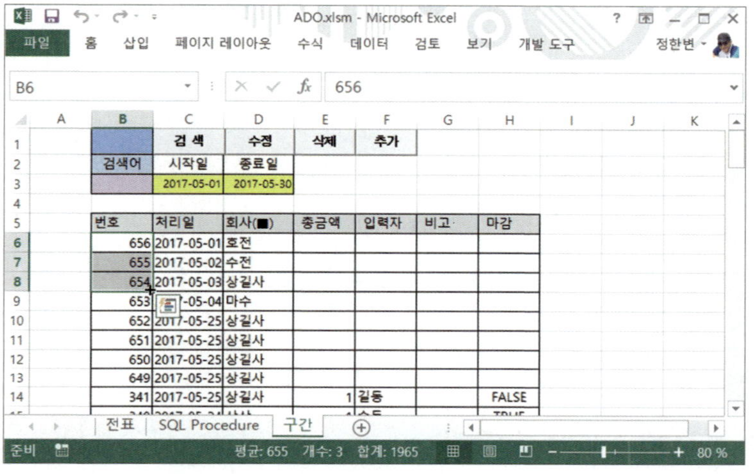

⑥ 버튼 [삭제]를 클릭하면, 기본키인 필드 [번호]의 "656 ~ 653"의 데이터가 한번에 삭제가 됩니다.

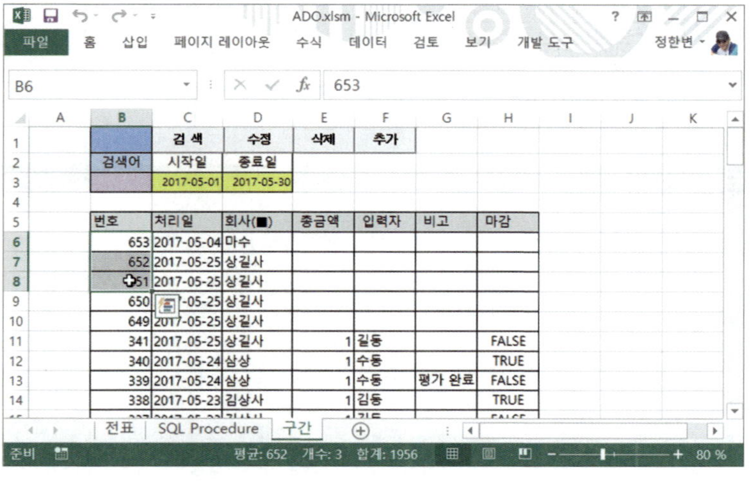

다음과 같이 변경해서 행의 데이터만 1회 적용하는 것이 더 효율적인 모듈입니다.

```
For Each C In Selection
sql = "EXEC UPS_삭제 '" & C.Offset(0, 0).Value& "'"
 rs.Open sql, cn
Next
```

1-3 단계: 데이터 범위를 선택한 후에 버튼 [추가]를 클릭합니다.

① 추가 버튼을 오른쪽 클릭하여 매크로 지정을 합니다.

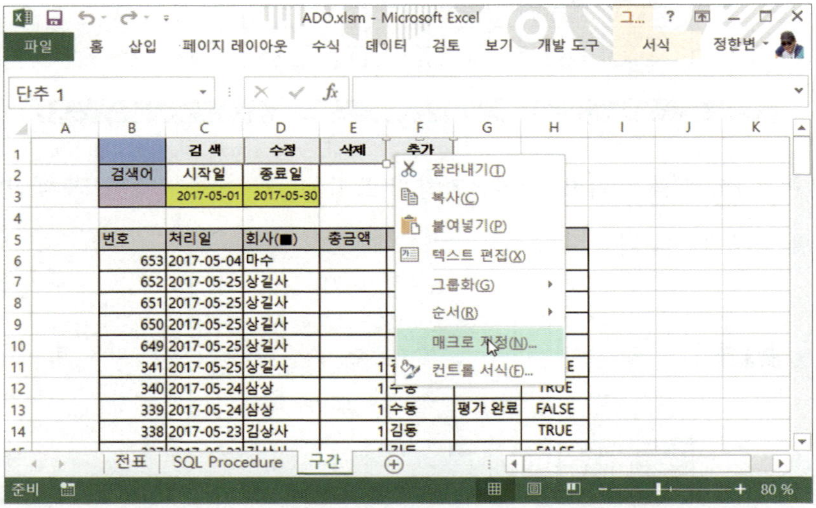

② 매크로 [구간_추가]를 선택하거나 버튼 [편집]을 클릭합니다.

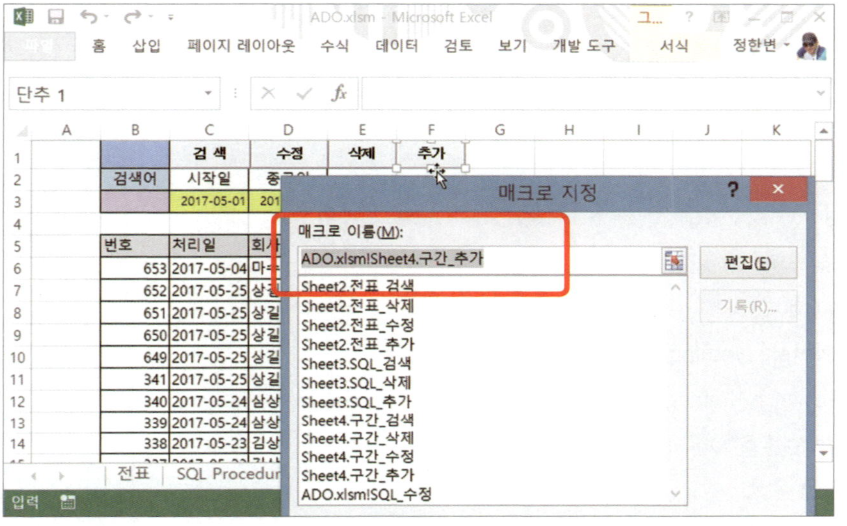

③ 매크로 [구간_추가]를 선택합니다.

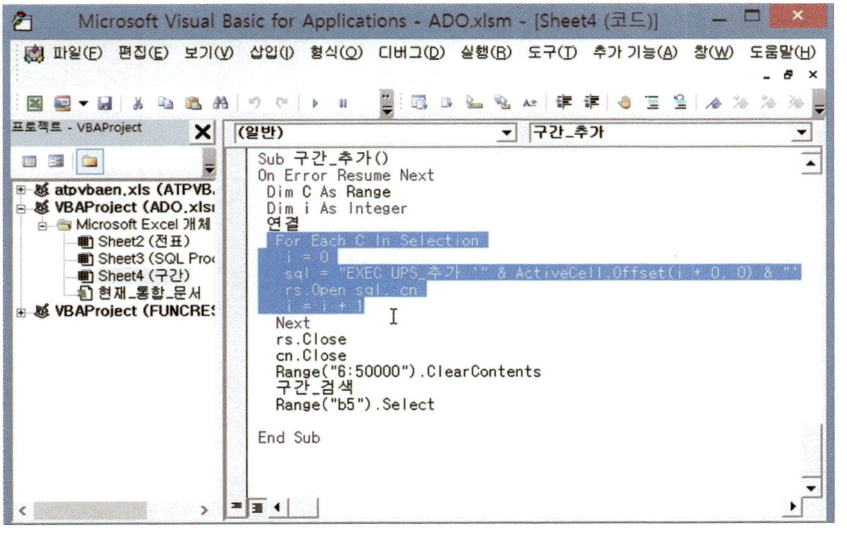

```
On Error Resume Next
Dim C As Range
연결
For Each C In Selection
sql = "EXEC UPS_추가 '" & C.Offset(0, 0) & "', '" & C.Offset(0, 1) & "'"
rs.Open sql, cn
Next
rs.Close
cn.Close
Set rs = Nothing
Set cn = Nothing
Range("6:50000").ClearContents
구간_검색
Range("b5").Select

End Sub
```

SQL 프로시저 "UPS_추가"를 실행합니다.

```
For Each C In Selection
sql = "EXEC UPS_추가 '" & C.Offset(0, 0) & "', '" & C.Offset(0, 1) & "'"
rs.Open sql, cn
Next
```

SQL 프로시저 "EXEC UPS_추가" 실행하는데 매개변수 순서는 " @[처리일], @[회사]"입니다.

단, 셀 범위 내의 데이터가 추가 되도록 하기 위해서는 기본키 필드 [번호](일련번호)를 선택할 필요가 없으며 필드 [처리일], [회사]만 선택해서 실행합니다.

④ 필드 [처리일], [회사]에 데이터를 추가하기 위해서 범위를 "C6:D7" 선택한 후에 버튼 [추가]를 클릭합니다.

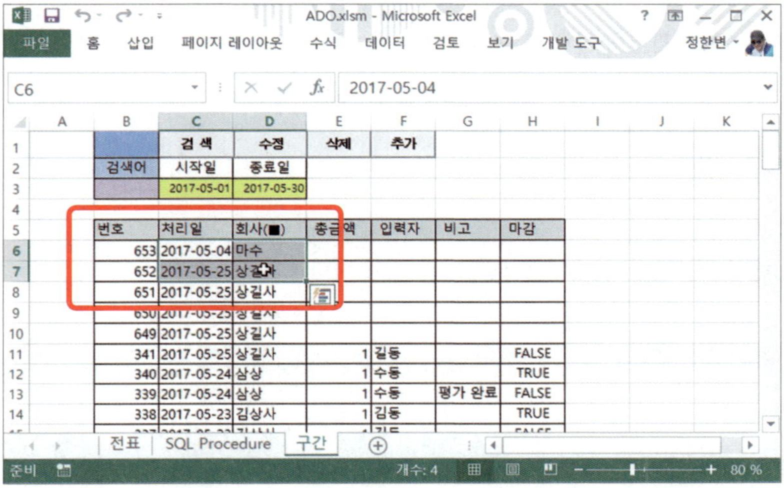

번호 "652, 653"의 처리일, 회사의 레코드가 새로운 필드 [번호] "669, 670"이 추가되면서 각 처리일 및 회사 레코드도 같이 추가됩니다

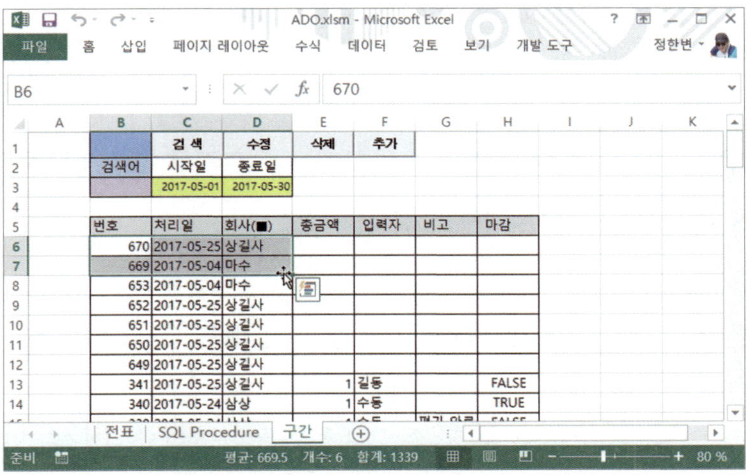

2. 테이블 필드명 [이름] 가져오기

MS SQL 서버에 테이블 [전표], [전표_회사] 등이 있습니다.

엑셀 동일한 시트에서 특정 셀에 유효성 검사 규칙을 이용해서 콤보 박스 ("전표", "전표_회사")에서 "[전표]"를 선택하면, 해당 MS SQL의 각각 테이블 이름이 "전표"인 데이터를 불러옵니다.

ⓐ MS SQL 서버에 테이블 [전표]가 있습니다.

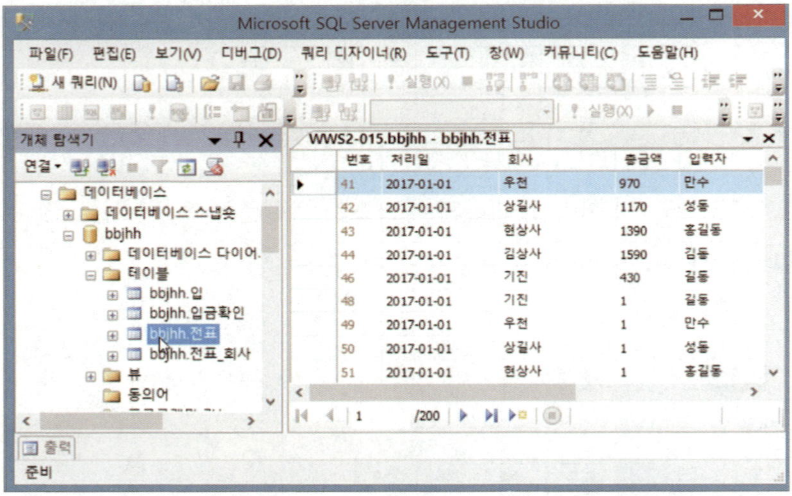

ⓑ MS SQL 서버에 테이블 [전표_회사]가 있습니다.

문제는 엑셀 동일 시트 내로 불러 오려면 각 테이블의 필드 이름까지 가져옵니다.

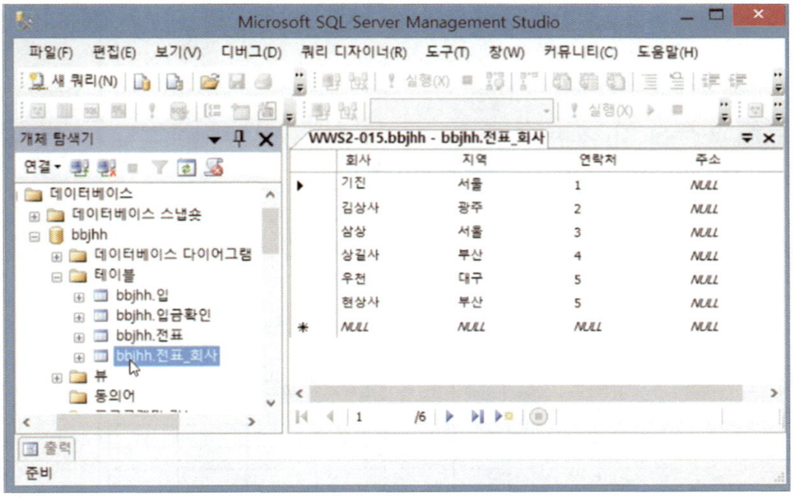

2-1 단계: 테이블 선택에서 테이블 이름을 선택합니다

① 마우스로 셀 “C1” 콤보 상자에서 테이블 [전표]를 선택합니다.

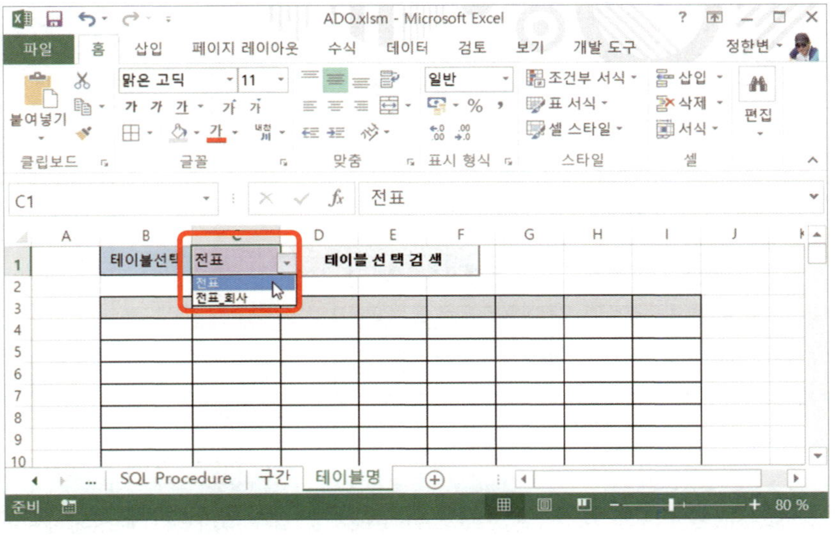

② 버튼 [테이블 선택 검색]을 클릭하면 해당 테이블 정보를 가져옵니다.

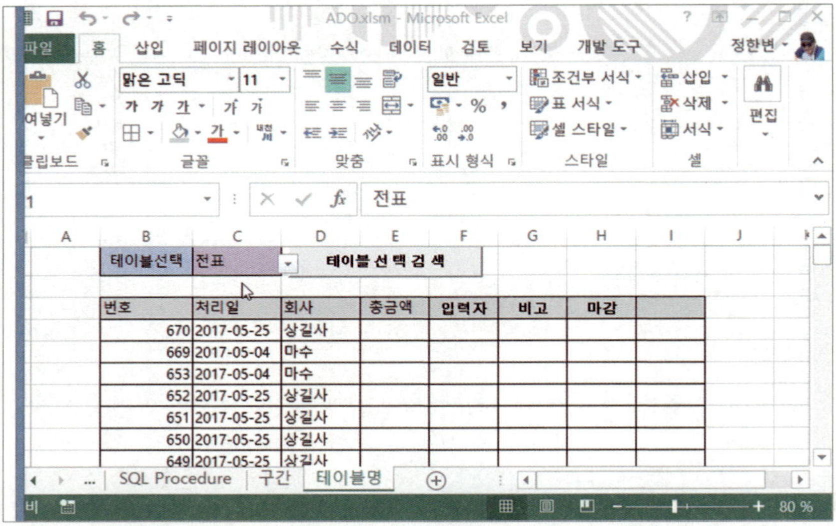

③ 콤보상자 [전표_회사]를 선택하면 필드 이름을 포함하여 데이터를 가져옵니다.

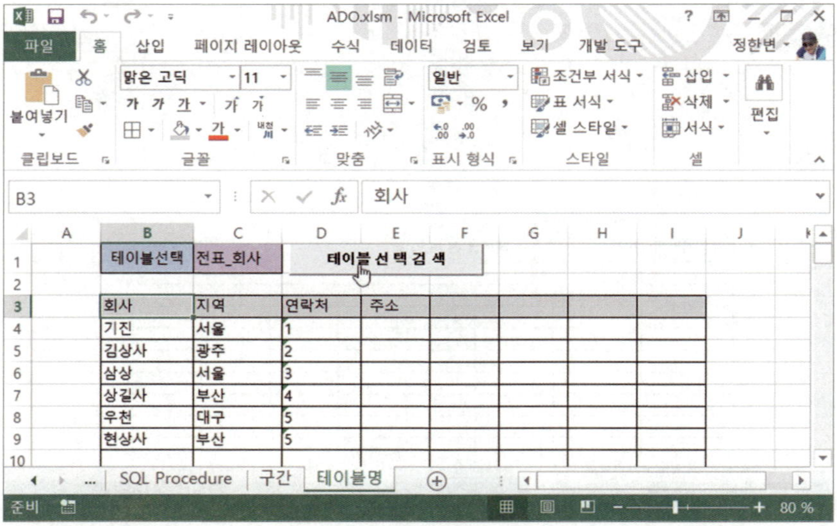

④ 버튼 [테이블 선택 검색]을 매크로 지정의 [필드_검색]을 선택합니다.

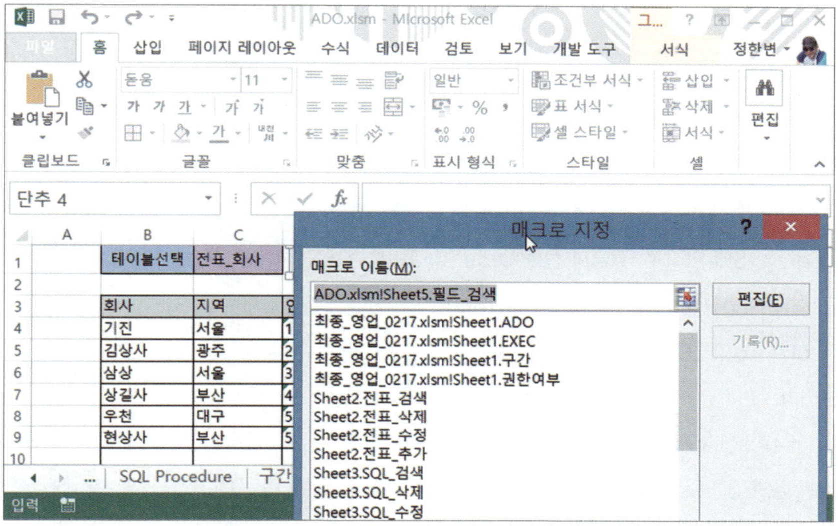

⑤ 매크로 [필드_검색]을 확인합니다.

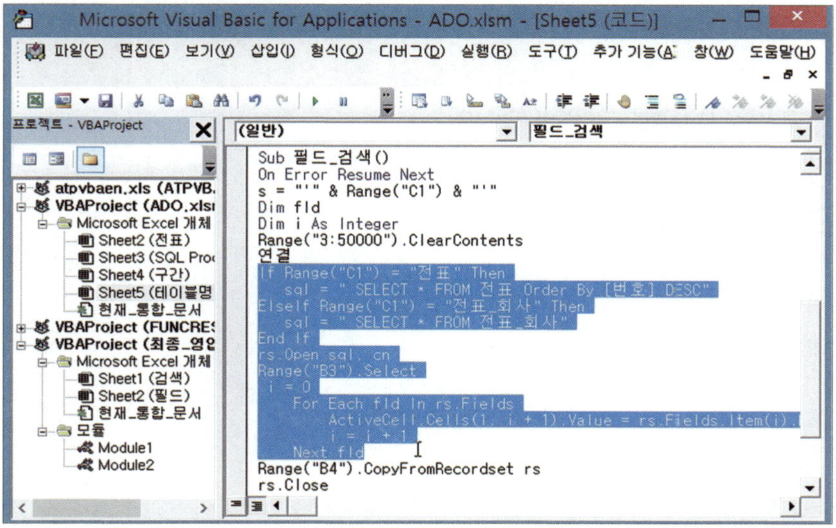

```
Sub 필드_검색()
On Error Resume Next
Dim fld
Dim i As Integer
Range("3:50000").ClearContents
연결
If Range("C1") = "전표" Then
  sql = " SELECT * FROM 전표 Order By [번호] DESC"
ElseIf Range("C1") = "전표_회사" Then
  sql = " SELECT * FROM 전표_회사"
End If
rs.Open sql, cn
Range("B3").Select
 i = 0
   For Each fld In rs.Fields
       ActiveCell.Cells(1, i + 1).Value = rs.Fields.Item(i).Name
       i = i + 1
   Next fld
Range("B4").CopyFromRecordset rs
rs.Close
cn.Close
Set rs = Nothing
Set cn = Nothing
End Sub
```

ⓐ 필드의 이름을 정의합니다.

```
Dim fld
Dim i As Integer
```

ⓑ 셀 C1 기준으로 각각 SQL 문을 작성합니다.

```
If Range("C1") = "전표" Then
  sql = " SELECT * FROM 전표 Order By [번호] DESC"
ElseIf Range("C1") = "전표_회사" Then
  sql = " SELECT * FROM 전표_회사"
End If
```

엑셀 콤보 C1에서 "전표"를 선택하면 테이블 [전표]의 데이터를 가져오기, "전표_회사"를 선택하면 테이블 [전표_회사]의 데이터를 가져옵니다

ⓒ 각 테이블의 필드 [이름]을 지정하는 VBA 소스입니다.

```
i = 0
   For Each fld In rs.Fields
ActiveCell.Cells(1, i + 1).Value = rs.Fields.Item(i).Name
      i = i + 1
   Next fld
```

선택된 셀 열 기준으로 각 필드에 각각의 필드 이름들을 표시합니다.

엑셀 셀에 테이블 필드 이름을 지정하기 보다는 사전에 엑셀 셀에 직접 필드 이름을 수작업으로 입력함으로써 VBA를 최소화하여 사용하는 것을 권합니다

3. 회사별 순차적 누계 만들기

MS SQL 서버에 테이블 [전표]가 있습니다.

필드 회사별 입력 순서 기준으로 필드 [총금액]을 필드 [누계]로 만듭니다.

테이블 [전표]를 똑 같은 테이블 2개를 추가한 후에 필드 [회사] 연결에서 O1의 모든 행 선택으로 만들어 줍니다.

① "O1.번호<O2.번호"로 작성한 후에 누계 필드만 합계로 만들고 나머지는 그룹화 필드로 만듭니다.

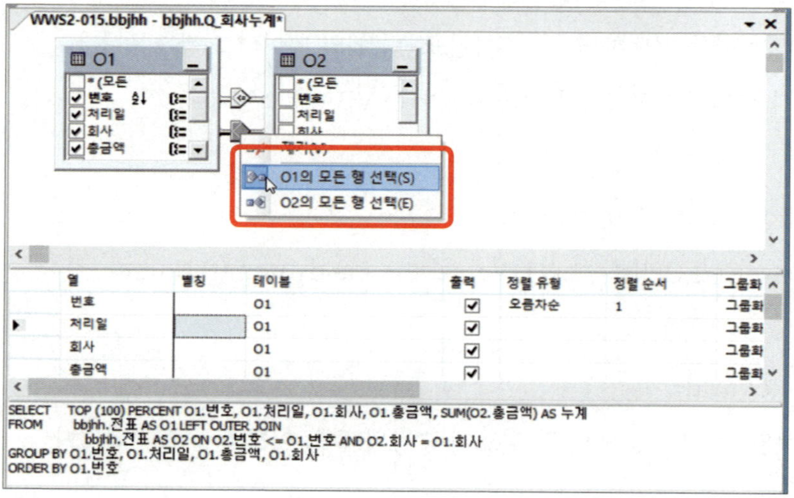

② 실행 결과입니다.

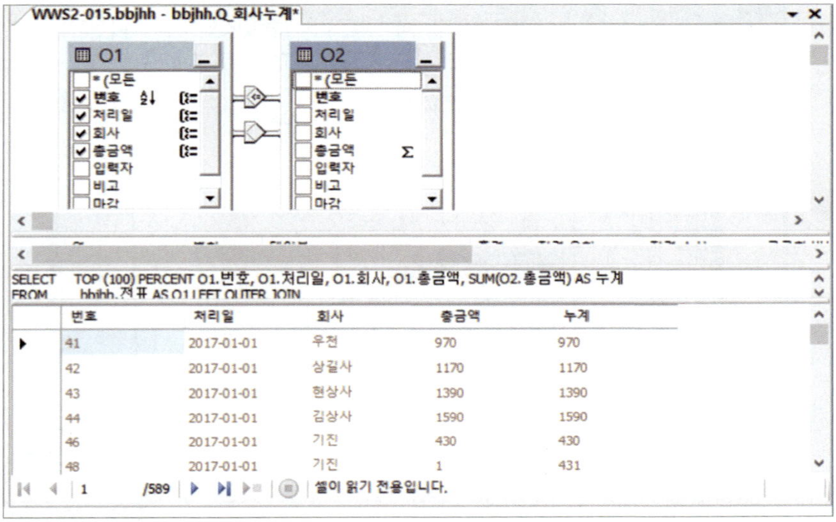

③ 엑셀에서 버튼 및 필드를 작성한 후에 매크로 지정 창에서 [누계_검색]을 작성합니다.

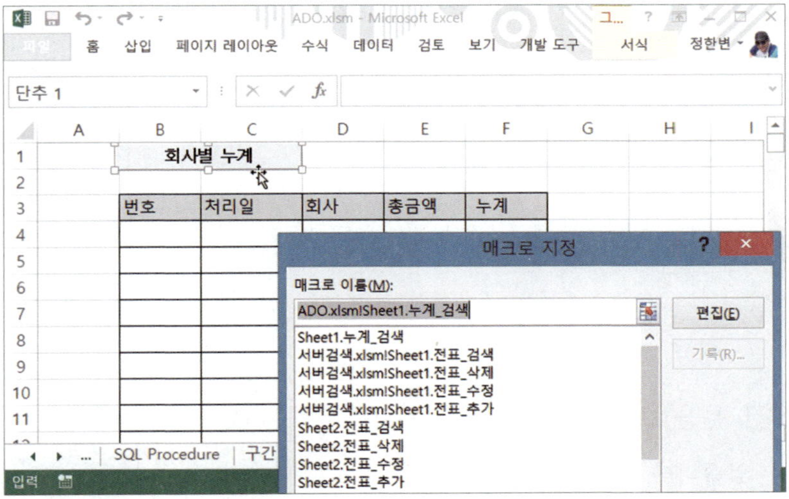

④ 작성된 매크로 VBA는 다음과 같습니다.

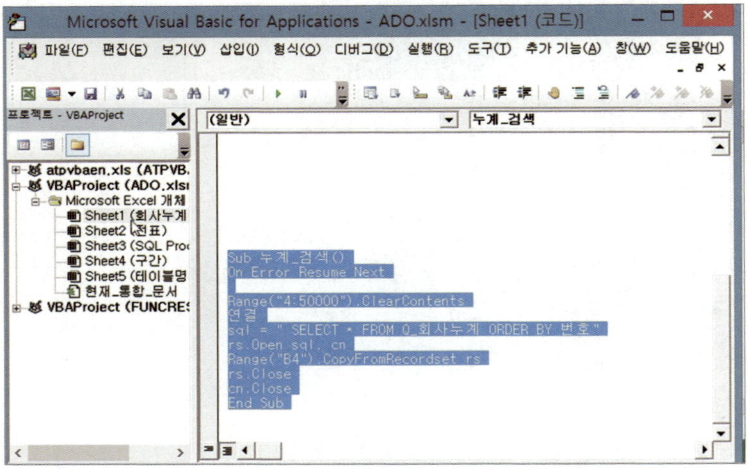

```
Sub 누계_검색()
On Error Resume Next

Range("4:50000").ClearContents
연결
sql = " SELECT * FROM Q_회사누계 ORDER BY 번호"
rs.Open sql, cn
Range("B4").CopyFromRecordset rs
rs.Close
cn.Close
End Sub
```

ⓐ SQL 문을 보면, 뷰의 [Q_생산누계]를 가져온 것이며 조건문을 추가하여 만들 수 있습니다.

버튼 [회사별누계]의 실행 결과로, 회사 "상길사"의 5행 누계는 1170이며, 11행에는 [총금액] "1"을 더해서 누계는 "1171"로 되어 각 회사별 그룹으로 [총금액]이 [누계]로 표시됩니다.

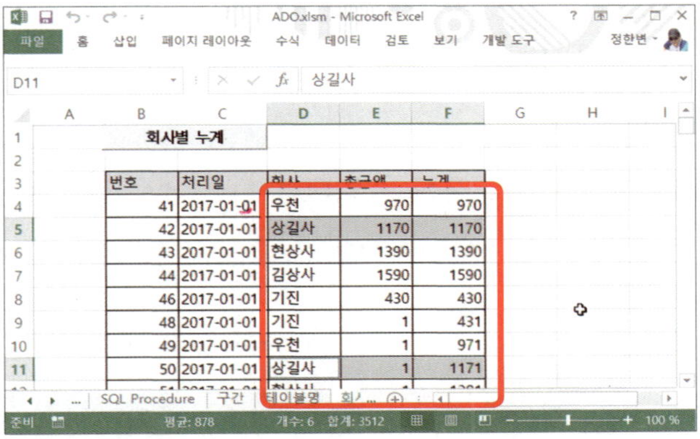

4. 처리일별 순번 만들기

① 필드 [처리일] 기준으로 번호 순으로 순번을 1, 2, 3, 4와 같이 오름차순으로 지정합니다.

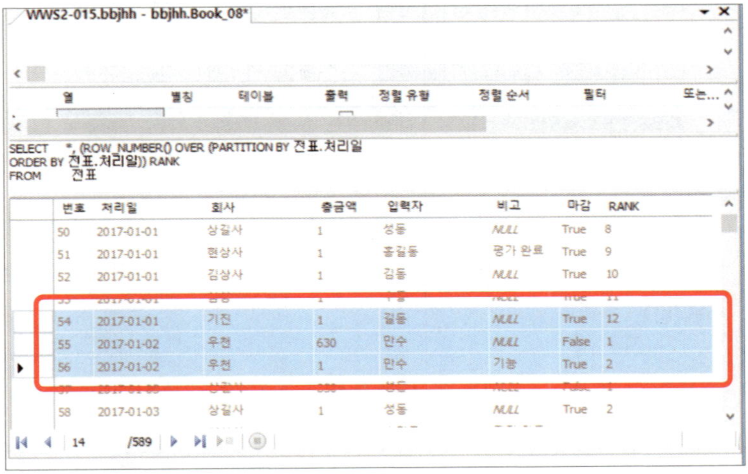

```
SELECT    *, (ROW_NUMBER() OVER (PARTITION BY 전표.처리일
ORDER BY 전표.처리일)) RANK
FROM      전표
```

2장에서 언급했던 순번만들기 SQL 구문 Row_Number( )를 소개하였습니다.

버튼 [처리일별 순서]의 실행결과입니다. 해당 14~17까지 보면, 1월1일 기준으로 번호가 12, 1월 2일 기준으로 1, 2로 만들어집니다.

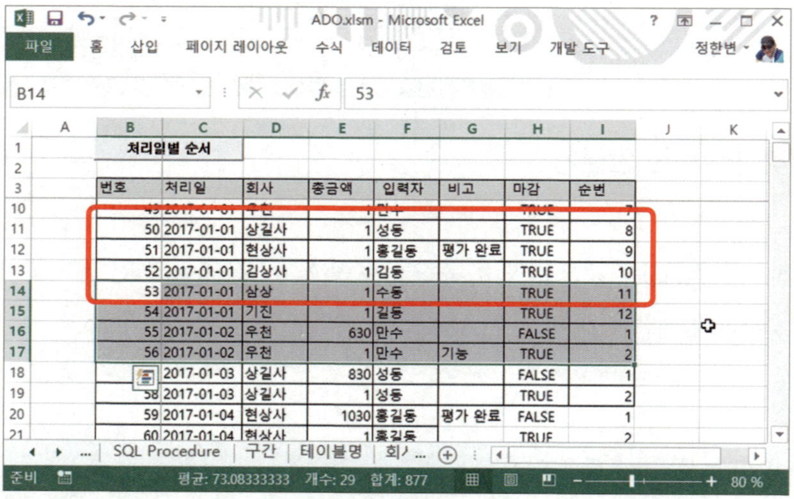

엑셀에서 피벗의 값은 숫자만 표시가 되지만, 해당 순번을 이용한 SQL Pivot를 만들어서 엑셀로 불러 올 때 엑셀 피벗 형태로 가져오면 값 목록에 문자 등으로 데이터를 표현할 수 있습니다.

5. SQL Pivot 불러오기

2장에서 소개한 SQL Pivot를 엑셀에서 불러오기 합니다.

① MS SQL에서 쿼리 "Pivot"을 작성합니다. 2장에서 소개한 쿼리입니다.

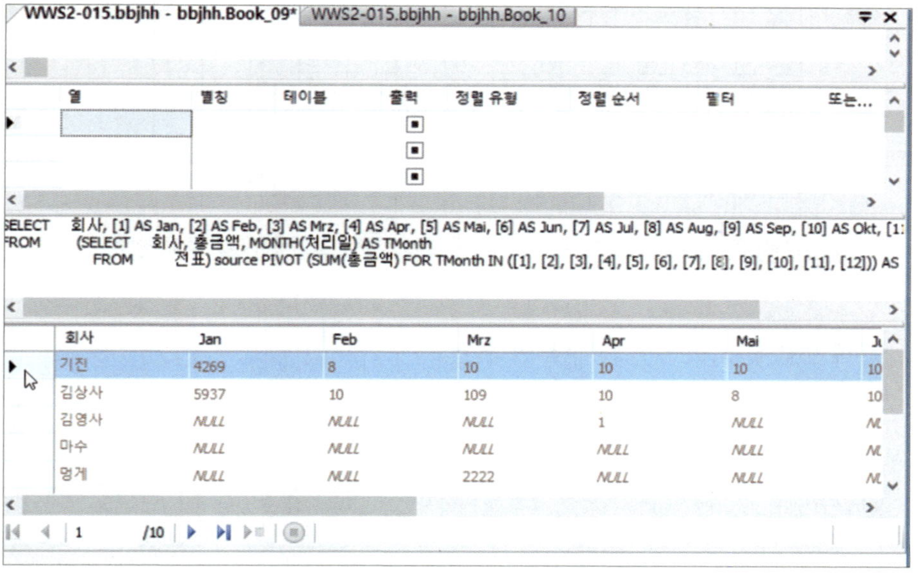

```
SELECT    회사, [1] AS Jan, [2] AS Feb, [3] AS Mrz, [4] AS Apr, [5] AS Mai, [6]
AS Jun, [7] AS Jul, [8] AS Aug, [9] AS Sep, [10] AS Okt, [11] AS Nov, [12] AS Dez
FROM      (SELECT    회사, 총금액, MONTH(처리일) AS TMonth
               FROM       전표) source PIVOT (SUM(총금액) FOR TMonth IN ([1],
[2], [3], [4], [5], [6], [7], [8], [9], [10], [11], [12])) AS pvtMonth
```

위와 같이 작성합니다.

② 버튼 [월별 피벗]을 클릭하면, 뷰 [Book_09]를 불러옵니다.

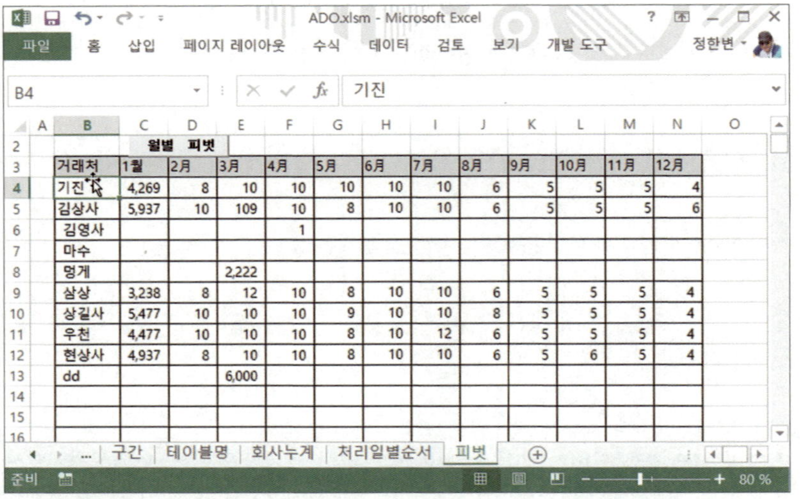

거래처	1월	2月	3月	4月	5月	6月	7月	8月	9月	10月	11月	12月
기진	4,269	8	10	10	10	10	10	6	5	5	5	4
김상사	5,937	10	109	10	8	10	10	6	5	5	5	6
김영사				1								
마수												
멍게			2,222									
삼상	3,238	8	12	10	8	10	10	6	5	5	5	4
상길사	5,477	10	10	10	9	10	10	8	5	5	5	4
우천	4,477	10	10	10	8	10	12	6	5	5	5	4
현상사	4,937	8	10	10	8	10	10	6	5	6	5	4
dd			6,000									

③ 매크로 VBA의 SQL의 구문입니다.

```
Sub 피벗_검색()
On Error Resume Next

Range("4:50000").ClearContents
연결
sql = " SELECT * FROM Book_09"
rs.Open sql, cn
Range("B4").CopyFromRecordset rs
rs.Close
cn.Close
End Sub
```

결과는 뷰 [Book_09]를 불러 오는 SQL 구문만 차이가 있고 다른 것은 앞과 차이 없는 VBA 매크로입니다.

6. 공정 이동

생산 설비 1호기에서 2호기로 데이터를 이동시키고 3호기로도 이동하고, 혹은 다른 날짜의 다른 호기로 호기 데이터를 이동하고자 합니다. 이 이동을 위해 마우스 드래그로 데이터를 이동시킵니다. 즉, 셀 "D7" 번호 "3"을 선택한 후에 마우스로 노란색 "J5" 셀 2호기로 이동시키면, 변경일 1월1일 기준으로 1호기의 번호 "3" 데이터가 2호기의 데이터로 이동합니다.

만약 변경일을 1월 2일로 변경한 후에 필드 [번호] 1개를 이동시키면, 해당 번호의 데이터가 날짜를 포함하여 다른 호기로 변경됩니다.

① 버튼 [검색]을 클릭하면 필드 처리일 셀 "C2" 날짜 기준으로 각 호기별 데이터를 보여줍니다.

1호기 번호 "3"을 2호기 노란색 셀 "J5" 드래그 이동합니다.

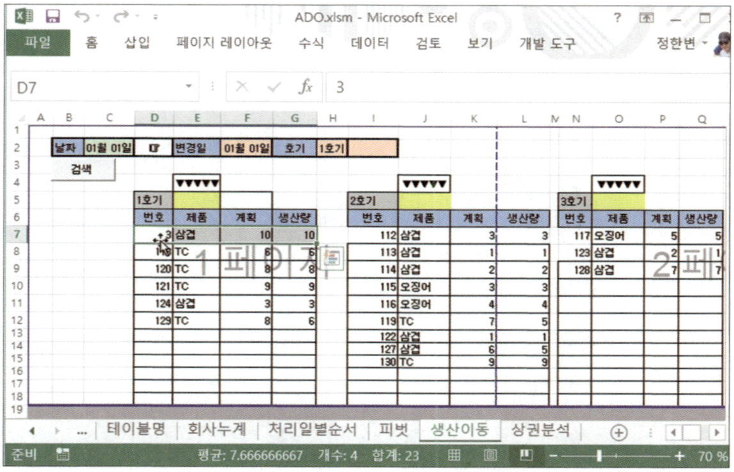

② 2호기에 번호 “3”이 추가되면서, 1호기에는 번호 “3”이 보이지 않습니다

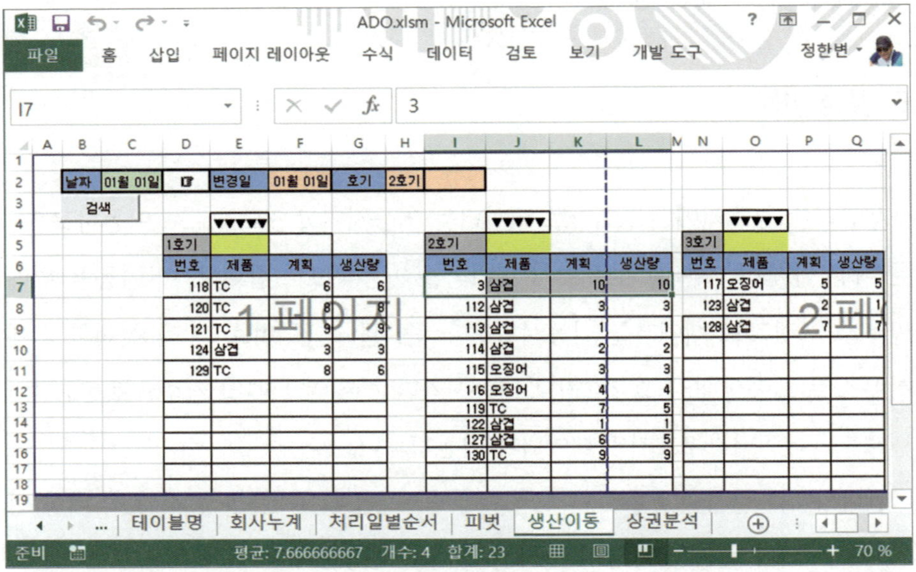

③ 테이블 [생산공정]은 다음과 같은 구조로 되어 있습니다.

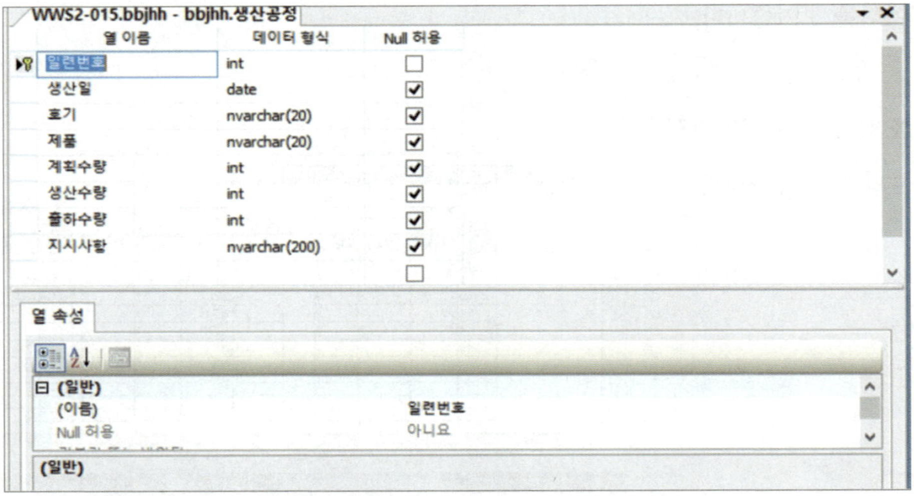

④ 다음과 같이 데이터가 저장되어 있습니다.

일련번호	생산일	호기	제품	계획수량	생산수량
3	2017-01-01	2호기	삼겹	10	10
112	2017-01-01	2호기	삼겹	3	3
113	2017-01-01	2호기	삼겹	1	1
114	2017-01-01	2호기	삼겹	2	2
115	2017-01-01	2호기	오징어	3	3
116	2017-01-01	2호기	오징어	4	4
117	2017-01-01	3호기	오징어	5	5
118	2017-01-01	1호기	TC	6	6
119	2017-01-01	2호기	TC	7	5
120	2017-01-01	1호기	TC	8	8
121	2017-01-01	1호기	TC	9	9
122	2017-01-01	2호기	삼겹	1	1
123	2017-01-01	3호기	삼겹	2	1
124	2017-01-01	1호기	삼겹	3	3
125	2017-01-02	2호기	삼겹	4	3
126	2017-01-02	3호기	오징어	5	5

⑤ 매크로 [호기]를 선택 확인합니다.

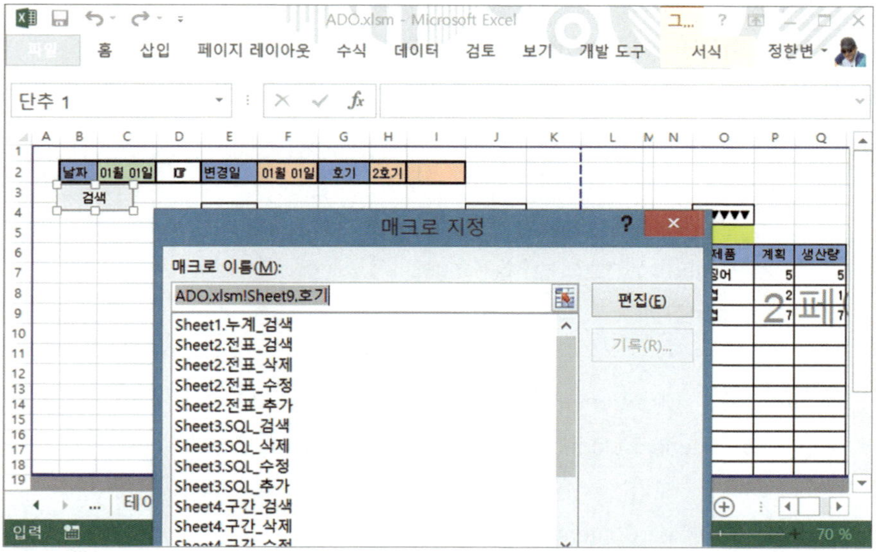

⑥ 워크 시트 변경 매크로 VBA를 사용하였습니다.

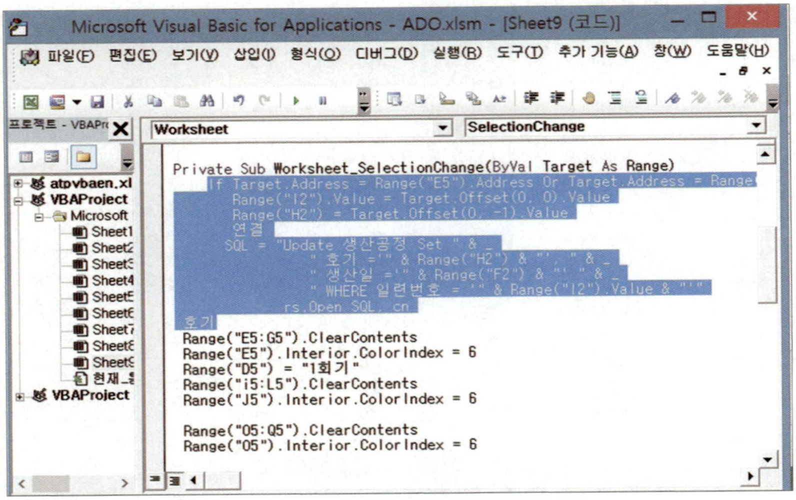

```
If Target.Address = Range("E5").Address Or Target.Address = Range("J5").
Address Or Target.Address = Range("O5").Address Then
     Range("I2").Value = Target.Offset(0, 0).Value
     Range("H2") = Target.Offset(0, -1).Value
     연결
    SQL = "Update 생산공정 Set " & _
           " 호기 ='" & Range("H2") & "', " & _
           " 생산일 ='" & Range("F2") & "' " & _
           " WHERE 일련번호 = '" & Range("I2").Value& "'"
        rs.Open SQL, cn
 호기
 Range("E5:G5").ClearContents
 Range("E5").Interior.ColorIndex = 6
 Range("D5") = "1호기"
 Range("i5:L5").ClearContents
```

```
  Range("J5").Interior.ColorIndex = 6
  Range("O5:Q5").ClearContents
  Range("O5").Interior.ColorIndex = 6
  Range("i2").ClearContents
 Range("D5") = "1호기"
 Range("I5") = "2호기"
 Range("N5") = "3호기"
 End If
 End Sub
```

ⓐ 각 호기의 셀을 선택하면 다음과 같습니다.

If Target.Address = Range("E5").Address Or Target.Address = Range("J5").Address Or Target.Address = Range("O5").Address Then

셀 "E5","J5","O5"를 선택할 때만, 이벤트 프로시저 매크로 VBA가 실행됩니다.

ⓑ 노란색 셀로 드래그된 셀은 각각 I2(필드 [일련번호]), H2(필드 [호기])로 저장됩니다.

Range("I2").Value = Target.Offset(0, 0).Value

Range("H2") = Target.Offset(0, -1).Value

ⓒ 테이블 생산공정은 필드 [일련번호] 기준으로 [호기] 및 [생산일]을 업데이트합니다.

```
SQL = "Update 생산공정 Set " & _
        " 호기 ='" & Range("H2") & "', " & _
        " 생산일 ='" & Range("F2") & "' " & _
        " WHERE 일련번호 = '" & Range("I2").Value& "'"
```

ⓓ 매크로 [호기]를 실행합니다.

⑦ 매크로 VBA "호기"는 다음과 같습니다.

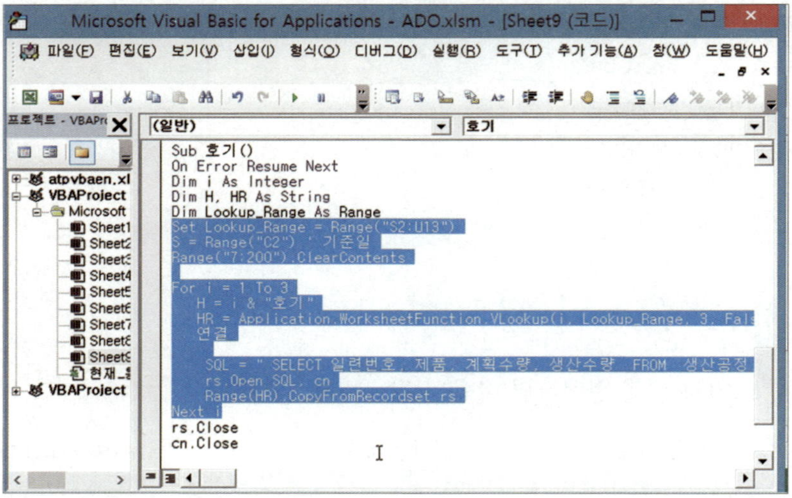

```
Sub 호기()
On Error Resume Next
Dim i As Integer
Dim H, HR As String
Dim Lookup_Range As Range
Set Lookup_Range = Range("S2:U13")
S = Range("C2") ' 기준일
Range("7:200").ClearContents

For i = 1 To 3
  H = i & "호기"
  HR = Application.WorksheetFunction.VLookup(i, Lookup_Range, 3, False)
  연결
   SQL = " SELECT 일련번호, 제품, 계획수량, 생산수량 FROM 생산공정 WHERE 생산
```

```
일 = '" & S & "' and 호기 = '" & H & "'"
    rs.Open SQL, cn
    Range(HR).CopyFromRecordset rs
Next i
rs.Close
cn.Close
Range("B3").Select

End Sub
```

ⓐ 엑셀 Lookup 함수를 VBA로 사용한 것입니다.

각 호기별 시작 위치를 지정하도록 서버 SQL로부터 데이터 내려 받는 호기별 셀의 복사 시작위치를 지정합니다.

1	1호기	"D7"
2	2호기	"I7"
3	3호기	"N7"

ⓑ 각 호기별 데이터는 Loop의 SQL 구문을 통해서 데이터를 보여줍니다.

For i = 1 To 3

SQL = " SELECT 일련번호, 제품, 계획수량, 생산수량 FROM 생산공정 WHERE 생산일 = '" & S & "' and 호기 = '" & H & "'"

next

"For i = 1 To 3" 반복 Loop를 사용한 이유는 호기가 1, 2, 3호기로 구성되어 있기 때문입니다.

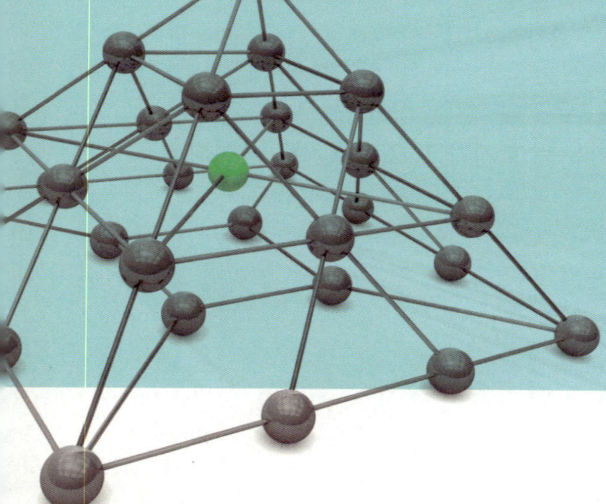

제5장

빅데이터 응용 분석 솔루션 만들기

1. 빅데이터 기반 하에 상권 분석
2. 분산 분석
3. 엑셀 회귀 통계 분석

엑셀 유저가 일반적 통계 전문가가 아니라면 어떤 통계 모델을 선택해서 적용할지 매우 난감합니다. 통계를 모르는 엑셀 유저에게 어떻게 접목해서 통계를 설명할 것인가에 대해서 고민합니다.

일단, 그림으로 해당 통계 모델 내용을 설명합니다.

앞으로 통계 원본(모집단)을 분석하기에 앞서 [가설 검증]을 간단하게 학습하겠습니다.

일상 우리가 실제 살아가는 집단을 "모집단"이라고 합니다. 모집단인 전체 데이터를 분석하기 위해서 전체 집단을 분석하기 위해서 모든 데이터를 참조한다는 것은 불가능합니다.

그래서 해당 과제인 모집단을 평가할 때, 전체 집단 중에서 일정한 수의 표본을 추출하여 표본 집단의 분석 결과를 통해서 모집단을 평가합니다.

① 정규분포(Z)에 대해서 소개합니다.

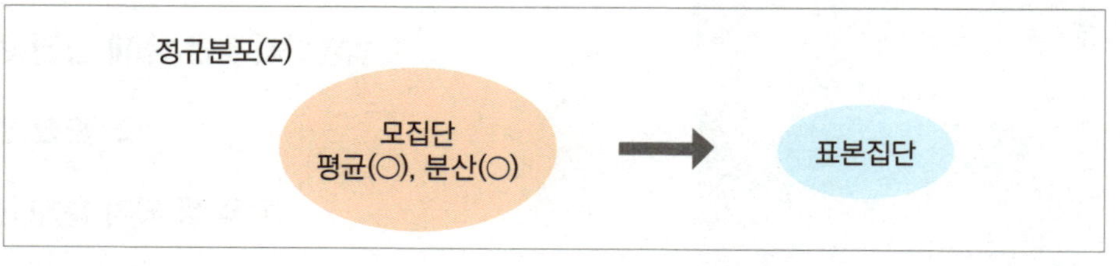

정규분포(Z)는 모집단의 평균 및 분산[1)]을 알고 있으며,모집단의 특성을 파악하기 위해 표본집단을 축출하고 이로부터 도출한 평균을 비교·분석하는데 이용됩니다.

1) 통곗값과 평균값의 차이인 편차를 제곱하여 얻은 값들의 산술 평균

한국 인구를 정규분포로 가정해서 분석한다면, 모집단은 한국에 거주하고 있는 국민이 되기 때문에 "주민등록번호" 자료 기준으로 모집단이 될 것이고, 만약 기업이라면 모집단은 회사 전체 인력이며, 그 모집단의 데이터 기준은 "사번"입니다. 즉, 모집단은 분석하기 위한 대상으로 "전체"를 의미합니다. 하지만 현실적으로 비용 등의 측면에서 전체 분석할 수가 없기 때문에 표본 집단을 축출하고 이러한 표본 집단을 통해서 데이터를 분석한 후, 모집단의 특성을 설명합니다.

정규분포는 모집단 평균 및 분산을 알고, 표본집단을 추출해서 평가를 해보는 것입니다. 즉, '모집단의 정보를 알고 있다'라는 가정하에서 출발합니다.

② T-검증은 모평균에 대한 차이를 분석입니다.

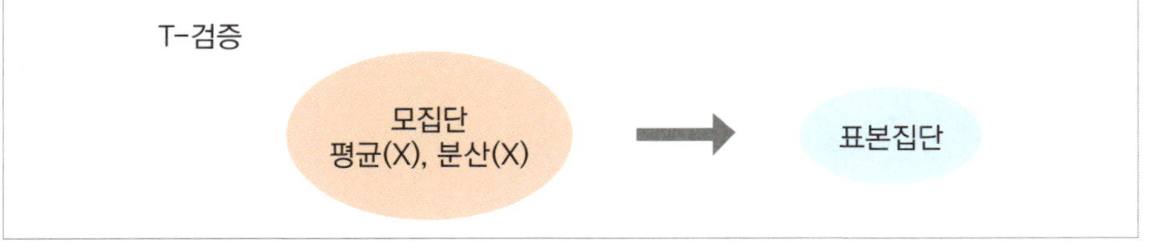

T-검증은 정규분포와는 다르게 모집단의 평균과 분산을 모르고, 표본집단을 충분히 많이 갖고 있을 때 모평균을 추론합니다.

일상적으로 특정한 데이터를 제외하고는 모집단을 알 수가 없습니다. 사전에 '모평균과 모집단을 알 수 있다'라는 정규분포의 가설 검증 보다는 [T-검증]처럼 모집단을 잘 모르지만, 충분한 표본을 갖고 모집단의 평균을 구하려는 의도가 실무적으로 더 많습니다.

이런 [T-검증]에도 다양한 방법으로 구성되어 있습니다.

같은 모집단 기준으로 하는 표본 집단을 분석하는 등분산 가정과 모집단이

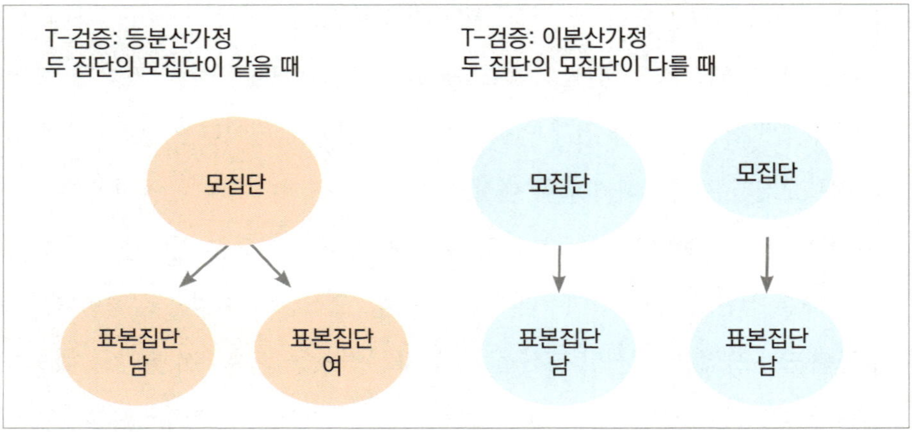

다른 -가령 서울과 경기지역의 남자에 대한 소비 취향을 분석해서 각각 모집단간의 평균 추이를 비교할 때 유용한 것입니다. 혹은 이분산 가정에서 서울은 "남", 경기는 "여"를 비교할 수도 있습니다. 이는 서울과 경기라는 지리적 차이는 물론 "남"과 "여"라는 차이에서 분산이 다르다고 판단할 수 있다는 점을 이용하여 분석하는 접근 방식입니다.

따라서 이런 다양한 T-검증이 맞는지 여부를 검색해야 합니다.

그리고 [F-검증]은 [T-검증]의 모델의 "적격 여부"를 검증합니다.

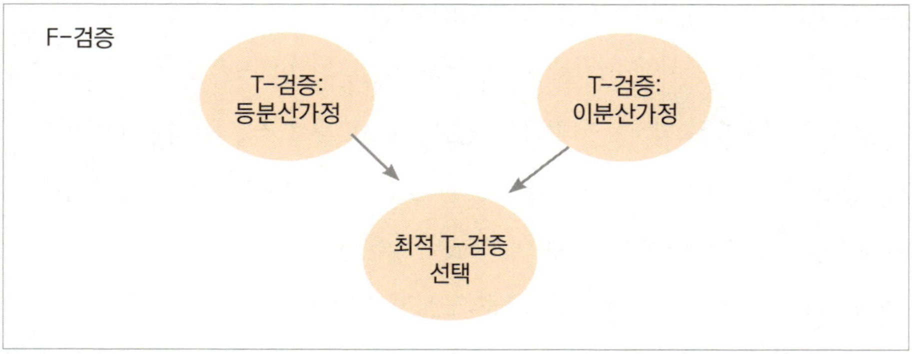

[F-검증]으로 [T-검증]의 [등분산] 및 [이분산] 가정의 모델 적격 여부를 판단하는데 사용됩니다. 즉, 우리가 선택한 여러 모델 중에서 어떤 모델을 사용하는 것이 좋은지를 판단하는 기준이 되는 것이 [F-검증]입니다.

[쌍대 T-검증]은 동일 표본을 독립적이지 않고 짝을 맞추어서 전후를 분석하는 방법입니다.

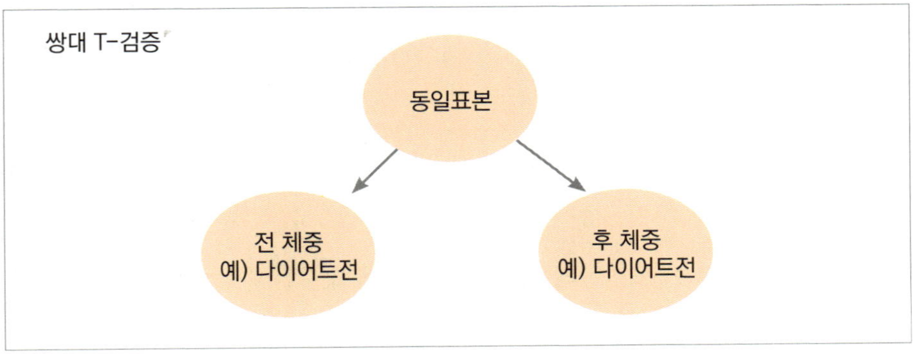

[쌍대 T-검증]은 등분산 모집단과 같이 동일 표본을 대상으로 실험 전후 비교하는 것입니다. 예를들어 약을 먹기 전과 약 먹고 난 후의 반응 등, 동일 표본의 상태 연구에 많이 사용됩니다.

엑셀 초보가 알아야 할 값들

"t값, F 값, P- 값" 등 있는데, 숫자에 따라서 [기본가설] & [대립가설]로 적용되는데, 여기에서는 이런 가설들이 있다는 사실만 이해하고 넘어갑니다.

3절에 분산을 분석하면서 각 값의 숫자의 의미를 해석해서 넣었습니다.

엑셀 유저는, 엑셀 도구 통계 분석을 통해서 적정 모델을 선택할 줄 알고, 결과값으로 나온 "t값, F 값, P- 값" 등의 결과 해석만 학습하십시오.

즉, 해석된 값을 갖고 통계적 분석 결과로 산출하면 충분합니다.

1 빅데이터 기반 하에 상권 분석

아래의 표에 X, Y좌표가 주어지는데 X를 경도(가로축), Y(세로축)를 위도라 합시다. 수많은 고객간의 (A고객과 B고객간의 N인원) 거리가 다르며, 각각 소득이 다릅니다.

기업의 입장에서는 특정 지역에서의 거리만큼 집단 군집 개수를 계산하여 소득 분포도가 높은 지역의 지점 근처로 대리점을 설치하는 것이 이익입니다. 하지만 현실적으로 완벽한 모집단의 자료를 정확하게 확보할 수는 없습니다. 경우에 따라서는 표본을 잘못 검증하여 모집단에 대한 분석을 잘못할 수도 있습니다.

모든 표본의 고객간의 거리가 가까운 지역에 지점을 설치하는 방법이 최선입니다. 예를들어 지점간의 분포도 기준으로 'Km마다 하나의 지점을 설립한다' 라고 가정합시다.

이러한 경우전체 분포도 기준으로 어디에 설치해야 좋은 지 검증합니다.

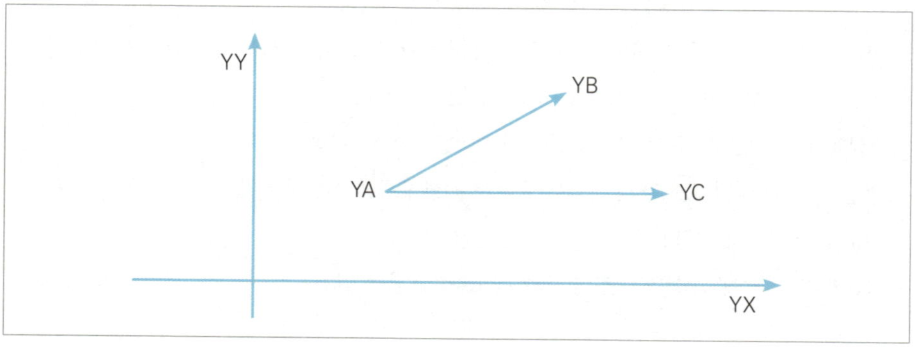

지금까지 가장 좋은 방법으로는 100명의 고객간의 모든 데이터를 배열(Array)로 처리한 후에 즉, 피타고라스의 정리를 이용하여 최적 대각선 거리를 구합니다. 즉, A고객과 B고객간의 거리, A고객과 C고객간의 거리, 모든 데이터를 배열로 피타고라스의 대각선 거리를 구한 후, 최적화된 해 값을 찾는 것입니다.

"군집평가"라 하는데 대표적인 평가방법으로 k-Means Cluster Analysis 가 있습니다.

$$\arg\min \sum_{i=1}^{k} \sum_{x_j \in S_i} ||x_j - \mu_i||\text{^}2$$

여기에서 μ_i는 S_i안에 있는 점들의 평균이다.

해당 식은 주로 클러스터 군집을 단계별로 정하고, 정해진 군집 기준의 중심 위치를 찾는데 목적이 있습니다.

만약에 고객의 위치 기준으로 클러스터 군집 지역의 고정 개수의 클러스터(Cluster)를 정한다면 별 의미가 없습니다. 유저가 구하고자 하는 것은 거리별로 환산되었을 때, 군집의 개수와 해당 상권 중심 위치입니다.

이런 군집의 함수 계산을 엑셀 유저에게 설명한다면, 이해할 분들은 별로 없을 것입니다. 따라서 데이터베이스로 이와 유사한 문제를 해결하고자 합니다.

이렇게 정의 합시다.

군집 평가를 하는 이유는 모집단의 [상권]의 위치 분석하는 것이 목적이며, 각 고객간 직선 거리를 계산, 각자 클러스터 기준으로 클러스터 집단의 평균 거리 및 총 소득, 평균 소득 및 군집의 개수를 구합니다(단 여기서는 소득을 반영 안함).

먼저 SQL 테이블을 만드는 작업부터 소개합니다.

1. SQL 구성

① 필드 [번호], [X], [Y], [소속], [집단] 등을 숫자 타입으로 작성합니다.

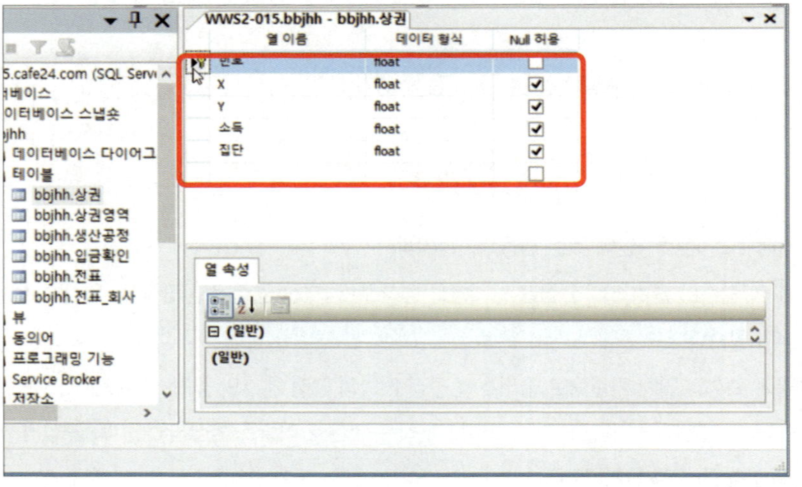

② 테이블 [실행]결과의 표본 샘플은 다음과 같이 저장됩니다.

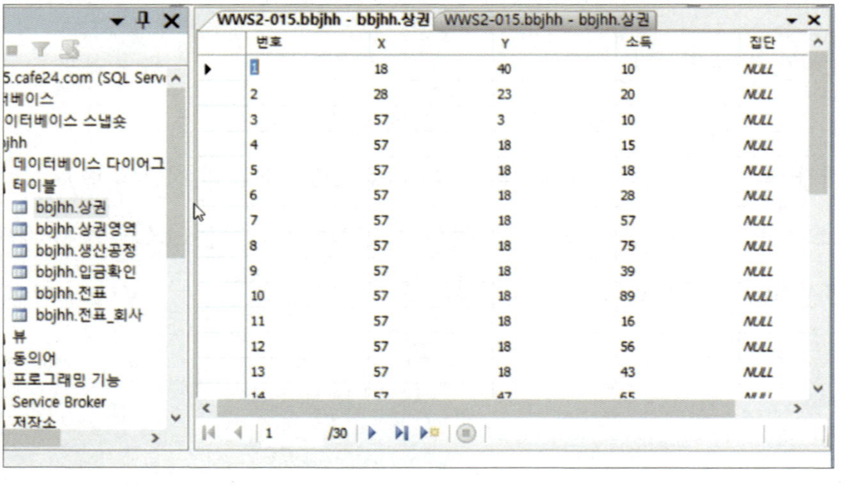

③ 테이블 [상권영역]을 만듭니다. 각 고객간의 X(경도), Y(위도)축간의 대각선의 직선 거리의 범위를 설정할 필드 [거리]를 만듭니다.

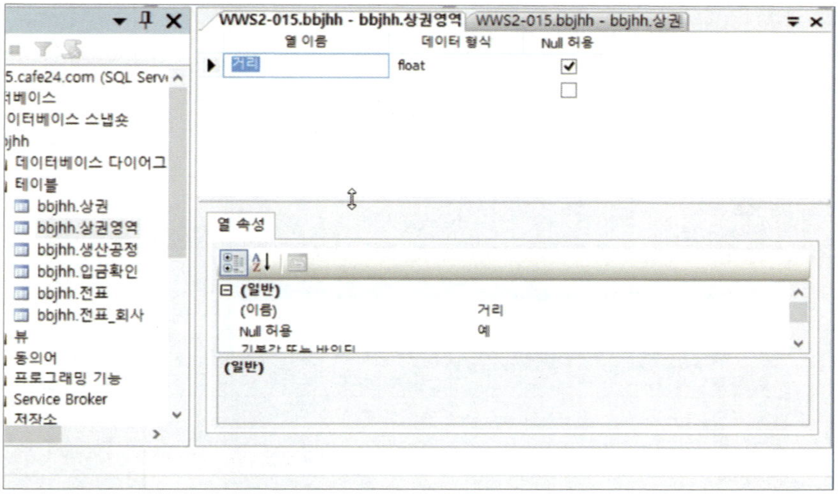

④ 필드 [거리]가 예로 50KM 떨어진 범위내의 검색 데이터를 지정하기 위한 [@매개변수] 조건 필드입니다.

⑤ 테이블 [상권]을 2개 추가하여 각 데이터를 배열로 만든 후, 피타고라스 정의로 계산된 거리를, 위에서 테이블 상권영역 [거리]내의 필드만 검색되도록 작성합니다.

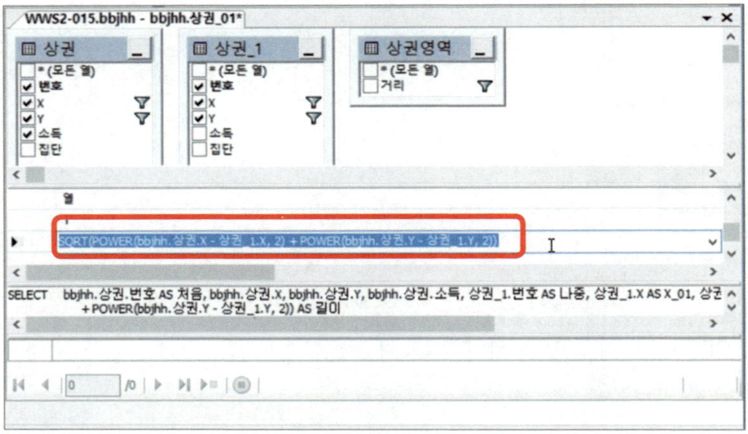


```
SELECT    bbjhh.상권.번호 AS 처음, bbjhh.상권.X, bbjhh.상권.Y, bbjhh.상권.소득, 상
권_1.번호 AS 나중, 상권_1.X AS X_01, 상권_1.Y AS Y_01, SQRT(POWER(bbjhh.상
권.X - 상권_1.X, 2)
               + POWER(bbjhh.상권.Y - 상권_1.Y, 2)) AS 길이
FROM      bbjhh.상권 CROSS JOIN
               bbjhh.상권영역 CROSS JOIN
               bbjhh.상권 AS 상권_1
WHERE    (SQRT(POWER(bbjhh.상권.X - 상권_1.X, 2) + POWER(bbjhh.상권.Y - 상
권_1.Y, 2)) <= bbjhh.상권영역.거리)
```

위와 같이 데이터를 배열로 만든 후에 피타고라스를 이용하여 SQL 구문으로 대각선으로 거리를 배열로 모두 계산합니다.

(SQRT(POWER(bbjhh.상권.X - 상권_1.X, 2) + POWER(bbjhh.상권.Y - 상권_1.Y, 2))

피타고라스의 정의 대각선 공식

c를 직각삼각형의 빗변의 길이 a와 b를 각각 나머지 두 변의 길이라 하면, 다음과 같은 공식으로 나타낼 수 있습니다.

$a^2+b^2=c^2$

또는 C 대하여 풀이하면 다음과 같습니다.

$c=\sqrt{(a^2+b^2)}$

c는 거리의 개념이므로 음수여서는 안됩니다.

⑥ 작성된 결과입니다.

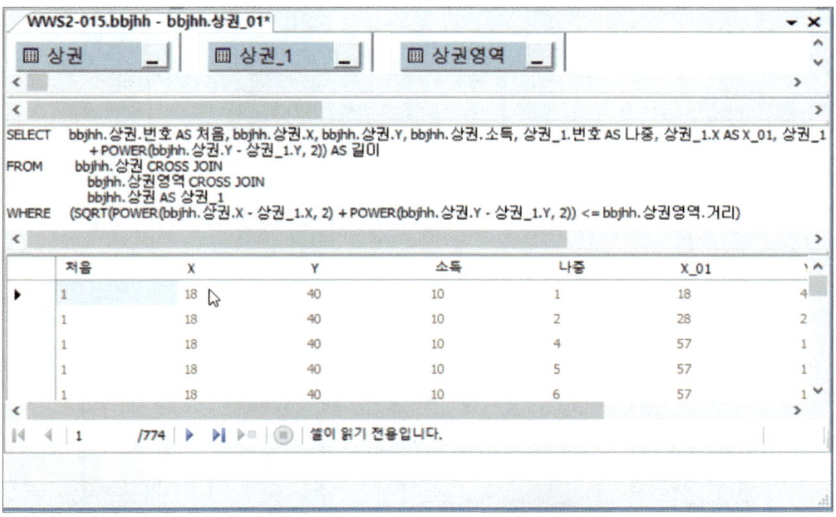

⑦ 나중에 입력된 [번호]를 그룹으로 처음의 최소 숫자 [번호]를 구합니다. 배열로 데이터를 구하면 중복된 값을 하나의 값만 불러서 데이터를 추출하는 방식을 사용하였습니다.

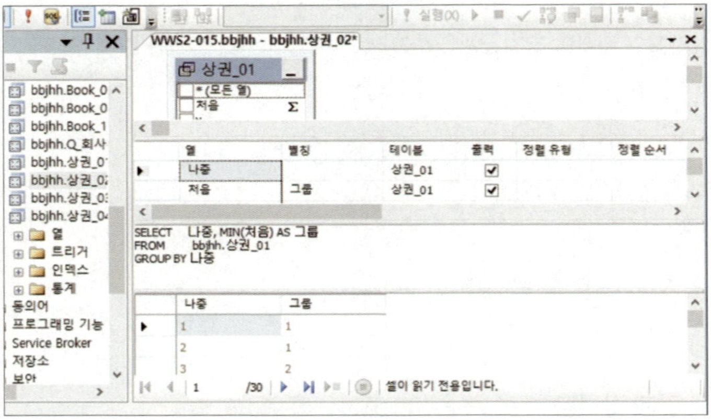

```
SELECT      나중, MIN(처음) AS 그룹
FROM        bbjhh.상권_01
GROUP BY 나중
```

⑧ 상권_02 뷰(view)와 테이블 [상권]을 연결해서 데이터를 작성합니다.

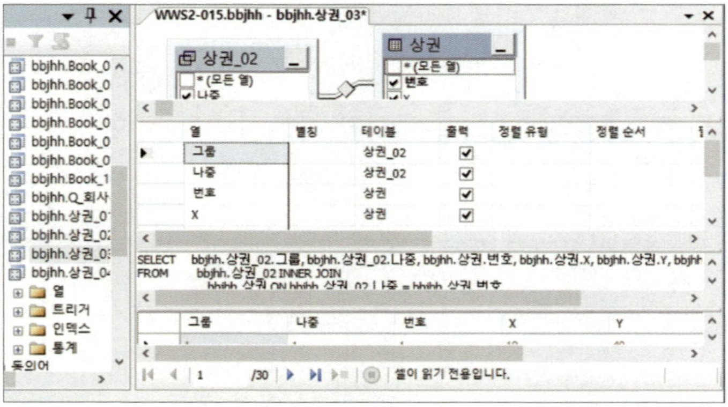

```
SELECT   bbjhh.상권_02.그룹, bbjhh.상권_02.나중, bbjhh.상권.번호, bbjhh.상권.X,
bbjhh.상권.Y, bbjhh.상권.소득, bbjhh.상권.집단
FROM     bbjhh.상권_02 INNER JOIN
         bbjhh.상권 ON bbjhh.상권_02.나중 = bbjhh.상권.번호
```

⑨ 뷰 [상권_03]기준으로 필드 [그룹]을 그룹화하고 X, Y의 평균을 구한 뒤,소득은 총합계 및 평균으로 이용하고, 그룹별 총 개수를 구합니다(소득도 나중에는 하나의 Factor로 분석해야 하나 생략). 거리별 군집(Cluster) 개수가 그룹별로 구해집니다. 즉, 최소 그룹 번호 기준으로 거리 환산해서 구한 것으로 다양한 각도에서 데이터 해 값을 얻습니다.

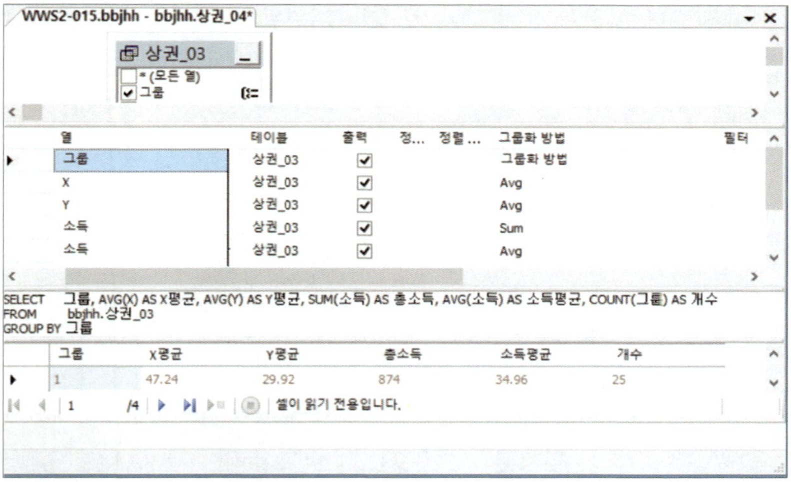

2. 엑셀 구성

① 엑셀에서 셀 "C2" 데이터 50km를 지정해서 50보다 적은 거리 내의 데이터만 추출하도록 매개변수를 작성합니다. 필드 [거리]셀 "C2" 값이 커지면 클러스터 군집의 개수는 줄어들고, 거리 숫자가 낮아지면 반대로 군집 개수는 증가합니다.

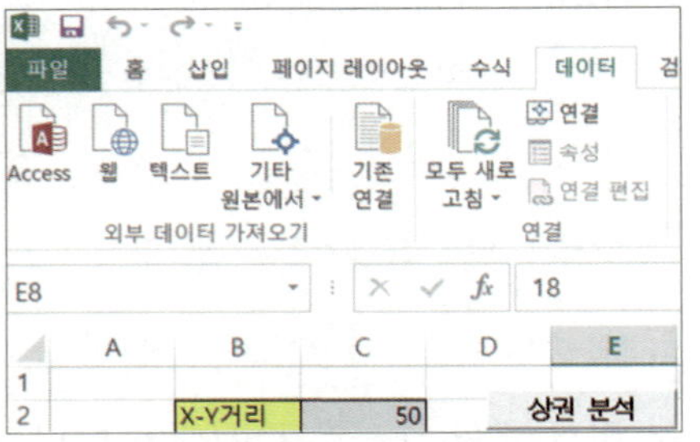

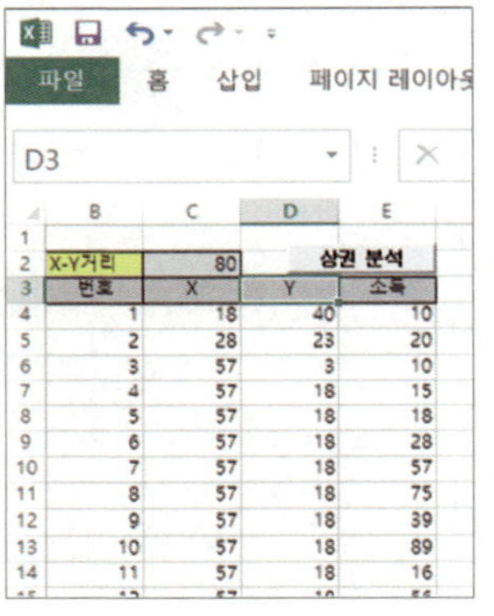

② 서버 SQL에 저장할 셀과 같은 [번호], [X], [Y], [소득]을 작성합니다.

③ H열부터 L열까지 클러스터 계산된 [군집 정보]가 SQL 서버로 계산된 값을 보이도록 영역을 만듭니다. 즉, 셀 시작위치는 "H4"가 됩니다.

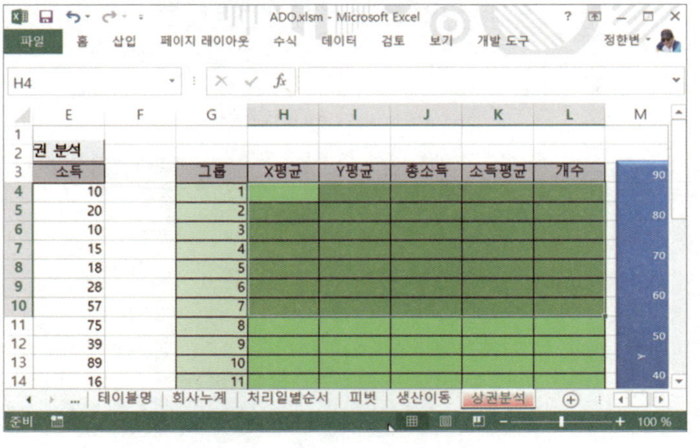

④ 서버로 저장되는 원 데이터 입력 자료와 군집 집단 중심 결과값을 하나의 차트에서 표현합니다.

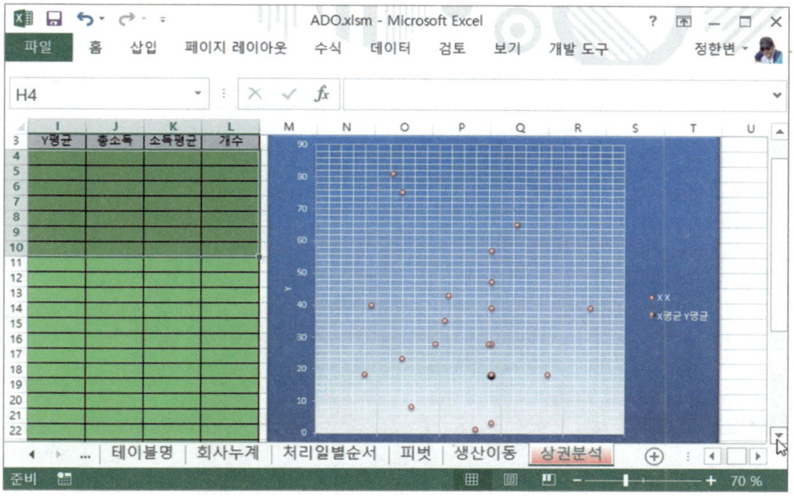

⑤ 데이터 범위를 입력 데이터 X, Y를 추가합니다.

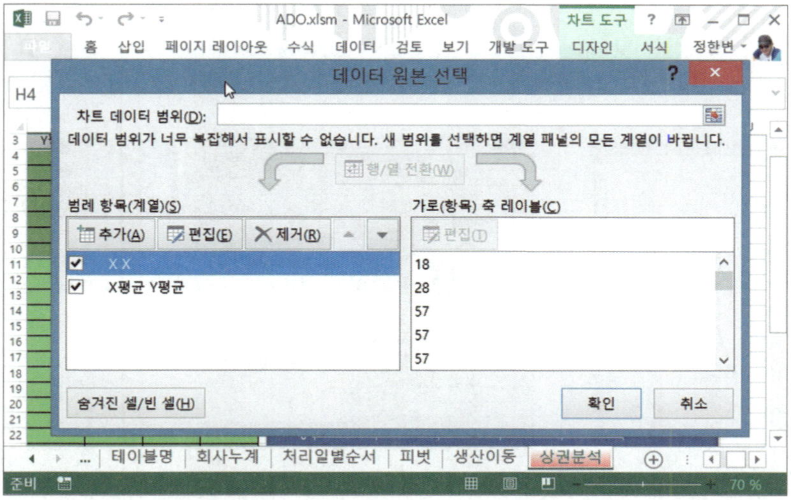

⑥ 데이터 원본 X, Y값을 설정합니다.

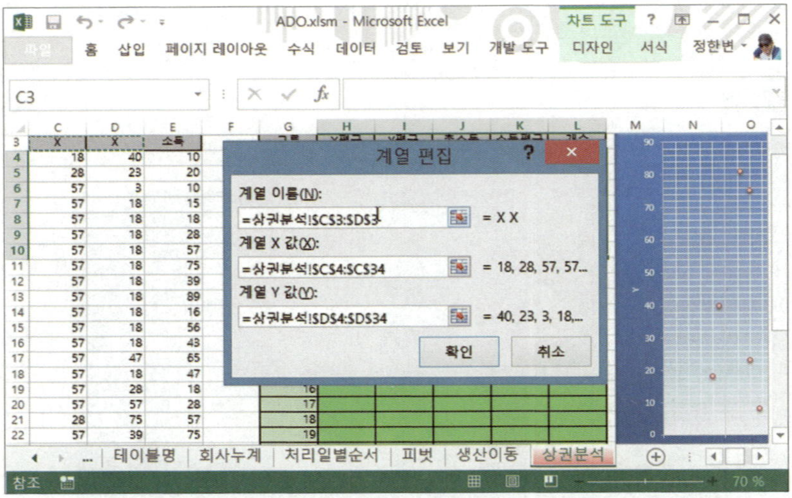

⑦ 계산된 결과 값을 "H4" 기준으로 평균 X, Y 값을 구합니다. 각 소득 분포도의 집중도를 반영하여 거리를 환산해야 하고, 소득은 반영하지 않았습니다.

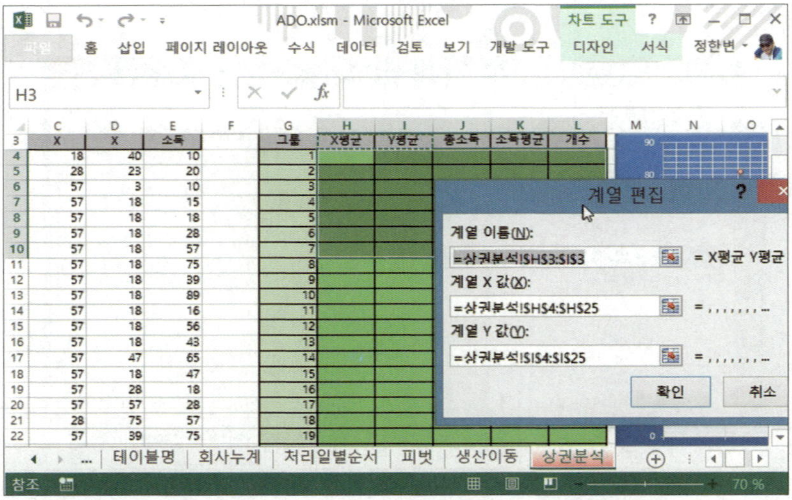

⑧ 버튼 [상권분석]을 작성합니다.

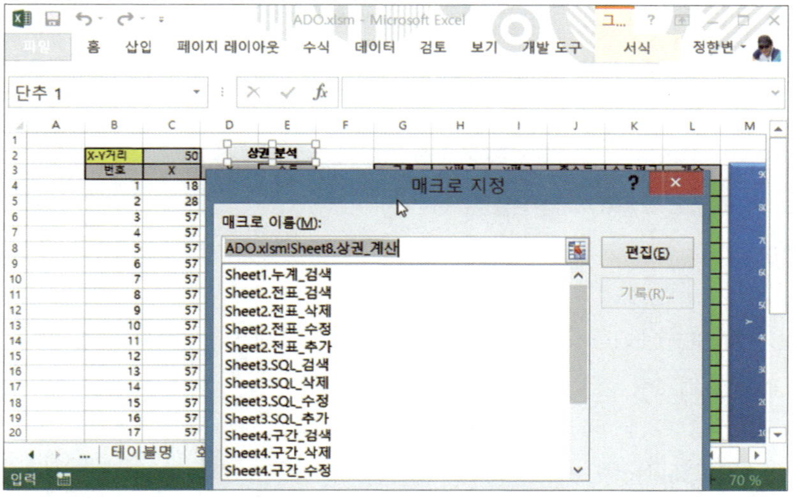

⑨ 작성된 VBA 매크로는 다음과 같습니다.

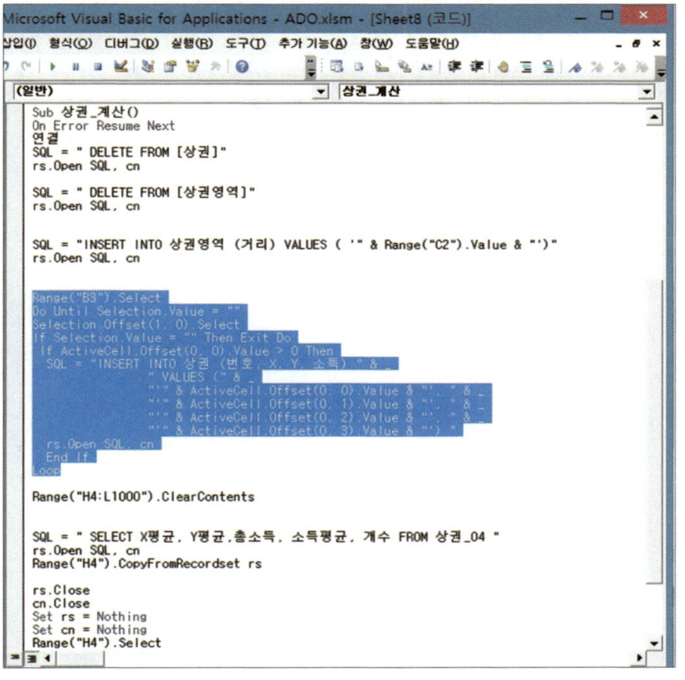

```
Sub 상권_계산()
On Error Resume Next
연결
SQL = " DELETE FROM [상권]"
rs.Open SQL, cn

SQL = " DELETE FROM [상권영역]"
rs.Open SQL, cn

SQL = "INSERT INTO 상권영역 (거리) VALUES ('" & Range("C2").Value & "')"
rs.Open SQL, cn

Range("B3").Select
Do Until Selection.Value = ""
Selection.Offset(1, 0).Select
If Selection.Value = "" Then Exit Do
 If ActiveCell.Offset(0, 0).Value > 0 Then
  SQL = "INSERT INTO 상권 (번호, X, Y, 소득) " & _
        " VALUES (" & _
        "'" & ActiveCell.Offset(0, 0).Value & "', " & _
        "'" & ActiveCell.Offset(0, 1).Value & "', " & _
        "'" & ActiveCell.Offset(0, 2).Value & "', " & _
        "'" & ActiveCell.Offset(0, 3).Value & "') "
  rs.Open SQL, cn
  End If
Loop

Range("H4:L1000").ClearContents
```

```
SQL = " SELECT X평균, Y평균,총소득, 소득평균, 개수 FROM 상권_04 "
rs.Open SQL, cn
Range("H4").CopyFromRecordset rs

rs.Close
cn.Close
Set rs = Nothing
Set cn = Nothing
Range("H4").Select
End Sub
```

ⓐ 기존에 작성된 테이블 [상권], [상권영역]의 전체데이터를 모두 삭제합니다.

```
SQL = " DELETE FROM [상권]"
rs.Open SQL, cn

SQL = " DELETE FROM [상권영역]"
rs.Open SQL, cn
```

ⓑ B ~ E열의 데이터가 추가 되도록 매크로 작성합니다.

Loop를 통해서 엑셀 상권 데이터가 테이블 [상권]으로 추가 입력되도록 만듭니다.

```
Do Until Selection.Value = ""
Selection.Offset(1, 0).Select
If Selection.Value = "" Then Exit Do
 If ActiveCell.Offset(0, 0).Value > 0 Then
```

```
SQL = "INSERT INTO 상권 (번호, X, Y, 소득) " & _
    " VALUES (" & _
    "'" & ActiveCell.Offset(0, 0).Value & "', " & _
    "'" & ActiveCell.Offset(0, 1).Value & "', " & _
    "'" & ActiveCell.Offset(0, 2).Value & "', " & _
    "'" & ActiveCell.Offset(0, 3).Value & "') "
rs.Open SQL, cn
End If
Loop
```

ⓒ 입력된 데이터 값은 뷰 [상권_01]에서 거리를 구하고, 집단을 구해서 클러스터 군집을 만듭니다(앞에서 자세히 소개 함).

⑩ 셀 "H4" 기준으로 클러스터 군집의 데이터를 가져옵니다.

```
SQL = " SELECT X평균, Y평균, 총소득, 소득평균, 개수 FROM 상권_04 "
rs.Open SQL, cn
Range("H4").CopyFromRecordset rs
```

⑪ 상권 거리인 셀 값을 "50" 변경하면 클러스터 및 차트의 중심 위치까지 자동으로 변경됩니다.

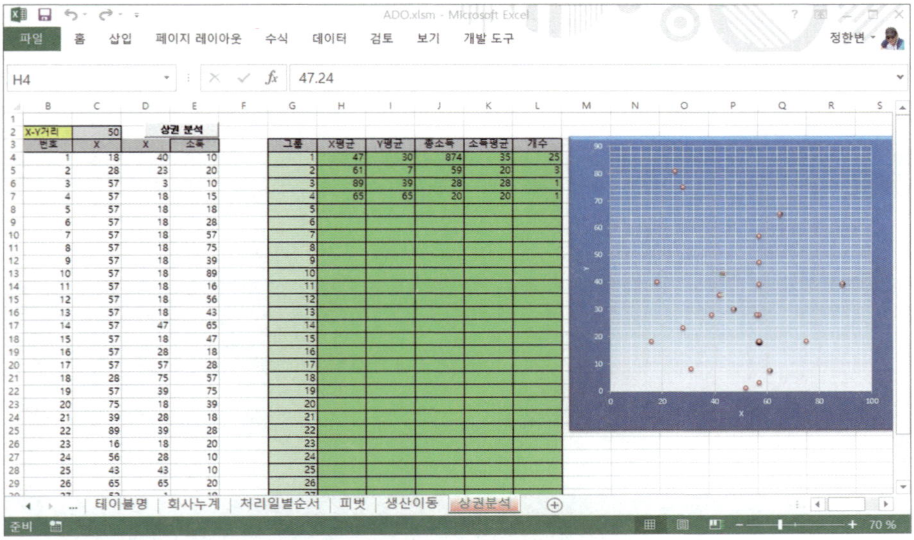

⑫ 상권 거리인 셀 값을 "25" 변경하면 클러스터 및 차트의 중심 위치까지 자동으로 변경됩니다.

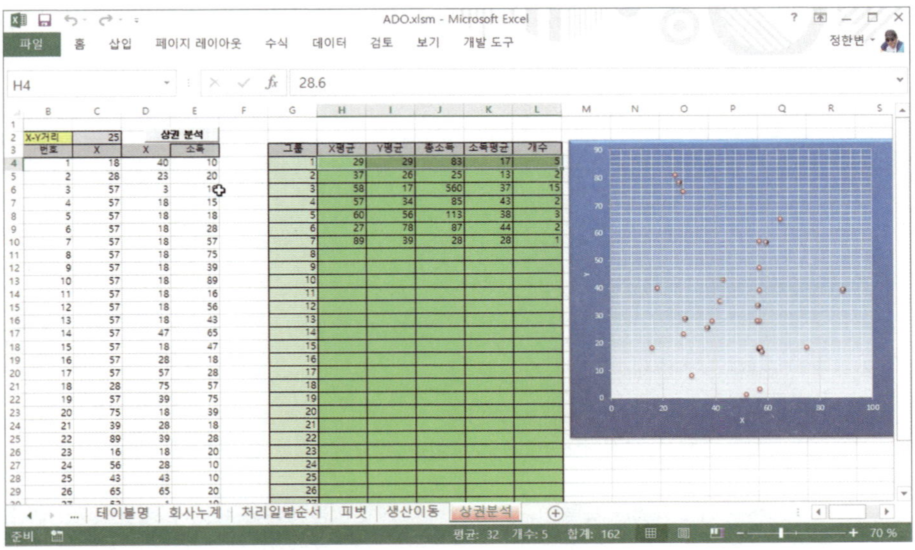

⑪ 상권 거리인 셀 값을 "80" 변경하면 클러스터 및 차트의 중심 위치까지 자동으로 변경됩니다.

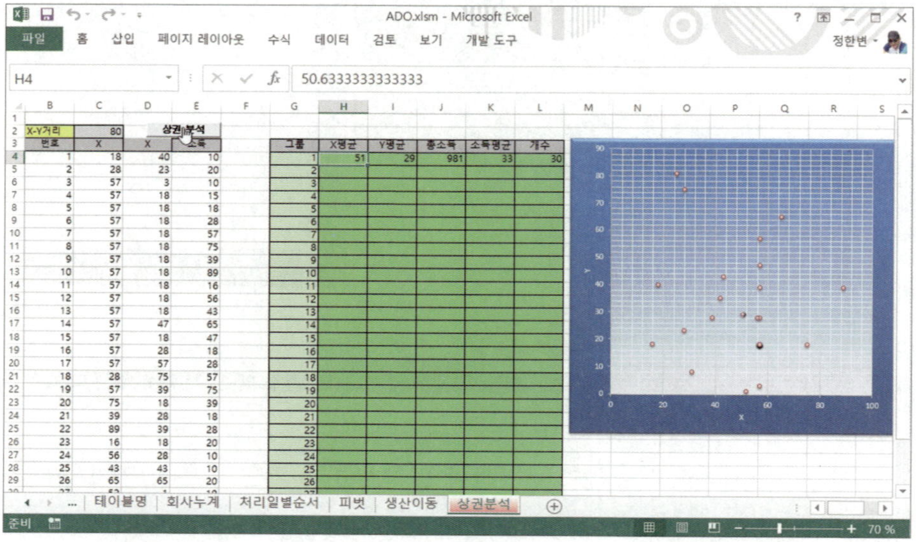

각 매개변수 [거리]에 따라서 클러스터 군집의 중심 위치까지 달라지는 것을 확인합니다.

2 분산 분석

분산 분석법(ANOVA: Analysis of Variance)은 세 집단 이상의 집단 평균 차이를 검정하는 데 이용합니다. 특히 각 지역의 평가 혹은 마케팅 평가 등 비계량적인 독립변수와 계량적인 종속변수간의 관계를 분석할 때 사용합니다.[2)]

분산 분석을 하려면 독립변수들의 척도는 명목 또는 서열 척도로 구성되어 있어야 하며, 종속변수는 등간 또는 비율 척도로 되어 있어야 분석할 수가 있습니다. 기준이 모호할 때는 분석 의미가 없고, 단순히 지수율/백분율만 평가되는 데이터입니다. 즉, 가설을 만들 때 귀무가설로 '모든 집단의 평균이 동일하다'라는 대립가설은 평균의 차이가 있습니다.

"차이가 있을 것을 것이다"라고 가정해서 분산 분석을 시작을 합니다. 분산을 분석할 때 독립변수가 3개 이상 혹은 또는 결합해서 3개 이상의 집단을 가지는 경우도 있습니다.

독립변수가 1개인 경우 – 일원분산: 연령별 급여 차이

독립변수가 2개인 경우 – 이원분산: 남녀/학력별 급여 차이

독립변수가 3개 이상 – 다원 분산: 제품 마켓 평가의 데이터(남녀, 나이, 학력 등)

그러면 사전에 어떤 가정을 해야 하는가?를 알아 봅시다.

1. 오차 변량의 정상성: 모집단은 정상성 분포
2. 오차변량의 가산성: 오차범위간의 선형모델
3. 오차변량의 독립성: 변수들간의 독립성 존재
4. 오차 변량의 동질성: 신뢰 받을 수 있는 변수 여부 등이 있습니다.

참 어려운 내용들이라 이런 것이 있구나 정도만 알고 넘어 갑시다.

2) 독립변수, 종속변수, 귀무가설, 대립가설 등 네이버 지식인 검색

이제부터 본격적으로 분산 분석을 소개하겠습니다.

1. SQL 서버

① 테이블 [분사_야구_일원]을 만듭니다.

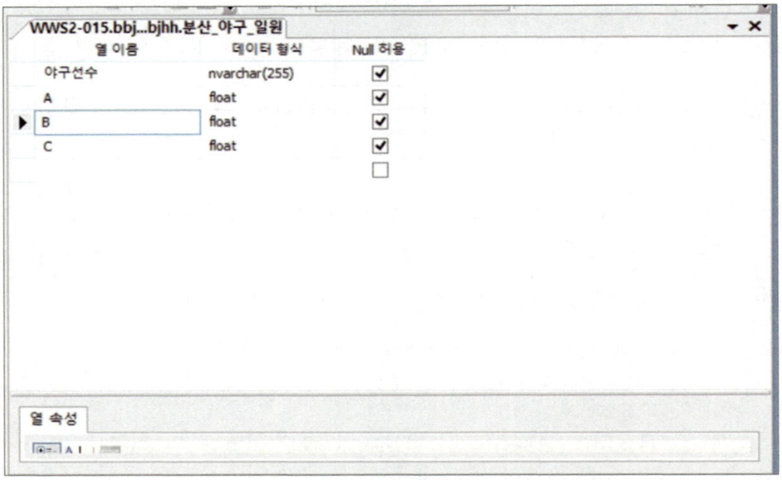

② 테이블 [분사_야구_일원]에 저장된 데이터로 각 훈련 타법에 대한 점수를 의미합니다.

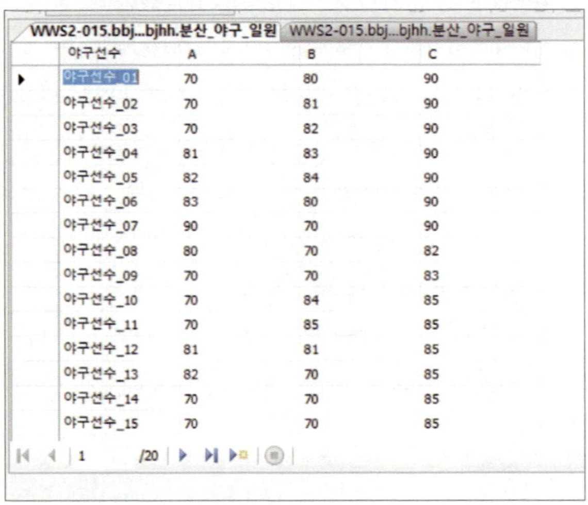

③ 테이블 [분사_야구_이원]을 만듭니다.

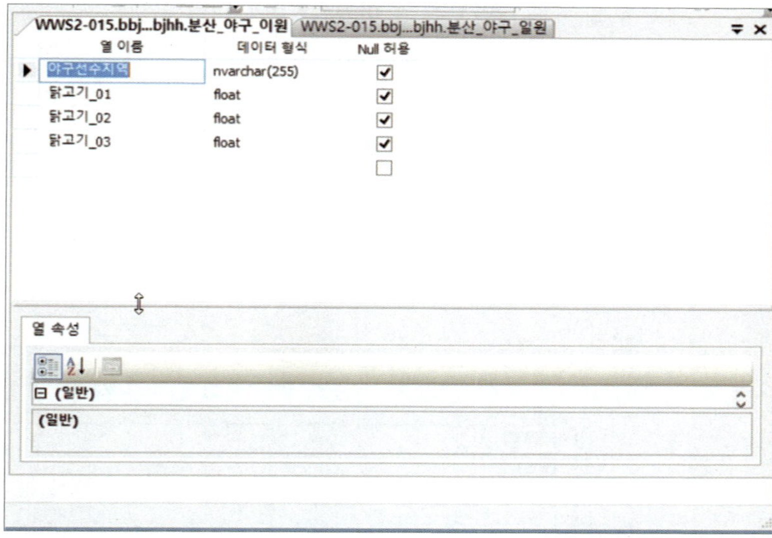

④ 테이블 [분사_야구_일원]에 저장된 데이터입니다.

야구선수가 각 지역별 각 닭고기 음식점들의 점수들입니다.

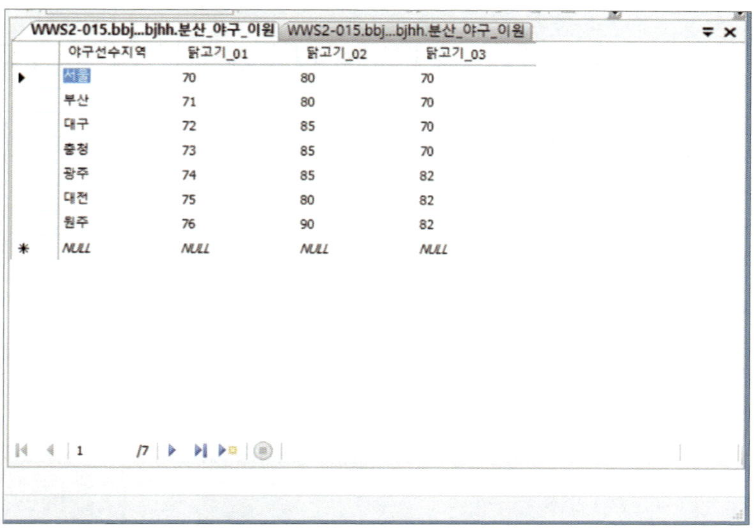

⑤ 테이블 [분산_야구_반복]을 만듭니다.

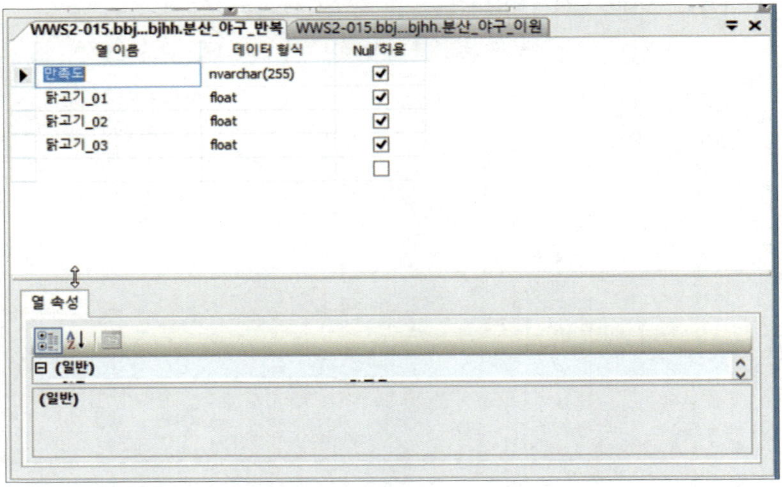

⑥ 테이블 [분산_야구_반복]에 저장된 데이터입니다.

야구선수가 닭고기 종류의 정보를 사전에 모르고 먹을 때와 나중에 알고 먹을 때의 점수들을 보여주고 있습니다.

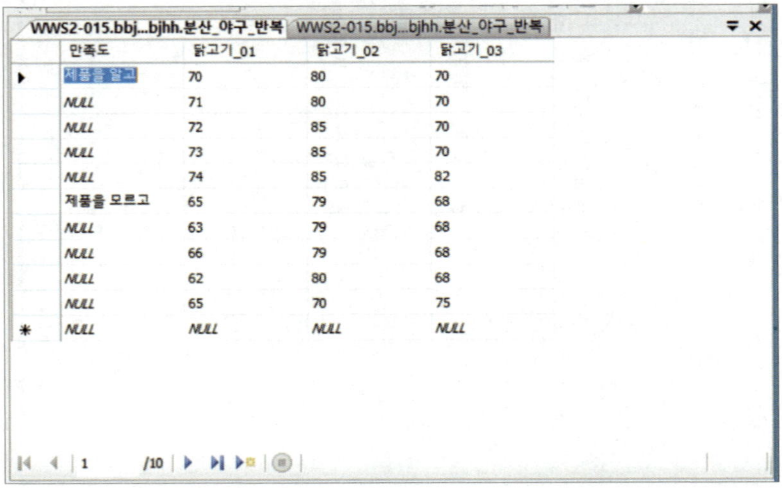

2. 엑셀 분산 통계 분석

1단계: 분산분석 일원 배치법

일원 배치 분산 분석은 가령 모집단이 다른 야구선수들 대상으로 다양한 선택의 충격을 주었을 때, 훈련 효과를 평가하는 방법이라 보면 됩니다.

예를들어 각각 다른 모집단별 3가지 훈련을 가정할 수가 있습니다.

첫째, 아침 훈련 없이 오후 훈련만 시킨 후 타법

둘째, 정신 수양 위주로 훈련 후 타법

셋째, 런닝 머신 훈련 후에 배팅 타법.

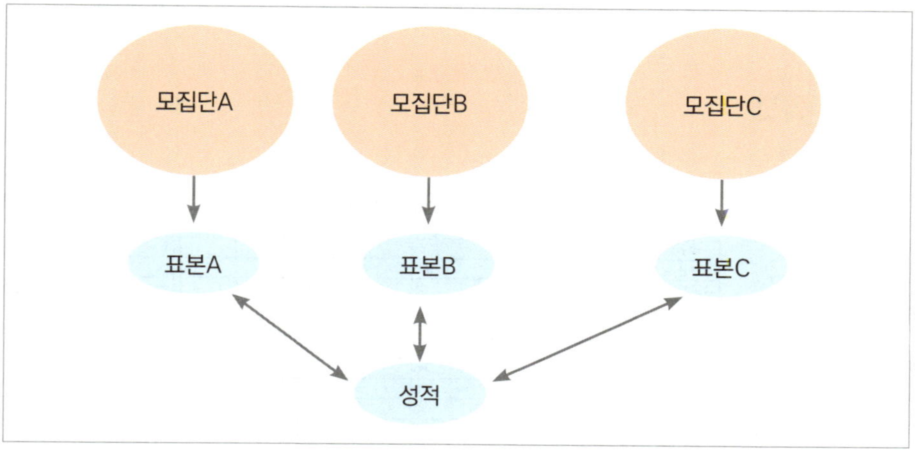

정규분포의 모평균, 모분산을 알고 있는 상태에서 각자 다른 모집단에서 표본 A , B, C를 평균를 비교하는 것이 아니라, 각자 독립변수(A) 1개로 성적 종족 변수와 비교하는 것으로 각 표본간은 모집단이 다르기 때문에 서로 비교할 의미가 없습니다.

일원배치 분산 분석은 위 3가지의 경우 처럼 실행하여 각 훈련 점수로 성적과 평가합니다. 즉, 각 집단에 따라 결과의 차이가 있는지를 살펴보고자 합니다.

이제 일원 배치법을 한번 만들어 볼까요?

야구 선수들이 있다고 합니다. 모집단이 다른 코치가 타자들에게 다양한 타법 A, B, C, D 등을 주고 각자의 점수를 주었다고 합니다. 표본A는 A타법, 표본B는 B타법 등을 했을 때의 성적과의 관계를 분석합니다.

우리는 타법에 따라 야구선수들에 각자 훈련 방식이 성적에 영향을 얼마나 미치는지를 살펴 볼 것입니다.

① 셀 “C3” 목록상자에서 “분산_야구_일원”을 선택하고, 버튼 [분산분석 검색]을 클릭하면 SQL 서버에서 테이블 [분산_야구_일원]의 데이터를 가져옵니다.

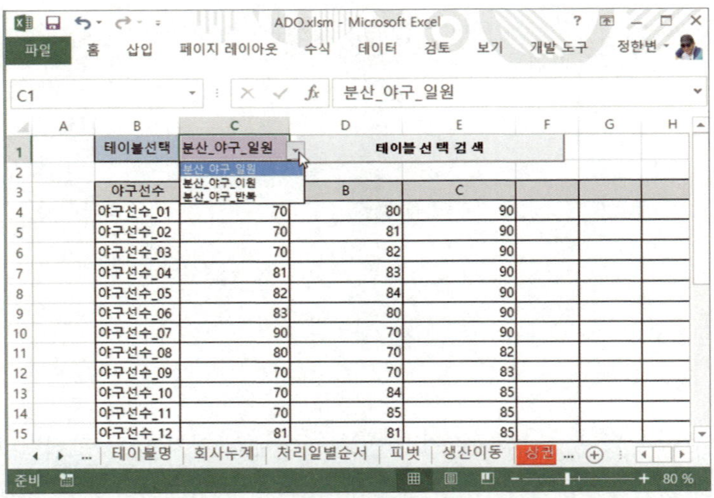

② 도구 상자에서 통계 데이터 분석에서 “[분산 분석]: 일원배치법” 선택하고 버튼 [확인]을 클릭합니다.

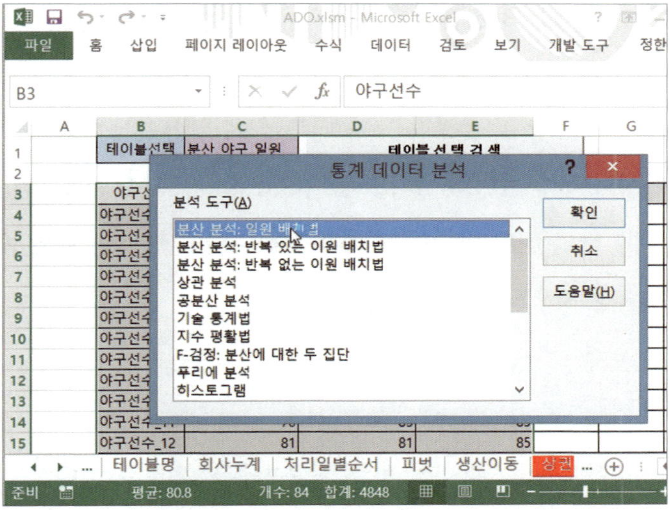

③ 입력 범위에는 C열의 데이터부터 E열의 데이터만 선택합니다. 첫 번째 행은 행 이름표 사용 체크하고, 유의 수준은 기본으로 0.05 수준, 출력 위치를 셀 "J3" 지정한 후에 버튼 [확인]을 클릭합니다.

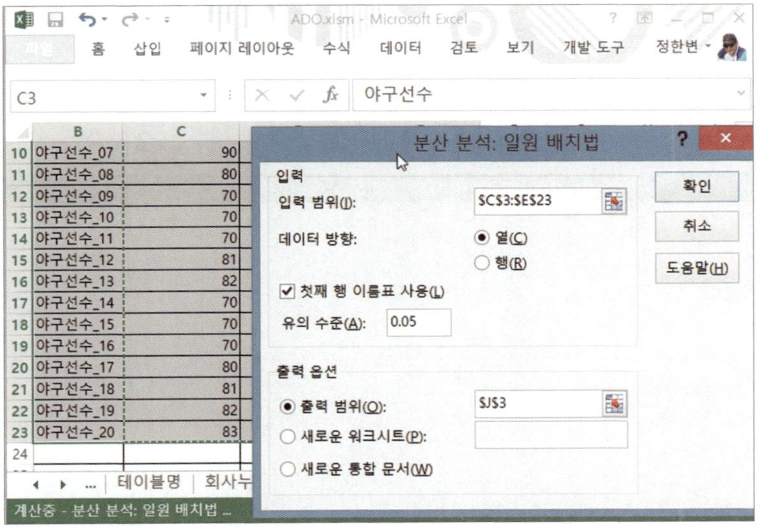

④ 통계 분석 결과는 다음과 같습니다.

평균을 보면 C의 타구 방법이 제일 좋은 것으로 나타나면 F 값이 21로 기각치 (3.15)보다 크므로 유의 수준보다 크기 때문에 유의합니다. 따라서 타법의 지원 방법에 따라 성적 점수 차이가 있다고 봅니다. P(0.000111) 값도 기준치 0.05보다 작기 때문에 타법 지원 방법에 따라 유의하다라고 판단을 내릴 수가 있으며 점수에 영향을 준 것으로 판단합니다.

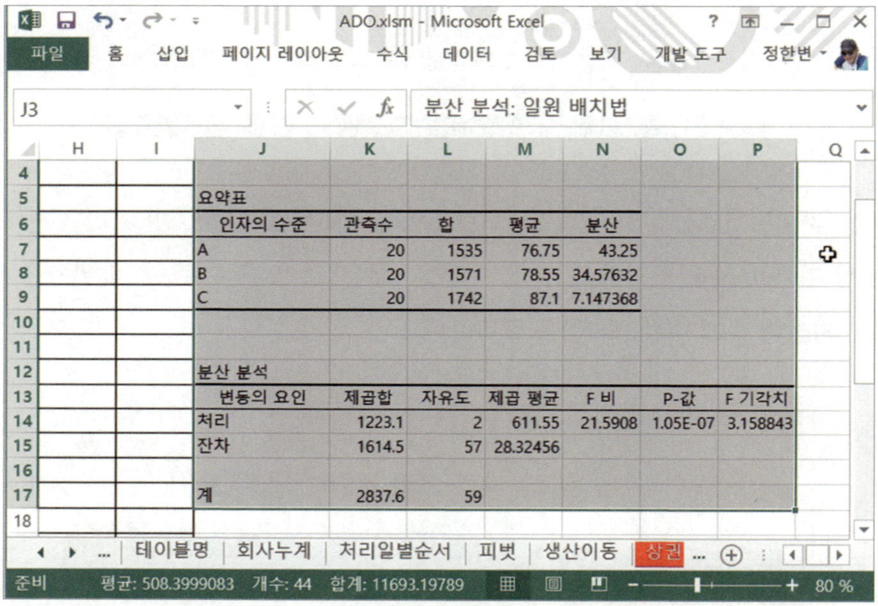

요약표

인자의 수준	관측수	합	평균	분산
A	20	1535	76.75	43.25
B	20	1571	78.55	34.57632
C	20	1742	87.1	7.147368

분산 분석

변동의 요인	제곱합	자유도	제곱 평균	F 비	P-값	F 기각치
처리	1223.1	2	611.55	21.5908	1.05E-07	3.158843
잔차	1614.5	57	28.32456			
계	2837.6	59				

2단계: 분산분석 이원 배치법

특정 회사에서 각 지역의 치킨 대리점을 오픈 했는데 지역의 야구선수를 초대해서 치킨(닭고기1), 양념(닭고기2), 파닭(닭고기3)을 각각 제공하여 지역 대리점별로 점수를 평균해서 얻은 값입니다. 각 지점 대리점의 제품간의 맛을 평가하기 위한 모델로 이원 배치법을 사용하였습니다.

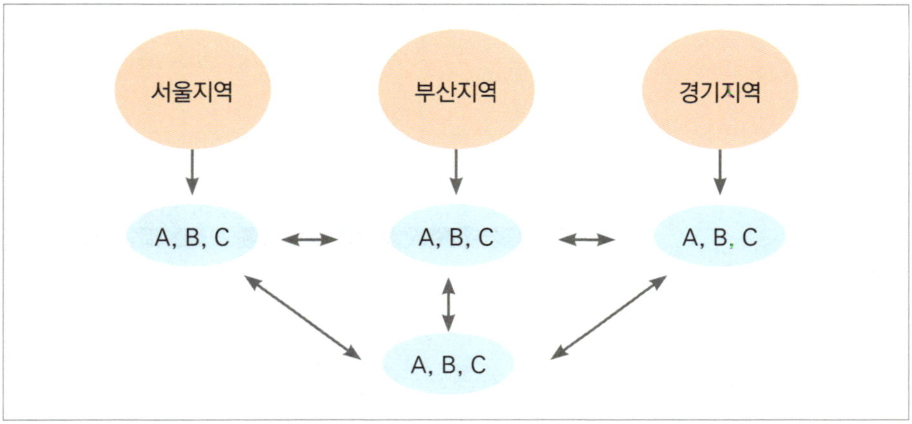

즉, 정규 분포를 하는 모집단이 각자가 다르고 해당되는 독립변수(치킨, 양념, 파닥)가 2개 이상 있으면서 해당 맛을 평가하는데 의미가 있습니다. 그리고 각 독립변수간의 지역간 A, B, C 평균 점수 비교를 통해서 각각 교차 평가를 행/렬로 하는데 의미가 있습니다. 교착 상태의 열은 각 독립변수(A, B, C)에 평가를 하는 것이고 행(서울, 부산, 경기)은 각자 독립변수 내의 데이터를 평가하는 것입니다.

즉, 회사내의 대리점으로 정규분포의 모평균, 모분산을 알고 있는 상태에서 각자 다른 모집단에서 제품 표본A , B, C의 평균을 비교 및각 표본간의 교착 상태를 비교합니다.

① 셀 “C3” 목록상자에서 “분산_야구_이원”을 선택하고, 버튼 [분산분석 검색]을 클릭하면 SQL 서버에서 테이블 [분산_야구_이원]의 데이터를 가져옵니다. 통계 데이터 분석에서 “[분산 분석]: 반복 없는 이원 배치법” 선택하고 버튼 [확인]을 클릭합니다.

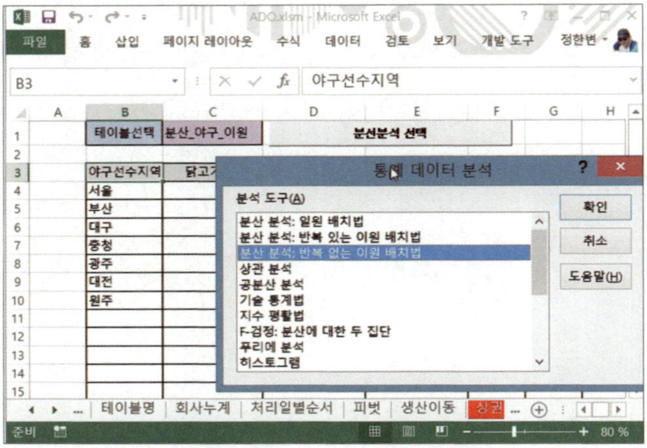

② 입력 범위에는 C 열의 데이터부터 E열의 데이터만 선택합니다. 첫 번째 행은 행 ‘이름표’ 사용 체크하고, 유의 수준은 기본으로 0.05 수준, 출력 위치를 셀 “J3” 지정한 후에 버튼 [확인]을 클릭합니다.

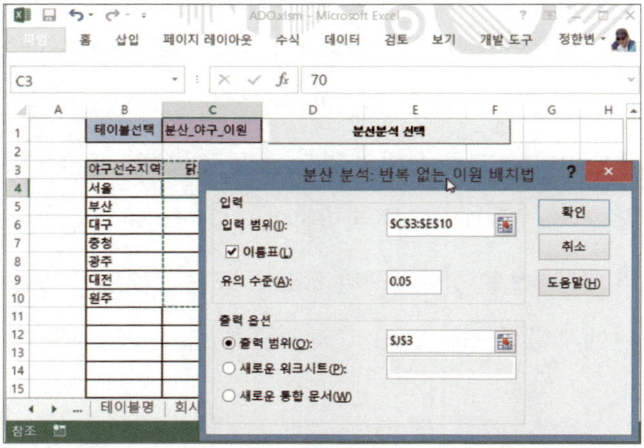

③ 통계 분석 결과는 다음과 같습니다.

먼저, P-값을 볼까요?

지역차는 0.05% 내로 거의 유의적인 수준(0.01)으로 닭고기_02영향을 주며, 평균값도 양념(닭고기_02)가 “83.57” 점으로 점수가 높습니다.

인자B(열)의 닭고기_03은 P값이 0.0113으로 통계적으로 유의합니다.

하지만 인자 A(행)의 P 값은 기각내 값인 0.05보다 0.22로 크기 때문에 유의하지 않습니다. 즉, 지역간 차이가 없는 것으로 나타났으며 닭고기 선호는 양념(닭고기_02)를 더 선호한다는 것을 알 수가 있습니다.

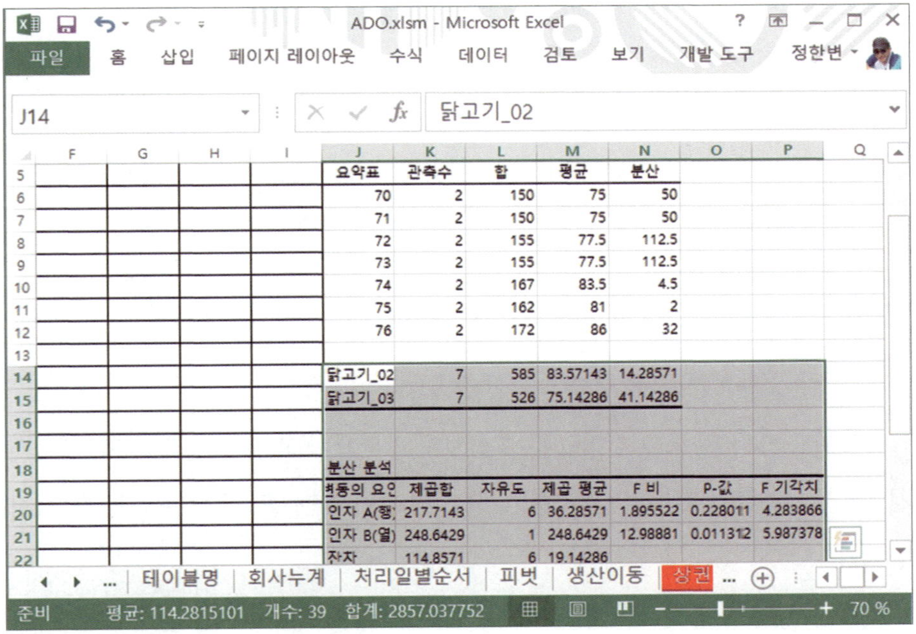

요약표	관측수	합	평균	분산
70	2	150	75	50
71	2	150	75	50
72	2	155	77.5	112.5
73	2	155	77.5	112.5
74	2	167	83.5	4.5
75	2	162	81	2
76	2	172	86	32
닭고기_02	7	585	83.57143	14.28571
닭고기_03	7	526	75.14286	41.14286

분산 분석

변동의 요인	제곱합	자유도	제곱 평균	F 비	P-값	F 기각치
인자 A(행;	217.7143	6	36.28571	1.895522	0.228011	4.283866
인자 B(열)	248.6429	1	248.6429	12.98881	0.011312	5.987378
잔차	114.8571	6	19.14286			

3단계:분산분석 반복 배치법

특정 회사에서 대리점을 개업하면서, 야구선수를 초대해서 치킨(닭고기1), 양념(닭고기2) 그리고 파닭(닭고기3)의 소스 및 기타 재료를 소개하지 않고 1, 2, 3만 각각 소개하고 점수를 주도록 하였습니다.

이후에 동일한 야구선수를 초대해서 똑 같은 제품 치킨(닭고기1), 양념(닭고기2), 파닭(닭고기3)에 대한 소스 및 재료 및 요리법 등을 소개하고 점수를 다시 주도록 하였습니다. 이러한 경우 첫 번째 경우와 두 번째 경우 점수가 다를까요?

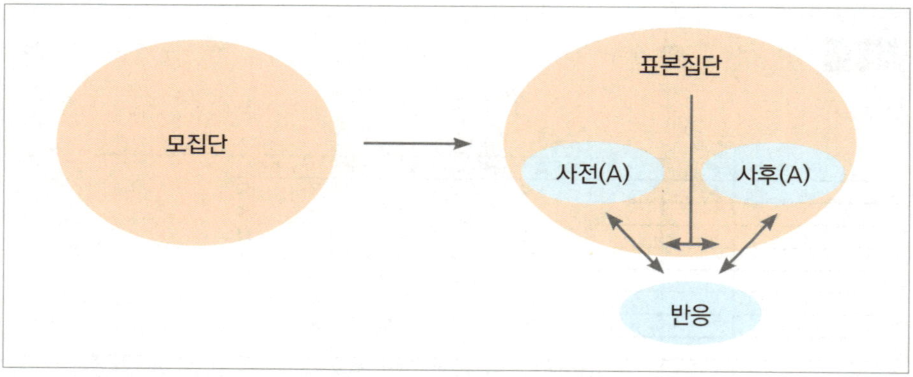

동일한 모집단을 통해서 정규분포를 보이고 있으며 표본을 추출한 후, 대상자를 다양한 종류별로(독립변수 여러 개)로 만들어서 전/후 반응 분석할 때 사용합니다.

의료에서 약 투입전/투입후의 반응, 혹은 생명과학에서 시료분석에서 전/후 과정을 비교할 때 사용합니다.

이렇게 분산분석 반복 배치법은 위와 같이 특정 동일 제품의 정보를 알았을 때와 모를 때의 차이가 있는지를 비교할 수도 있습니다.

① 셀 "C3" 목록상자에서 "분산_야구_반복"을 선택하고 버튼 [분산분석 검색]을 클릭해서 SQL 서버의 테이블 [분산_야구_반복] 데이터를 가져옵니다.

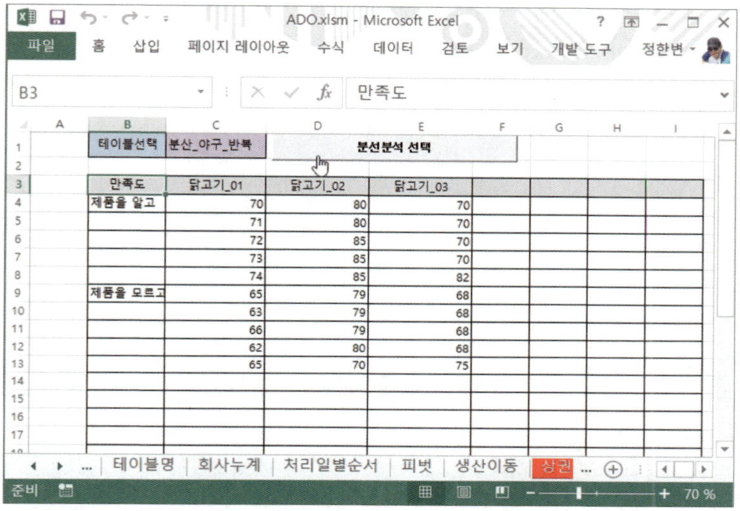

② 도구 상자에서 통계 데이터 분석에서 "[분산 분석]: 반복 있는 이원 배치법"을 선택하고 버튼 [확인]을 클릭합니다.

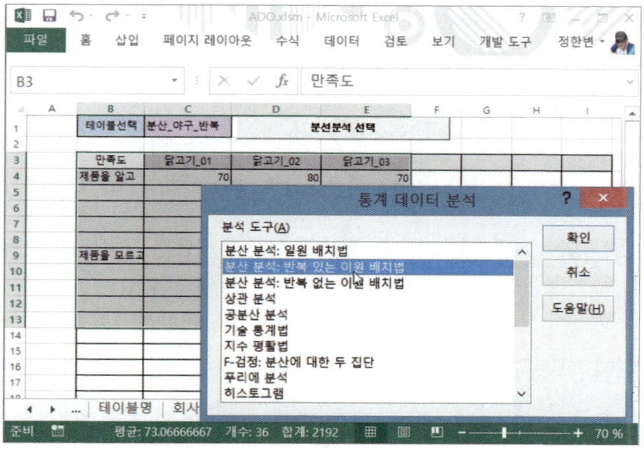

③ 도구 상자에서 통계 데이터 분석에서 "[분산 분석]: 이원배치법"을 선택하고 버튼 [확인]을 클릭합니다. 입력 범위에는 B열의 데이터부터 F열의 데이터만 선택합니다. 첫 번째 행은 행 이름표 사용 체크하고 표본당 행수 5개(5명의 음식점 설문 테스트), 유의 수준은 기본으로 0.05 수준, 출력 위치를 셀 "J3" 지정한 후에 버튼 [확인]을 클릭합니다.

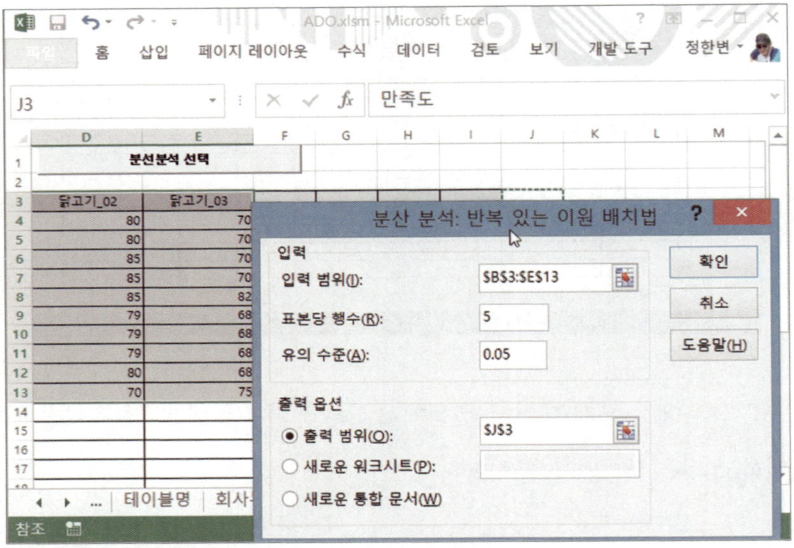

④ 통계 분석 결과는 다음과 같습니다.

점수를 보더라도 정보를 '몰랐을 때'보다는 '알았을 때' 특히 치킨(닭고기1)에 대한 점수를 많이 준 것을 알 수가 있습니다. 즉, 평균값만 보더라도 10점 정도 올라간 것을 확인할 수가 있습니다. A열의 F값이 19를 얻은 것으로 나타났습니다. 이는 F의 유의 값인 4.25보다 큰 값입니다.

따라서 제품설명 전후의 점수 차이가 없다라는 가정을 기각할 뿐만 아니라 P값도 0.0000 이하로 유의한 결과를 얻었습니다. 결국 치킨(닭고기1) 설명에 따라서 해당제품의 점수 차이가 있습니다. 결과적으로 치킨(닭고기1)을 많이 판매하기 위해서는 제품설명을 하는 것이 좋다라고 판단합니다.

인자 B열 양념(닭고기2)제품에 대한 기여도는 7.49로 별 차이가 없으며, 교차작용의 P 값을 보면 0.3 값이 나와 통계적 유의 수준인 0.05%내에서는 유의미한 의미가 없는 것으로 분석되어 제품간 교차차이도 별로 없는 것으로 해석됩니다. 즉, 양념(닭고기2)제품에 대해서는 전/후 영향이 별반 없으며, 제품양념(닭고기2) 제품에 전/후 차이는 제품 기호에 영향을 주지 않는다라고 해석됩니다. 따라서 양념이 닭고기2에 대한 선호도를 꾸준히 유지하고 있다는 사실을 평균 값으로도 확인 가능합니다.

인자A(행)은 몰랐을때/알았을 때의 P- 값이 0.0000으로 유의하다는 판단으로 알았을 때 차이가 있음을 알려주고, 인자B(열)은 제품간 차이를 보면 P- 값이 7.49, 즉 0.05보다 크기 때문에 제품간 차이는 별로 없습니다. 제품간 교차작용을 보더라도 P- 값이 0.03으로 0.05보다 크므로 제품간 차이는 별반없이 똑같은 반응을 보이고 있습니다.

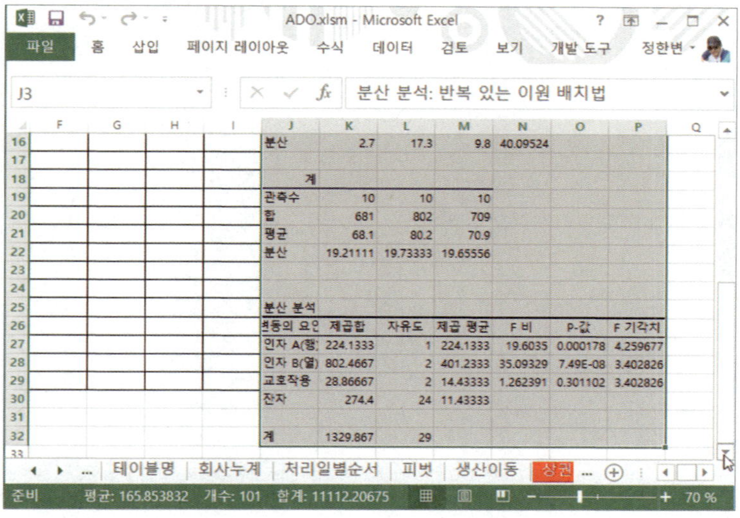

```
Sub 분산_검색()
On Error Resume Next
S = "'" & Range("C1") & "'"
Dim fld
Dim i As Integer
Range("3:50000").ClearContents
연결
If Range("C1") = "분산_야구_일원" Then
  SQL = " SELECT * FROM 분산_야구_일원"
ElseIf Range("C1") = "분산_야구_이원" Then
  SQL = " SELECT * FROM 분산_야구_이원"
ElseIf Range("C1") = "분산_야구_반복" Then
  SQL = " SELECT * FROM 분산_야구_반복"
End If
rs.Open SQL, cn
Range("B3").Select
 i = 0
   For Each fld In rs.Fields
       ActiveCell.Cells(1, i + 1).Value = rs.Fields.Item(i).Name
       i = i + 1
   Next fld
Range("B4").CopyFromRecordset rs
rs.Close
cn.Close
Set rs = Nothing
Set cn = Nothing
End Sub
```

3 엑셀 회귀 통계 분석

먼저 가설의 검정이나 추정을 하기 위해서는 다음과 같은 5가지 가정이 성립되어야 합니다.

1. 종속변수와 독립변수가 있어야 합니다. 변수가 하나만 있다면 상관관계 분석이 어렵습니다.
2. 분석하고자 하는 변수들간에는 오류가 없어야 합니다. 변수의 데이터가 으류가 있다면 분석의 의미가 없습니다.
3. 독립변수들간에는 서로 독립적이어야 한다는 것으로 독립변수들간 다중공선성, 즉 변수들간의 상관관계가 높다면 분석할 의미가 없습니다.
4. 특정 데이터만 산출한 것이 아니라 무작위 혹은 모집단 전체를 대상으로 분석해야 한다는 것입니다.
5. 마지막으로 독립변수의 잔차간에 독립성이 유지되어야 한다는 것으로 독립변수 잔차가 다른 독립변수에 영향을 주어서는 안됩니다.

다중공선성(Multicolinearity)에 대해서 알아 봅시다.
특정 독립변수의 값이 변하니까 다른 변수의 값도 따라서 변한다면, 회귀분석을 할 이유가 없는 경우입니다. 일반적으로 "소득이 늘어나면 소비가 늘어납니다."라고 일반적 사실은 분석할 필요가 없습니다. 하지만 소득이 늘어날 때 소비가 어느 정도 늘어나는지에 대한 분석을 할 때는두 변수간의 서로 특수 관계를 제거한 후 회귀분석을 해야 의미는 분석이 되는 것입니다.

당연한 사실을 갖고 회귀 분석할 이유는 없습니다.

현실적으로 상호 변수간의 다중공선성까지 모두 제거하고 데이터를 분석한다는 것은 현실적으로 불가능합니다. 따라서 데이터를 분석할 때 "다중공선성"을 어느 정도까지 인정하냐?"가 관건입니다. 그런데 이것 또한 쉬운 문제는 아닙니다.

독립변수의 잔차가 다른 독립변수의 계수 및 잔차에 영향을 미친다면 서로 상관관계가 있다는 것이며, 이는 자기상관이라고 합니다. 당연한 것이라 생각하는 것으로 가령 "해는 동쪽에서 떠서 서쪽으로 집니다."라고 하는 것은 당연한 사실과 같습니다. 이런 사실을 회귀분석할 이유는 없다는 것입니다.

동분산이란?

변수 잔차의 공선성도 존재하지만, 변수의 잔차항의 분산이 각 독립변수들의 크기에 영향을 받는다면 서로 선형관계가 있다고 합니다.

한 변수의 분산이 변하면 다른 변수의 분산에도 영향을 준다면 분석할 의미가 없고, 일반적인 사실을 회귀 분석하는 것 또한 별 의미가 없습니다.

종속변수 Y와 독립변수 X로 단순항으로 구성되어 있습니다.

Y= a + bX +ß

회귀분석을 하는 이유는 종족변수와 독립변수간의 관계를 파악하기 위함입니다. 어떤 독립변수가 종속변수에게 마이너스 혹은 플러스의 계수 영향을 미치는지를 분석합니다. 따라서 변수들은 원칙적으로 등간 척도 혹은 비율 척도로 측정된 변수이어야 하나 독립변수가 명목 척도인 변수일 경우라도 더미(Dummy) 변수를 이용해서 남/녀, 혹은 신입/경력 등 구분을 지어서 분석합니다.

종속변수와 독립변수간의 상호관련성 여부를 알 수 있는데 얼마나 관련이 있는지를 보여주는 계수는 결정계수(R^2)입니다. 결정계수가 0과 1사이에서 1에 가깝다면 독립변수가 종속변수를 설명하는 데 매우 의미가 크다는 것을 보여줍니다.

예제

야구선수들 야구 학습 교육시간이 증가하면 승률이 높아진다면 우리는 얼마나 당연한 것인지? 다중공선성이 얼마나 관련 있는지? 혹시 다른 변수들 때문에 올라가는 것이 아닌지? 등 경우에 따라 승률이 올라 갈 수가 있습니다. 당연한 사실들이 연관되어 있을 때 통계분석에서 상관관계 분석의 계수 값이 높아도 별 의미가 없을 수가 있습니다.

1단계: SQL 테이블 만들기

① 테이블 [회귀_단순]을 만듭니다.

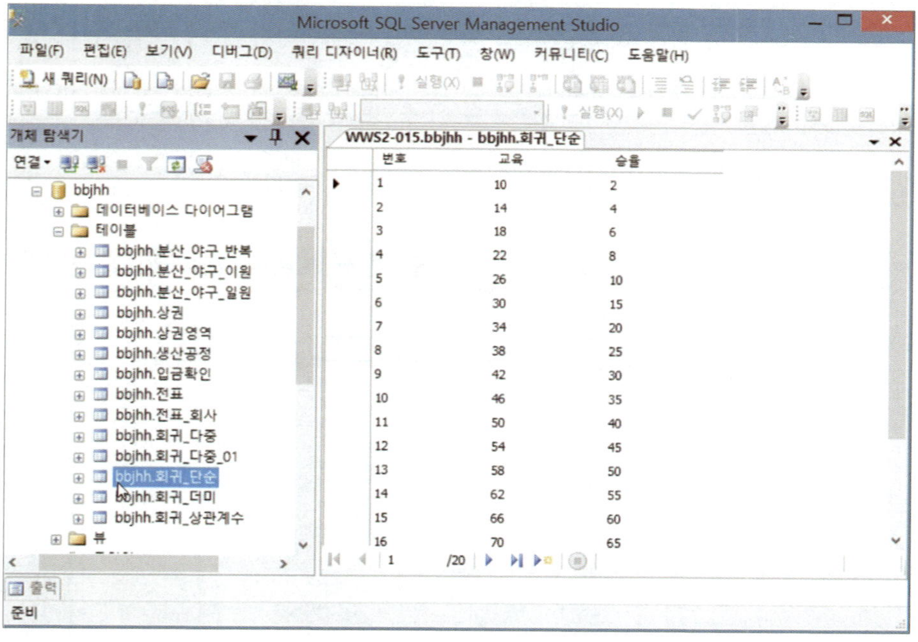

② 테이블 [회귀_다중]을 만듭니다

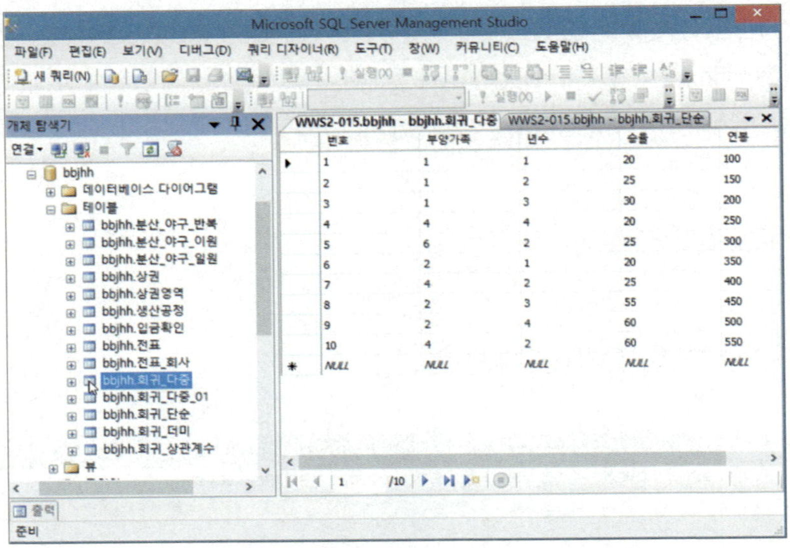

③ 테이블 [회귀_다중_01]을 만듭니다.

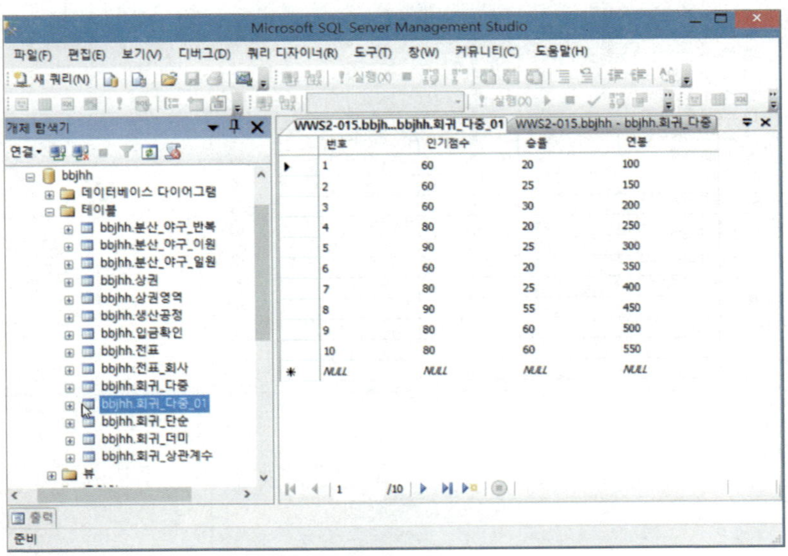

④ 테이블 [회귀_더미]을 만듭니다.

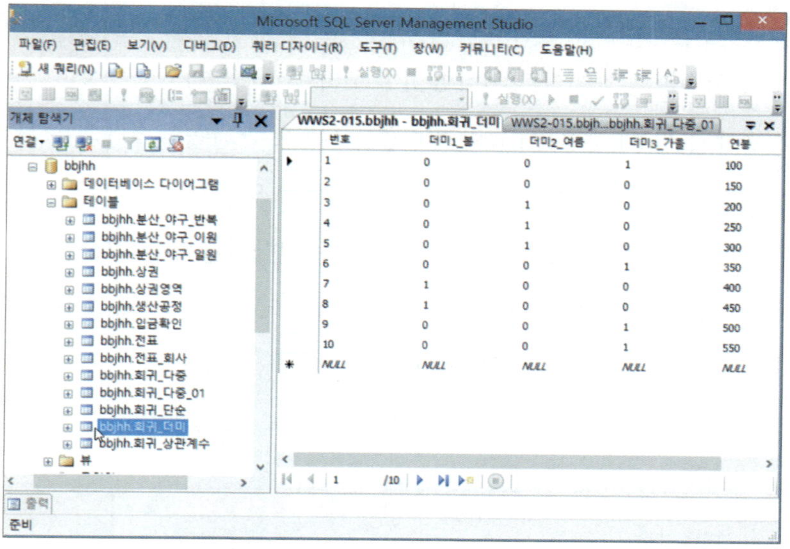

⑤ 테이블 [회귀_상관계수]을 만듭니다

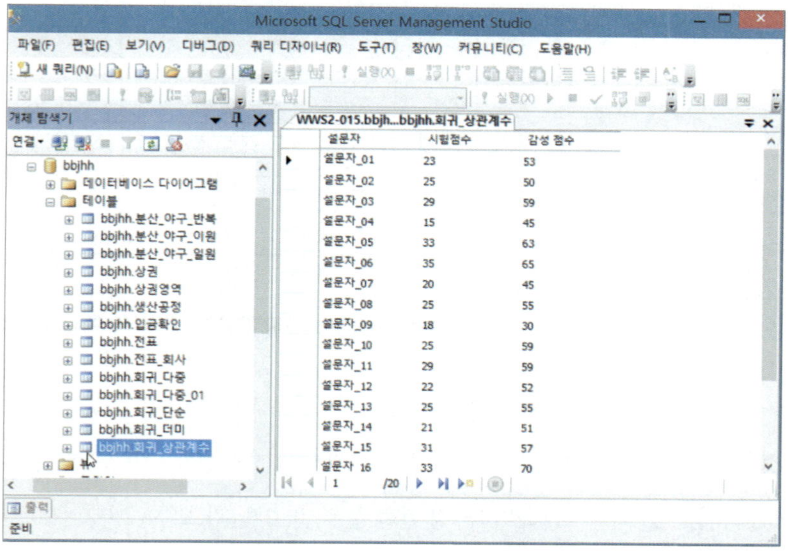

2단계: 엑셀회귀분석

① 콤보 셀 "C1"에서 "회귀_단순"을 선택하고 버튼 [회귀분석 선택]을 클릭합니다. 야구선수관련 데이터로 서버 SQL로부터 검색됩니다.

종속 변수를 필드 [승율]로 독립 변수를 [교육]으로 만들었습니다.

교육을 받으면 승률이 오를까?라는 '상관관계'가 있는지를 분석합니다.

야구선수가 교육을 통해서 승률이 올라갈 수 있다라는 것입니다.

회귀분석 선택할 때 Y축은 [승율], X축은 [교육]의 필드 이름을 포함한 범위를 설정합니다. 그리고 이름표를 체크하고 상수에 0을 사용 안함으로 하고 신뢰수준은 대부분 95% 정도 하고 셀 시작위치를 J3으로 지정합니다.

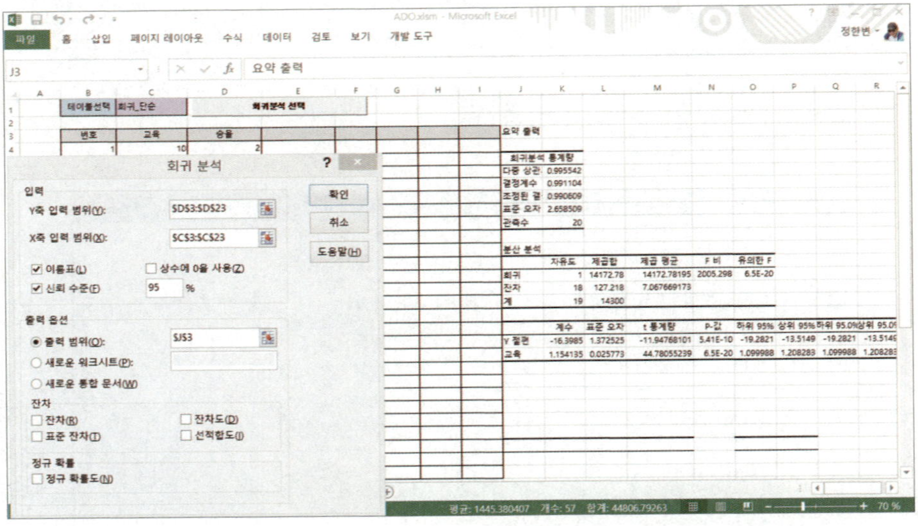

다중 상관계수가 0.99이며 결정계수도 0.99를 보이고 있어서 매우 관련이 있다는 것을 보여줍니다. 이런 경우 혹시 다중공선성 때문에 나타난 현상이 아닌가?라고 의심도 할 수가 있습니다. 당연한 논리가 아닌가요?

Y = −16.3 + 1.15X독립변수(교육)과 종속변수 [연봉]와는 양의 관계를 갖고 있습니다.

특히 P값이 유의 수준(0.0000이하)에 있기 때문에 교육이 승률에 영향을 미친다 라고 볼 수가 있습니다. F값(2005)의 유의 수준을 보면 0.000이하 귀무가설이 유의합니다. 따라서 교육이 승률에 영향 준다는 것이 분석됩니다.

② 콤보 셀 "C1"에서 "회귀_다중"을 선택하고 버튼 [회귀분석 선택]을 클릭합니다. 야구선수관련 데이터로 서버 SQL로부터 검색됩니다. 종속 변수를 필드 [연봉]으로 독립 변수를 [부양가족], [년수], [승율]로 만들었습니다.

각 독립 변수([부양가족], [년수], [승율])가 종속 변수 [연봉]간 상관관계를 분석합니다. 회귀분석 창에서 Y 축 종속변수를 [연봉]의 데이터 F열의 데이터를 선택하고, X축 독립변수에는 C, D, E열의 ([부양가족], [년수], [승율])의 데이터 범위를 참조합니다. 필드의 이름이 선택되었다면 이름표에 체크를 하고 기본 신뢰

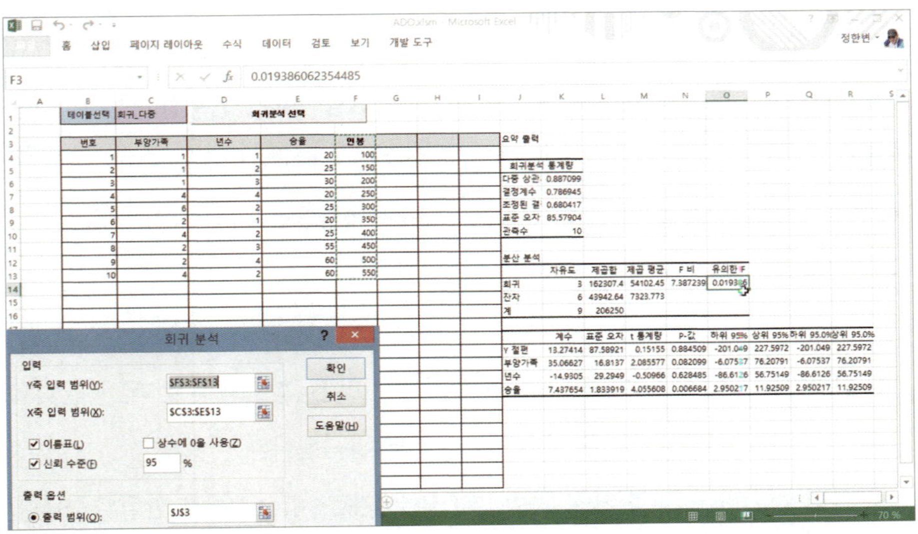

수준 95%로 선택한 후, 셀 "J3" 출력 기준으로 설정한 후에 버튼 [확인]을 클릭하면 J열 기준으로 다양한 통계 분석의 결과가 보여집니다.

다중 상관계수는 0.88, 결정계수 0.77로 1에 가깝기 때문에 독립변수 [부양가족], [년수], [연봉]이 종속변수 [승률]과 관련이 있습니다.

그리고 F 유의한 값 셀 O14는 0.019로 유의 수준 0.05보다 작기 때문에 독립변수가 종속변수 [연봉]에 영향을 미친다고 봅니다.

단, 잔차를 보면 제곱근(셀 "L15" 값)의 합이 매우 높기 때문에 다중공선성도 있다고 보여집니다.

Y(연봉) = 13.7 + 35X_1 (부양가족) – 14.9X_2(년수) + 7.4X3(승률)

연봉은 부양가족과 승률과는 양의 관계지만 년수와는 음(-)의 관계를 보이고 있습니다. 즉, 야수선수를 오래하면 오래할수록 연봉은 떨어진다고 봅니다.

다음으로 각 독립변수([부양가족], [년수], [승율])가 얼마나 유의한지 봅시다. P 값(셀 "N19:N22")을 보면 ([부양가족](0.68), [년수](0.62), [승율](0.0006))으로 부양가족 및 년수는 유의적인 수준 0.05를 넘어가는 관계를 보여 별 상관관계가 없다라고 판단되지만, 승률과는 유의수준 0.0006으로 0.5 이하에 있기 때문에 독립변수 [승률]만이 종속변수 [연봉]에 영향을 미치는 상관관계가 높다라는 것을 알 수가 있습니다.

③ 콤보 셀 "C1"에서 "회귀_다중"을 선택하고 버튼 [회귀분석 선택]을 클릭합니다. 야구선수관련 데이터로 서버 SQL로부터 검색됩니다.

종속 변수를 필드 [연봉]으로 독립 변수를 [인기점수], [승율]로 만들었습니다.

각 독립 변수([인기점수], [승율])가 종속 변수 [연봉]과 어떤 상관관계인가를 분석합니다.

회귀분석 창에서 Y 축 종속변수를 [연봉]의 데이터 E열의 데이터를 선택하고 X축 독립변수에는 C, D열([인기점수], [승율])의 데이터 범위를 참조합니다. 필드의 이름이 선택 되였다면 이름표에 체크를 하고 기본 신뢰수준 95%로 선택한 후, 셀 "J3" 출력 기준으로 설정한 후에 버튼 [확인]을 클릭하면 J열 기준으로 다양한 통계 분석의 결과를 보여줍니다.

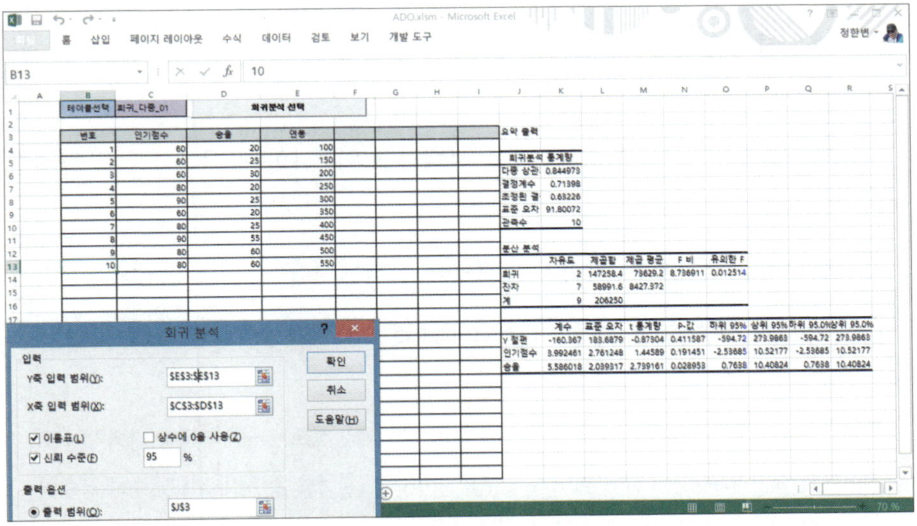

다중 상관계수는 0.84, 결정계수 0.71로 1에 가깝기 때문에 관련이 있습니다.

그리고 F 유의한 값 셀 "O14"는 0.0125로 유의 수준 0.05보다 작기 때문에 독립변수들이 종속변수 [연봉]에 영향을 미친다고 봅니다.

잔차를 보면 제곱근(셀 "L15" 값)의 합이 상당히 높기 때문에 다중공선성도 있다고 보여집니다.

Y(연봉) = -160 + 3.99X_1(인기점수) + 5.5X_2(승률) + 표준 오차(91.80)

연봉은 [인기점수]과 [승률]과는 모두 양의 관계입니다. 즉, 야수선수를 연봉이 높아지진 이유는 인기와 승률이 높기 때문입니다.

그러면 각 독립변수([인기점수], [승율])가 얼마나 유의한지 봅시다. P 값(셀 "N19:N21")을 보면 ([인기점수](0.19),[승율](0.012))으로 [인기점수]는 유의적인 수준 0.05를 넘어가는 관계로 별 관련이 없다라는 판단이 있지만, 승률과는 유의수준 0.012으로 유의수준 0.05 이하에 있기 때문에 독립변수 [승률]만이 종속변수 [연봉]에 영향을 미치는 상관관계가 높습니다.

④ 콤보 셀 "C1"에서 "회귀_더미"을 선택하고 버튼 [회귀분석 선택]을 클릭합니다.

야구선수관련 데이터로 서버 SQL로부터 검색됩니다.

종속 변수를 필드 [연봉]으로 독립 변수를 [봄], [여름], [가을]로 만들었습니다.

독립변수의 척도가 명목이거나 서열인 것과 같이 정성적인 척도는 단순하게 하나의 변수로 처리하는 것이 아니라 각 값이 하나의 변수를 나타내는 형태로 몇 개의 더미변수로 표현합니다. 남녀, 등급, 직급, 사계절, 분기 등을 함수로 해석하면 "True/False"로 데이터를 분석하며, 회귀분석에는 범주적변수를 다루는 방법에는 범주에 따라 더미변수를 단순히 0과 1로만 표시합니다.

각 독립 변수([더미1_봄], [더미2_여름], [더미3_가을])가 종속 변수 [연봉]과 어떤 상관관계인가를 분석합니다. 연봉을 받는 순서에 맞추어서 "좋아하는 계절"을 체크한 것이라 봐도 좋습니다.

회귀분석 창에서 Y 축 종속변수를 [연봉]의 데이터 F열의 데이터를 선택하고, X축 독립변수에는 C, D, E열의 ([더미1_봄], [더미2_여름], [더디3_가을])의 데이터 범위를 참조합니다. 필드의 이름이 선택 되였다면 이름표에 체크를 하고 기본 신뢰수준 95%로 선택한 후, 셀 "J3" 출력 기준으로 설정한 후에 버튼 [확인]을 클릭하면 J열 기준으로 다양한 통계 분석의 결과를 보여줍니다.

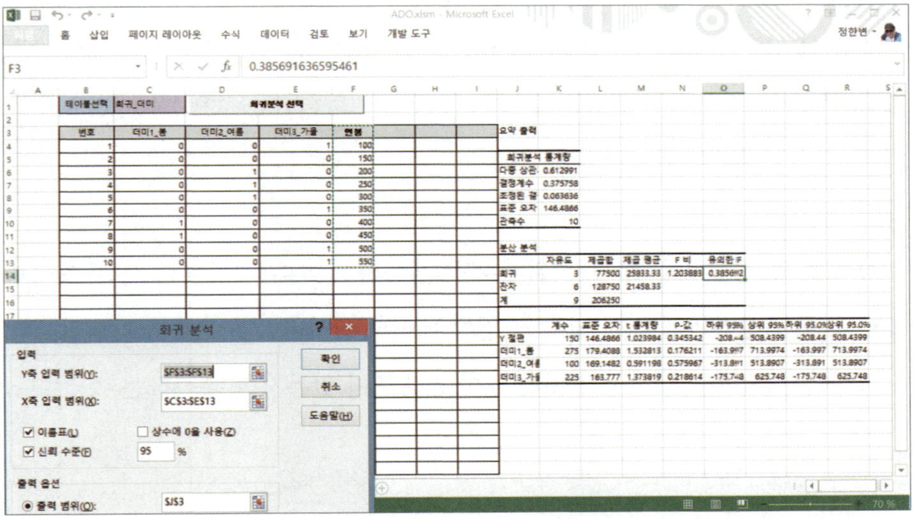

다중 상관계수는 0.61, 결정계수 0.31로 1보다 많이 낮습니다.

그리고 F 유의한 값 셀 "O14"는 0.385로 유의 수준 0.05보다 크기(유의적이지 않음) 때문에 독립변수들이 종속변수 [연봉]에 별 영향을 미친다고 볼 수가 없습니다.

Y(연봉) = 150 + 275X_1(더미1_봄) +100X_2(더미2_여름)+ 225X_3(더미3_가을)+ 표준 오차(146.4)

연봉은 독립 변수와는 모두 양의 관계로 각 독립변수([더미1_봄], [더미2_여름], [더미3_가을])가 얼마나 유의한지 봅시다. P 값 (셀 "N19:N22")을 보면 ([더미1_봄](0.17), [더미2_여름](0.57), [더미3_가을](0.21))으로 독립변수 전체가 유의적인 수준 0.05를 넘어가는 관계로 별 관련이 없습니다. 즉, 독립변수[더미변수] 봄, 여름, 가을의 계절적 추이와 종속변수 [연봉]에 미치는 영향과는 상관관계가 낮습니다.

특정 설명변수, 즉 독립변수들의 가설 검증 대상이 올바른지를 판단 내릴 수가 있습니다. 즉, 변수간의 상관성을 갖고 정확하게 분석하는 것이 더미 변수의 매력이 아닌가 생각해 봅니다.

④ 콤보 셀 "C1"에서 "회귀_상관계수"을 선택하고 버튼 [회귀분석 선택]을 클릭합니다. 야구선수관련 시험 및 감성 점수 데이터를 서버 SQL로부터 검색됩니다. 두 변수 [시험점수]와 [감성점수]간 얼마나 관련이 있는지를 분석하는 것입니다.

[상관계수]

측정값 (x, y)에 대하여 n개인 측정값 (x_1, y_1), (x_2, y_2), … (x_n, y_n)이 주어졌을 때,

$$r_{xy}=\frac{\sum_{i=1}^{n}(x_i-\bar{x})(y_i-\bar{y})}{(n-1)s_x s_y}$$

를 x, y 사이의 상관계수라고 한다. 단,

$\bar{x}$, $\bar{y}$:각각 x, y의 평균값,

s_x , s_y :각각 x, y의 표준편차

이며, x, y의 공분산(共分散)은 $\frac{1}{n}\sum_{i=1}^{n}(x_i-\bar{x})(y_i-\bar{y})$ 이다.

상관계수 r는 항상 부등식 $-1 \leq r \leq 1$을 만족시키며, 양의 상관관계가 있을 때는 $r>0$, 음의 상관관계가 있을 때는 $r<0$이다. 또 무상관일 때는 $r=0$이 된다.

[네이버 지식백과] 상관계수 [coefficient of correlation, 相關係數] (두산백과)

먼저, 상관 분석을 열기합니다.

입력 범위에 C, D열의 [시험점수], [감성점수]를 선택합니다.

첫행을 [이름표 사용] 체크한 후에 버튼 [확인]을 클릭합니다.

결과 값은 시험 점수와 감성점수간의 상관계수는 0.71입니다.

많은 관계는 없으나 약간은 있다고 보여집니다.

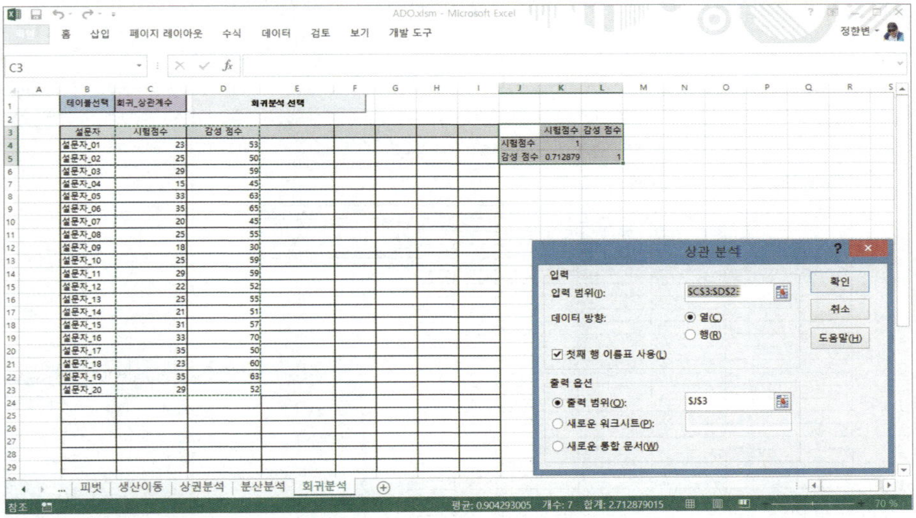

⑤ 콤보 셀 “C1”에서 “회귀_다중_01”을 선택하고, 버튼 [회귀분석 선택]을 클릭합니다.

야구선수관련 [인기점수], [승률], [연봉]데이터를 서버 SQL로부터 검색됩니다.

공분산 분석을 선택하고 데이터 입력 범위를 C , D, E열 데이터로 각 변수간의 관계를 분석합니다.

공분산

2개의 양 X와 Y의 상대도수로 나타낸 상관표(相關表)가 다음과 같다고 하자. 이제, 양 X의 평균값을 $\bar{x}$, 양 Y의 평균값을 $\bar{y}$, fij는 (xi,yi)의 상대도수라고 할 때,

$$\mu = \sum_{i=1}^{m} \sum_{j=1}^{n} f_{ij}(x_i - \bar{x})(y_i - \bar{y})$$

를 양 X, Y의 공분산이라 한다. 양 X, Y의 표준편차(標準偏差)를 각각 σ_X, σ_Y라 하면 일반적으로 $\mu \leq \sigma_X \sigma_Y$ 이다.

[네이버 지식백과] 공분산 [covariance, 共分散] (두산백과)

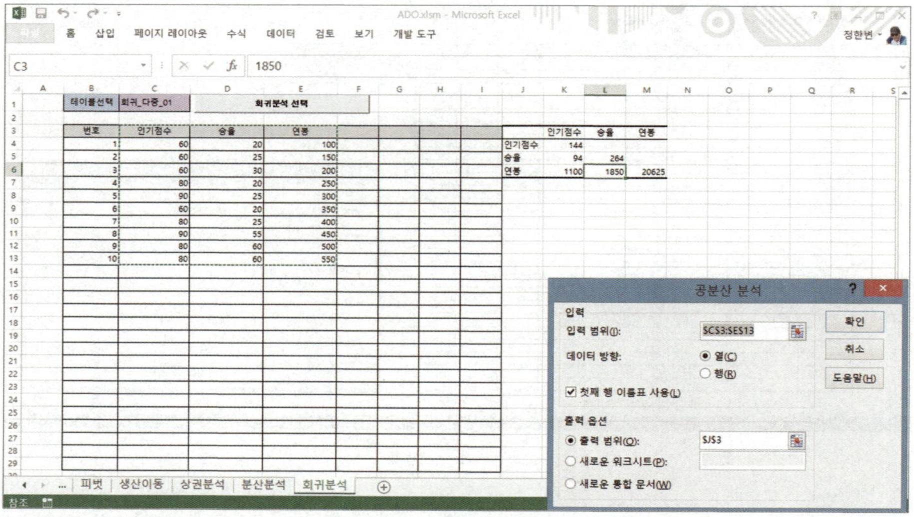

서로 관계를 보는 것으로 제일 높은 것은 [승율]과 [연봉]간의 값이 "1850"으로 높습니다.

지금까지 빅데이터인 SQL를 학습하였으며, 엑셀 VBA로 빅데이터 SQL를 프로시저를 포함하여 컨트롤 과정을 소개하였습니다. 마지막으로 엑셀 VBA로 빅데이터 SQL를 검색해서 다양한 통계 분석을 하였습니다. 짧은 단면의 저서를 통해서 전체를 자세히 설명하는 데는 한계가 있습니다. 나중에 엑셀 기술통계학이란 책으로 더 전문적인 저서로 출판할 것을 약속합니다.